高等院校通识教育"十三五"规划教材

口才与应用文写作

主　编　颜素杰　李玉红

副主编　张晓阳　姜　晖　韩秀华

编　者　王　芬　宗　元　董　俊

　　　　姜维枫　陶永生　何　伟

中国石油大学出版社
CHINA UNIVERSITY OF PETROLEUM PRESS

图书在版编目(CIP)数据

口才与应用文写作/颜素杰,李玉红主编.—东营:中国石油大学出版社,2018.7

ISBN 978-7-5636-6072-8

Ⅰ.①口… Ⅱ.①颜… ②李… Ⅲ.①口才学－高等学校－教材②汉语－应用文－写作－高等学校－教材
Ⅳ.① H019 ② H152.3

中国版本图书馆 CIP 数据核字(2018)第 114801 号

书　　名:	口才与应用文写作
主　　编:	颜素杰　李玉红
责任编辑:	安　静(电话　0532－86981535)
封面设计:	赵志勇
出 版 者:	中国石油大学出版社
	(地址:山东省青岛市黄岛区长江西路66号　邮编:266580)
网　　址:	http://www.uppbook.com.cn
电子邮箱:	anjing8408@163.com
排 版 者:	青岛汇英栋梁文化传媒有限公司
印 刷 者:	泰安市成辉印刷有限公司
发 行 者:	中国石油大学出版社(电话　0532－86983437)
开　　本:	185 mm × 260 mm
印　　张:	15.75
字　　数:	373 千
版 印 次:	2018 年 8 月第 1 版　2018 年 8 月第 1 次印刷
书　　号:	ISBN 978-7-5636-6072-8
印　　数:	1—3 000 册
定　　价:	39.00 元

版权专有,翻印必究。举报电话:0532-86981535
本书封面覆有带中国石油大学出版社标志的激光防伪膜。
本书封面贴有带中国石油大学出版社标志的电码防伪标签,无标签者不得销售。

Preface 前 言

根据教育部《关于加强高职高专教育教材建设的若干意见》，本书以"必需、够用"作为应用写作理论和写作技能训练内容的编写标尺。全书内容分上编《口才技能训练》和下编《应用文写作技能训练》两部分。本书具有如下特色：

1. 在教学中将理论知识实例化、实践化。改变过去重理论轻实践、重知识轻技能的现象，注重专业实践教学环节，强化实践技能训练，强调学生"说"和"写"实际能力的形成。

2. 改变现有教材内容"大而全"的特点，实现"小而美"的效果。把应用文写作和演讲与口才课程合二为一，改变传统课程结构设置中过于强调学科本位、科目过多和缺乏整合的现状，整合后的课程内容尽量适应不同专业学生发展的需要。

3. 创设职业教学环境，实现案例教学。改变课程内容繁、难、案例陈旧的现状，将课程内容与学生将来就业岗位需要相匹配，关注学生的学习兴趣和经验。尽可能选择学生最熟悉且具有引导力的案例、最擅长且具有实效性的实训方式等融入校本教材中，能够反映最新的职业特色，具有市场前瞻性，具有灵活多样的表现形式，使教材具有超强的可读性和吸引力。

本书由山东农业工程学院颜素杰、李玉红担任主编，山东农业工程学院张晓阳、韩秀华和山东省互联网传媒集团股份有限公司姜晖担任副主编。全书由颜素杰统稿。具体参与编写人员分工如下：

上编第一章、第二章由张晓阳编写，第三章由宗元编写；下编第四章由董俊编写，第五章由李玉红、韩秀华编写，第六章、第十章由王芬编写，第七章由颜素杰、姜维枫编写，第八章由姜晖编写，第九章由李玉红、宗元编写。陶永生、何伟为本书的编写提供了资料。

本书在编写过程中，参考了大量的文献资料，吸收了最新的研究成果，特别是援引、借鉴、改编了大量的已有例文和训练素材。如果说，本书的创意是个人教研中的一点思考，那么本书的编写在本质上则是集体智慧的结晶,没有诸多方家大作的帮助,就不会有本书现在的模样,这是必须予以说明的。而为了行文方便,对于所引成果及材料未能在书中一一注明,为此,笔者将对本书编写有过帮助的方家大作,恭谨地列于书后的参考文献中,以示致敬和感谢!

由于编者水平有限,书中不当之处在所难免,敬请同行专家、教师、同学们和广大社会读者多提宝贵意见。

编 者
2018年6月

Contents 目 录

·上 编　　口才技能训练·

第一章　演讲口才训练 · 2
　第一节　演讲基础知识 · 3
　第二节　演讲技巧与训练 · 14

第二章　面试口才训练 · 24
　第一节　面试口才基础知识 · 24
　第二节　面试口才技巧与训练 · 28

第三章　社交口才训练 · 38
　第一节　社交口才基础知识 · 38
　第二节　社交口才技巧与训练 · 40

·下 编　　应用文写作技能训练·

第四章　应用文概述 · 48
　第一节　应用文的基本知识 · 48
　第二节　应用文的写作过程 · 51
　第三节　应用文的写作要素 · 54
　第四节　应用文的表达方式 · 58
　本章小结 · 64

第五章　行政公文 ... 65

第一节　行政公文概述 ... 65
第二节　通知 ... 73
第三节　通报 ... 79
第四节　报告 ... 84
第五节　请示与批复 ... 92
第六节　函 ... 98
第七节　会议纪要 ... 104
本章小结 ... 111

第六章　日常事务文书 ... 112

第一节　计划 ... 112
第二节　总结 ... 118
第三节　调查报告 ... 123
第四节　会议记录 ... 129
第五节　述职报告 ... 133
本章小结 ... 138

第七章　经济类文书 ... 139

第一节　概述 ... 139
第二节　合同 ... 139
第三节　招标书与投标书 ... 145
第四节　市场调查报告 ... 153
第五节　市场预测报告 ... 160
第六节　商业广告 ... 165
本章小结 ... 171

第八章　新闻类文书 ... 172

第一节　概述 ... 172
第二节　消息 ... 172
第三节　通讯 ... 180
第四节　新闻特写 ... 187
本章小结 ... 190

第九章　科技类文书 ································ 191

第一节　概述 ································ 191

第二节　毕业论文 ································ 191

第三节　实习报告 ································ 211

第四节　实验报告 ································ 217

本章小结 ································ 223

第十章　日常应用文书 ································ 224

第一节　邀请函和请柬 ································ 224

第二节　申请书 ································ 227

第三节　求职信 ································ 231

第四节　个人简历 ································ 233

本章小结 ································ 237

附　录 ································ 238

参考文献 ································ 244

上 编
口才技能训练

第一章

演讲口才训练

情境导入

2011年第83届奥斯卡金像奖上，一部叫作《国王的演讲》的电影在获得十二项提名的情况下，最终拿到了最佳电影、最佳导演、最佳男主角、最佳原创剧本四大奖项，成为该届奥斯卡电影节的最大赢家。

《国王的演讲》讲述了一个简单而又振奋人心的故事：英国国王爱德华八世为了迎娶曾有婚史的辛普森夫人，仅执政325天后退位；继位的乔治六世性格内向并且口吃，后来二战爆发，乔治六世找到了莱昂纳尔·罗格医生为他治疗口吃，最终乔治六世以一场气势磅礴并且极有说服力的公开演讲，获得了民众的信任，坚定了人民抵抗德国纳粹的信心。整部电影围绕着"演讲"这个主题缓缓展开，在电影情节中"演讲"对整个英国上下齐心抗击法西斯起了关键性作用，而且这场著名的演讲在历史上确实存在。

历史上，爱德华八世聪明英俊并且多情，在毅然决然为了爱情抛弃王位后，得到了非常多的平民的支持，所以继位的乔治六世很难获得全英国上下的爱戴。史实中，乔治六世国王——当时的艾伯特王子，从1926年开始就遇到了罗格医生，两人"一拍即合"，开始纠正和治疗他的口吃。可以说从那时起，乔治六世就开始为这场著名的演讲做准备。演讲前，英国国内绥靖思想严重，以当时首相张伯伦为代表的一部分社会中坚力量认为与纳粹德国讲和是最好的办法，乔治六世知道战争已无法逃避，拒绝了内阁提出的王室撤离伦敦的请求，宣布英国皇室全体将留守伦敦直到战争结束，同时他认为自己必须挺身而出鼓舞人心，于是他发表了练习多次的演讲："在这个庄严的时刻，也许是我国历史上最生死攸关的时刻。为了捍卫我们珍视的一切，我们必须接受这个挑战。"这成为英国二战史上的转折点。

1940年5月，乔治六世任命主战派的丘吉尔为首相，他自己多次不顾众人反对到一线战场慰问士兵，在白金汉宫被9次轰炸后依然带领全体皇室坚守伦敦，在他的号召和领导下，英国为全世界各国一起战胜法西斯做出了巨大的贡献。因为从小体弱，成为国王后的各种工作使乔治六世在1952年去世，时年57岁，他改变英国命运的演讲被后人所铭记。

第一节　演讲基础知识

随着时代的发展，演讲也越来越受人重视，一系列应运而生的电视、网络节目可以说明这一问题，比如中国科学院全力推出（中国科普博览承办）的科学讲坛"SELF 格致论道"、中央电视台的《开讲啦》《青年中国说》、北京卫视的《我是演说家》、安徽卫视的《超级演说家》，等等。在实际学习和工作中，演讲的作用愈发重要，在各种演讲比赛、集体项目和社会活动中被广泛运用，是显示个人能力、展现自我风采、彰显综合素质的重要方式。

一、演讲的含义

演讲者在特定的时间、环境中，借助有声语言（为主）和态势语言（为辅）的艺术手段，针对社会的现实和未来，面对广大听众发表意见、抒发情感，从而达到感召听众并促使其行动的一种现实的信息交流活动，这就是演讲。

经典例文赏析

在新政治协商会议筹备会上的讲话

毛泽东

诸位代表先生：

我们的新的政治协商会议的筹备会，今天开幕了。这个筹备会的任务，就是：完成各项必要的准备工作，迅速召开新的政治协商会议，成立民主联合政府，以便领导全国人民以最快的速度肃清国民党反动派的残余力量，统一全中国，有系统地和有步骤地在全国范围内进行政治的、经济的、文化的和国防的建设工作。全国人民希望我们这样做，我们就应当这样做。

新的政治协商会议，是中国共产党在一九四八年五月一日向全国人民提议召开的。这个提议，迅速地得到了全国各民主党派、各人民团体、各界民主人士、国内少数民族和海外华侨的响应。中国共产党、各民主党派、各人民团体、各界民主人士、国内少数民族和海外华侨都认为：必须打倒帝国主义、封建主义、官僚资本主义和国民党反动派的统治，必须召集一个包含各民主党派、各人民团体、各界民主人士、国内少数民族和海外华侨的代表人物的政治协商会议，宣告中华人民共和国的成立，并选举代表这个共和国的民主联合政府，才能使我们的伟大的祖国脱离半殖民地的和半封建的命运，走上独立、自由、和平、统一和强盛的道路。这是一个共同的政治基础。这是中国共产党、各民主党派、各人民团体、各界民主人士、国内少数民族和海外华侨团结奋斗的共同的政治基础，这也是全国人民团结奋斗的共同的政治基础。这个政治基础是如此巩固，以至于没有一个认真的民主党派、人民团体和民主人士提出任何不同的意见,大家认为只有这一条道路,才是解决中国一切问题的正确的方向。

……

中国的革命是全民族人民大众的革命,除了帝国主义者、封建主义者、官僚资产阶级分子、国民党反动派及其帮凶们而外,其余的一切人都是我们的朋友,我们有一个广大的和巩固的革命统一战线。这个统一战线是如此广大,它包含了工人阶级、农民阶级、城市小资产阶级和民族资产阶级。这个统一战线是如此巩固,它具备了战胜任何敌人和克服任何困难的坚强的意志和源源不竭的能力。我们现在所处的时代是帝国主义制度走向全部崩溃的时代,帝国主义者也已陷入不可解脱的危机之中,不论他们还要如何继续反对中国人民,中国人民总是有办法取得最后胜利的。

同时,我们向全世界声明:我们所反对的只是帝国主义制度及其反对中国人民的阴谋计划。任何外国政府,只要它愿意断绝对于中国反动派的关系,不再勾结或援助中国反动派,并向人民的中国采取真正的而不是虚伪的友好态度,我们就愿意同它在平等、互利和互相尊重领土主权的原则的基础之上,谈判建立外交关系的问题。中国人民愿意同世界各国人民实行友好合作,恢复和发展国际间的通商事业,以利发展生产和繁荣经济。

诸位代表先生:我们召集新的政治协商会议成立民主联合政府的一切条件,均已成熟。全中国人民是如此热烈地盼望我们召开会议和成立政府。我相信,我们现在开始的工作,是能够满足这个希望的,并且不需要多久的时间就能满足这个希望。

中国民主联合政府一经成立,它的工作重点将是:(一)肃清反动派的残余,镇压反动派的捣乱;(二)尽一切可能用极大力量从事人民经济事业的恢复和发展,同时恢复和发展人民的文化教育事业。

中国人民将会看见,中国的命运一经操在人民自己的手里,中国就将如太阳升起在东方那样,以自己的辉煌的光焰普照大地,迅速地荡涤反动政府留下来的污泥浊水,治好战争的创伤,建设起一个崭新的强盛的名副其实的人民共和国。

中华人民共和国万岁!

民主联合政府万岁!

全国人民大团结万岁!

1949年1月30日,北平和平解放,中央人民政府筹备成立,全国上下百废俱兴,同年6月15日至6月19日在北平召开的这次会议参加者有23个单位的代表共134人。在这篇演讲稿中,毛泽东同志回顾了本次会议的召开过程,明确了会议的工作任务,划分了国际关系中的"朋友"和"敌人",最后号召全体中国人建立新的人民共和国。这是一篇非常优秀和出色的演讲稿。

(一)演讲内容要与特定的时间、环境相结合

身处不同时间、空间时,要使演讲符合时间、环境的特点。比如经典例文赏析,如果演讲的时机是毛泽东同志在接待美国外宾,这篇演讲是否就非常不适合了呢?

（二）语言（说）要与动作（演）相辅相成

通过大量的图文记载，我们可以了解到，延安时期的毛泽东，为了渲染效果会在演讲时配合加上很多肢体语言；到了毛泽东晚年，他在演讲中仍配以眼神和小幅度手势。

演讲除了用有声的语言"讲"之外，还需要用无声的语言——动作——来"演"，优秀的演讲者不仅是优秀的演讲稿撰写员、出色的朗读者，还需要是表情生动，肢体语言丰富，能够根据演讲内容用动作进行相应表达的表演者。

（三）演讲前要充分了解听众，使演讲内容与听众的内心需求相契合，从而引起听众的共鸣

2017年，一位中国女留学生杨同学在美国马里兰大学的毕业典礼上的一段演讲引起了很多中国网友的热议，她在演讲中说道："经常会有人问我，你为什么要来马里兰大学，我总是这样回答——五年前，当我踏下从中国飞来的飞机，我一共准备了五个口罩，我刚要拿出一个戴上，但当我呼吸到第一口美国的空气时，我就把口罩收起来了，那空气是多么香甜清新，有种奇异的奢华。我在中国的一座城市长大，在那里我只要出门就必须戴口罩，不然我可能会生病……"随后，大家发现这位同学来自中国昆明——一座常年空气质量优秀等级的城市。杨同学的演讲是针对当时在座的马里兰大学师生的，可是她没有料到网络的发达，使她的听众范围逐渐包括了中国，从而使得众多中国网友不接受她的演讲。

同样是在2017年的美国，来自中国南京的蔡同学在波士顿大学硕士毕业典礼上的演讲得到了广大中国网友的赞扬——"我经历了不得不解释一个没人理解的笑话的尴尬，对别的文化提出问题但担心问题过于浅显和愚蠢的紧张，以及捍卫我自己的信念却只得到怀疑和冷漠时的愤怒。幸运的是，这些不舒适的感受很快就被别的事情替代了：比如当我教会我的同学们发我的姓氏'蔡'的读音时，他们体验到了使用自己以前都没注意到的舌头部位的快乐；当我向凯斯特罗姆研究生学生会宣传我们金融数学项目的文化活动时的兴奋；当我知道波士顿周围所有最地道餐馆时的满足，以及当我以自己从未想象过的视角去看这个世界和自己时的惊奇。"

（四）演讲内容具有鼓舞性，能够振奋听众的精神，促使听众未来的行动

一般说来，演讲家在演讲里的最高旨趣并不在于艺术性的描述和完美的刻画，他还有一个越出艺术范围的目的，他的演讲的形式结构毋宁说只是一种有效的手段，利用其来实现一种非艺术性的目的或旨趣。从这个观点来看，他感动听众不单是为感动而感动，听众的感动和信服也只是一种手段，便于演说家实现某一意图，用来使听众达到某一信念，做出某一种决定，或采取某一种行动。

二、演讲的分类

（一）根据演讲内容分类

1. 学术演讲

学术演讲是以专业内容的讲解和宣传为主要内容的演讲，演讲者大多为专业领域的

从业者,如专题讲座、学位论文答辩、学术报告等,以及现在各大网站所开展的学术公开课和学术讲座论坛。

2. 政治演讲

政治演讲是公众演说的一种重要形式,它是针对国家的内政事务和外交关系表明立场、阐明观点、宣传主张的一种演说,如外交演讲、集会演讲、政府工作报告等。

3. 生活演讲

生活演讲是以日常生活为主要内容的演讲,演讲者会根据工作、学习、生活中发生的事情或进行评论,或抒发感情,或阐述观点,如欢迎词、祝酒词、答谢词等。

4. 宗教演讲

宗教演讲是宗教人员为了宣传本教教义而在公众场合发表的各种演说。

(二)根据演讲形式分类

1. 命题演讲

命题演讲一般是指出题者给出一个既定的题目,要求演讲者根据这个给定题目进行的演讲,多见于各种演讲比赛,尤其是校园演讲比赛。

2. 即兴演讲

所谓即兴演讲,就是在特定的情境和主体的诱发下,自发或被要求立即进行的当众说话,是一种不凭借文稿来表情达意的口语交际活动,如祝酒词、欢迎词、聚会祝词等。

3. 辩论演讲

辩论演讲是以辩论为内容的演讲,多由两方以上观点参与,以说服对方、证明个人观点正确为目的,如法庭辩论、赛场辩论、生活论辩等。

三、演讲的特点

(一)公开性

演讲是面对公众所进行的公开活动,可能演讲者面对的是特定人群,但演讲本身可能会通过现代新的网络媒体等传播方式,把听众扩大到几倍甚至几百倍。

(二)时效性

演讲的主题往往要针对演讲时的时代背景、热点话题或热门人物,因此就有了一定的时效性。同时,演讲是在有限的时间内表达演讲者的观点和感情,不能无限制地长篇大论。

(三)针对性

演讲者在演讲稿撰写时,就需要对听众进行"备课",根据听众的身份、年龄、需求量身定做演讲的内容,以使自己的演讲达到最佳效果。

(四)口语与书面语相结合

演讲是语言的艺术,为了达到演讲效果,演讲者必须以听众能够接受的口语进行演说。而演讲又不能使用大白话,要以口语与典雅的书面语相结合,从而达到雅俗共赏的目的。

四、演讲的要素

(一)演讲者

演讲者是演讲的主体、主导和中心,演讲者的个人专业素质、文化修养和演讲能力是演讲的决定性因素,决定着一场演讲的成功或失败。

(二)听众

听众是演讲的客体,是演讲中的接受方,听众会在接受演讲信息的同时进行二次创作,因此听众的身份、年龄、经历决定着演讲者所要传递的信息是否能成功地被听众所接受。

(三)演讲稿

演讲稿是演讲的载体,是演讲者和听众之间的桥梁,演讲稿的遣词造句、意识情感是演讲者获得听众共鸣的关键。

五、普通话基础知识——普通话语音结构系统

普通话是以北京语音为标准语音,以北方话(官话)为基础方言,以典范的现代白话文著作为语法规范的现代标准汉语。

(一)声母

1. 声母分类

普通话21个辅音声母的发音是由发音部位和发音方法决定的,因此,可以根据声母的发音部位和发音方法给声母分类。普通话声母总表见表1-1。

表1-1 普通话声母总表

发音部位	塞音		塞擦音		擦音		鼻音	边音
	清音		清音		清音	浊音	浊音	浊音
	不送气	送气	不送气	送气				
双唇音	b	p					m	
唇齿音					f			
舌尖前音			z	c	s			
舌尖中音	d	t					n	l
舌面后音			zh	ch	sh	r		
舌面音			j	q	x			
舌根音	g	k			h			

2. 声母发音

(1) 双唇音:b、p、m 的发音。

发 b 时,双唇闭合,软腭上升,堵塞鼻腔通道,然后,气流冲破双唇的阻碍,声带不颤动,气流较弱。

例如:摆布　奔波　标兵　辨别　壁报　北边

发 p 时,除气流较强外,其他发音特点都与 b 同。

例如:枇杷　批评　乒乓　澎湃　偏颇　匹配

发 m 时,双唇闭合,软腭下降,打开鼻腔通道,声带颤动,气流从鼻腔通过。

例如:冒昧　门面　明媚　命名　买卖　盲目

(2) 唇齿音:f 的发音。

发 f 时,下唇接触或接近上齿,软腭上升,堵塞鼻腔通道,气流从下唇和上齿之间的缝隙中通过,摩擦成声,声带不颤动。

例如:肺腑　非凡　芬芳　丰富　方法　发福

(3) 舌尖前音:z、c、s 的发音。

发 z 时,舌尖与上齿背形成闭塞,软腭上升,堵塞鼻腔通道,紧接着松开舌尖阻碍的一道窄缝,气流从舌尖和上齿背之间的缝隙中挤出,摩擦成声,声带不颤动,气流较弱。

例如:宗族　罪责　自尊　栽赃　走卒　枣子

发 c 时,除气流较强外,其他发音特点都与 z 同。

例如:层次　苍翠　从此　参差　粗糙　猜测

发 s 时,舌尖接近上齿背,形成一道缝隙,软腭上升,堵塞鼻腔通道,气流从舌尖和上齿背之间的缝隙中挤出,摩擦成声,声带不颤动。

例如:松散　诉讼　琐碎　洒扫　思索　色素

(4) 舌尖中音:d、t、n、l 的发音。

发 d 时,舌尖抵住上齿龈,软腭上升,堵塞鼻腔通道,气流冲破舌尖的阻碍,声带不颤动,气流较弱。

例如:道德　大胆　等待　奠定　打断　跌倒

发 t 时,除气流较强外,其他发音特点都与 d 同。

例如:探讨　淘汰　天堂　疼痛　铁蹄　妥帖

发 n 时,舌尖抵住上齿龈(在训练时,也让舌面前部靠住上齿龈),软腭下降,打开鼻腔通道,声带颤动,气流从鼻腔通过。

例如:男女　农奴　恼怒　能耐　奶牛　泥泞

发 l 时,舌尖抵住上齿龈,软腭上升,堵塞鼻腔通道,声带颤动,气流从舌尖两边通过。

例如:劳累　嘹亮　拉拢　冷落　轮流　领略

(5) 舌尖后音:zh、ch、sh、r 的发音。

发 zh 时,舌尖上翘,接触硬腭前部,软腭上升,堵塞鼻腔通道,紧接着松开舌尖阻碍的一道窄缝,气流从舌尖和硬腭前部之间的缝隙中挤出,摩擦成声,声带不颤动,气流较弱。

例如:指针　政治　助长　战争　茁壮　郑重

发 ch 时,除气流较强外,其他发音特点都与 zh 同。

例如:长城　超产　车床　踌躇　穿插　驰骋

发 sh 时,舌尖上翘,接近硬腭前部,形成一道窄缝,软腭上升,堵塞鼻腔通道,气流从舌尖和硬腭前部之间的缝隙中挤出,摩擦成声,声带不颤动。

例如:沙石　闪烁　舒适　神圣　赏识　生疏

发 r 时除声带颤动外,其他发音特点都与 sh 同。

例如:仍然　荣辱　忍让　如若　柔软　荏苒

(6) 舌面音:j、q、x 的发音。

发 j 时,舌面前部接触硬腭前部,软腭上升,堵塞鼻腔通道,紧接着松开舌面前部阻碍的一道窄缝,气流从舌面前部和硬腭前部之间的缝隙中挤出,摩擦成声,声带不颤动,气流较弱。

例如:坚决　经济　家具　军舰　捷径　阶级

发 q 时,除气流较强外,其他发音特点都与 j 同。

例如:亲切　全球　欠缺　群起　情趣　恰巧

发 x 时,舌面前部接近硬腭前部,形成一道窄缝,软腭上升,堵塞鼻腔通道,然后,气流从舌面前部和硬腭前部之间的缝隙中挤出,摩擦成声,声带不颤动。

例如:虚心　小学　现象　新鲜　宣泄　星宿

(7) 舌根音:g、k、h 的发音。

发 g 时,舌根(舌面后部)隆起,抵住软腭,软腭上升,堵塞鼻腔通道,然后,气流冲破舌根的阻碍,声带不颤动,气流较弱。

例如:改革　高贵　拐棍　灌溉　巩固　骨干

发 k 时,除气流较强外,其他发音特点都与 g 同。

例如:可靠　宽阔　夸口　慷慨　坎坷　刻苦

发 h 时,舌根接近软腭,形成一道窄缝,软腭上升,堵塞鼻腔通道,气流从舌根和软腭之间的缝隙中挤出,摩擦成声,声带不颤动。

例如:好汉　航海　呼唤　挥霍　缓和　花卉

除了以上 21 个辅音声母之外,普通话里还有一些音节没有辅音声母,如 "ing" "ang" "ou" 等,这类音节的声母,语音学上称为零声母。

3. 声母辨证

中国有众多方言,其中很多方言的声母发音与普通话的声母发音有或多或少的区别,因此需要方言区的学习者分辨自己家乡话与普通话的不同,进而纠正自己的普通话声母发音。

(1) 分辨 z、c、s 和 zh、ch、sh。

这两组声母发音的主要差异是舌位不同：z 组声母是舌尖平伸接触或接近上齿背，所以又被称为"平舌音；"zh 组声母是舌尖上翘接触或接近硬腭前部，所以又被称为"翘舌音"或"卷舌音"。

课堂小练习 读一读

四是四，十是十，十四是十四，四十是四十，不要把四十说成十四，也不要把十四说成四十。

(2) 分辨 r 和 l。

发 r 时，发音部位在硬腭，气流通过舌尖和硬腭之间的狭窄缝隙，摩擦很重。

发 l 时，发音部位在齿龈，气流的通道在两边舌侧，通道宽松，摩擦不明显。

课堂小练习 读一读

碧蓝—必然　囚牢—求饶　露馅—肉馅　脸色—染色
娱乐—余热　近路—进入　衰落—衰弱　卤汁—乳汁

(3) 分辨 h 和 f。

普通话中的唇齿音 f 和舌根音 h 发音位置的区别非常明显。我国南方湘、赣、客家、闽、粤等方言大都不能分清 f 和 h，北方方言的江淮官话、西南官话也不同程度地存在着类似现象。有的地方 f 与 h 分混的方式与普通话也有差异。多数地方是把部分 h 声母的字混入 f，如长沙话、南昌话、重庆话把合口呼的"湖"说成 fu；也有的地方把 f 混入 h，如厦门话、潮州话、湖北巴东话，把"飞""风"说成"灰""烘"。

分辨的重点应放在常用字的记忆上，记牢哪些字的声母是 f，哪些字的声母是 h。

课堂小练习 读一读

仿佛—恍惚　防风—黄昏　花生—发生　包饭—包换
会话—废话　方地—荒地　翻腾—欢腾　公费—工会
化肥会挥发，灰化肥会发黑，黑化肥会发灰。
灰化肥挥发会发黑，黑化肥挥发会发灰。

（二）韵母

1. 韵母分类

在普通话中，韵母共有 39 个，有两种分类方式：按照韵母内部结构特点分类和根据韵母开头的元音发音特点分类。普通话韵母总表见表 1-2。

表 1-2　普通话韵母总表

韵母类别	开口呼	齐齿呼	合口呼	撮口呼
单韵母	-i	i	u	ü
	a	ia	ua	
	o		uo	
	e			
	ê	ie		üe
	er			

续表

韵母类别	开口呼	齐齿呼	合口呼	撮口呼
复韵母	ai		uai	
	ei		uei	
	ao	iao		
	ou	iou		
鼻韵母	an	ian	uan	üan
	en	in	uen	ün
	ang	iang	uang	
	eng	ing	ueng	
			ong	iong

2. 韵母发音

（1）单元音韵母的发音。

① 舌面元音。

舌面元音是发音时舌面起主要作用的元音。舌面元音的发音是由三个方面的条件决定的：舌面的前后、舌位的高低（口腔的开合）、圆唇不圆唇。下边对每一个舌面元音的发音进行描写。

a 是舌面、央、低、不圆唇元音；发音时，口腔大开，舌位低，双唇呈自然状态展开，声带颤动；如"打靶""发达"。

o 是舌面、后、半高、圆唇元音；发音时，舌位后部隆起，后缩，口半开，舌位半高，嘴唇拢圆，声带颤动；如"泼墨""默默"。

e 是舌面、后、半高、不圆唇元音；发音时，舌位前后、高低与 o 基本相同，所不同的是双唇展开；如"特色""折射"。

i 是舌面、前、高、不圆唇元音；发音时，舌面前部隆起，舌头前伸，抵下齿背，口腔开度很小，嘴唇展开呈扁形，声带颤动；如"地皮""稀泥"。

u 是舌面、后、高、圆唇元音；发音时舌面后部突起，口腔开度很小，两唇收缩呈圆形，声带颤动；如"互助""铺路"。

ü 是舌面、前、高、圆唇元音；发音时，舌位前后、高低与 i 基本相同，所不同的是双唇拢圆；如"区域""序曲"。

② 舌尖元音。

普通话中有两个舌尖元音：-i[前]和-i[后]。

发 -i[前] 音时，舌尖前伸靠近（但不接触）上齿背，口腔开度很小，嘴唇向两边展开；只与 z、c、s 相拼，如"自私""刺字"。

发 -i[后] 音时，舌尖靠近（但不接触）硬腭前部，口腔开度很小，嘴唇向两边展开，声带颤动；只与 zh、ch、sh、r 相拼，如"支持""时日"。

舌尖前元音-i[前]与舌尖后元音-i[后]分别与舌面元音韵母i形成互补关系。因此,《汉语拼音方案》用一个i表示3个韵母。

③ 卷舌元音。

普通话的卷舌元音韵母er是卷舌(舌面、舌尖上卷)、央、中、不圆唇元音;er只能自成音节,给少数几个汉字注音。如"儿、而、耳、尔"等。

(2) 复韵母的发音。

普通话中共有13个复韵母,发复韵母时舌位、唇形都有变化,即由一个元音向另一个元音的发音过渡。在过渡中,舌位、开口度、唇形等是逐渐变化的,同时气流要连贯,发音要形成一个整体。韵腹是一个韵母的主干,复韵母的发音以韵腹为中心。根据韵腹在韵母中的位置,可以把复韵母分为前响、后响和中响三类。

① 前响复元音韵母。

开头的元音开口度大,收尾的元音开口度小,舌位由低向高滑动。开头的元音响亮清晰,收尾的元音轻短模糊。

例如:

ai	海带	拆台	拍卖	采摘
ei	蓓蕾	配备	肥美	黑煤
ao	操劳	宝刀	骚扰	懊恼
ou	收购	丑陋	抖擞	绸缪

② 后响复元音韵母。

开头的元音开口度小,收尾的元音开口度大,舌位由高向低滑动。开头的元音音素不太响亮比较短促,收尾的元音音素响亮清晰,舌位移动的终点是确定的。

例如:

ia	假牙	压价	夏家	恰恰
ie	贴切	结业	借鞋	谢谢
ua	挂花	耍滑	娃娃	花袜
uo	硕果	阔绰	懦弱	蹉跎
ue	决绝	绝学	雀跃	约略

③ 中响复元音韵母。

舌位从高向低滑动,再由低向高滑动,前后的元音都比较短促模糊,中间的元音响亮清晰。

例如:

iao	逍遥	巧妙	调料	缥缈
iou	悠久	优秀	求救	牛油
uai	外快	摔坏	怀揣	乖乖

| uei | 追随 | 摧毁 | 荟萃 | 愧悔 |

（3）鼻韵母的发音。

发鼻韵母时，发音器官由元音的舌位向鼻辅音的舌位逐渐移动，鼻音成分逐渐增加，最后完全变成鼻音。

① 前鼻音韵母。

韵尾 n 与声母 n 发音基本一致，作韵尾时，舌尖（或舌尖的舌面部位）向上齿龈移动，抵住上齿龈，然后不是很快离开上齿龈，而是让这个动作成为整个韵母发音的收尾动作。

例如：

an	展览	谈判	参赞	烂漫
en	根本	沉闷	人参	愤恨
in	信心	辛勤	引进	濒临
ün	均匀	军训	逡巡	醺醺
ian	惦念	简便	先天	前线
uan	贯穿	婉转	专款	软缎
uen	温存	论文	春笋	温顺
üan	全权	源泉	轩辕	圆圈

② 后鼻音韵母。

前鼻音韵尾 n 与后鼻音韵尾 ng 发音的主要差别在于阻碍气流的部位一前一后。前鼻音韵尾 n 是舌尖（或舌面前部）抵住上齿龈，后鼻音韵尾是舌根后缩抵住软腭。

例如：

ang	沧桑	帮忙	上访	螳螂
eng	整风	更生	逞能	丰盛
ing	宁静	评定	倾听	经营
ong	冲动	红松	总统	从容
iong	汹涌	穷凶	炯炯	熊熊
iang	想象	粮饷	强将	襄阳
uang	狂妄	状况	双簧	矿床
ueng	翁	嗡	蓊	瓮

3. 声调

声调是一个音节高低升降的变化，它的变化取决于音高、音长、声带的松紧及单位时间内声带振动的频率。

普通话有四个基本调值，即 55、35、214、51，因而有四个调类，即阴平调、阳平调、上声调、去声调。《汉语拼音方案》规定用"ˉ ˊ ˇ ˋ"四个符号作为普通话声调的"调号"。如图 1-1 所示。

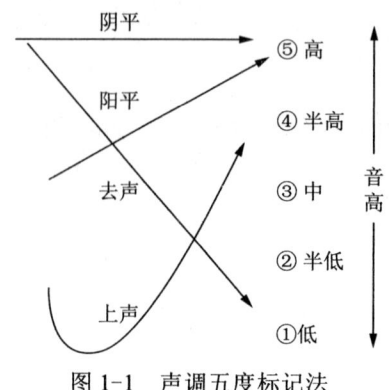

图1-1 声调五度标记法

(1) 阴平:普通话的阴平调由5度到5度,调值55,音值高而平直,是高平调。

例如:

青山 qīngshān 乡村 xiāngcūn 出击 chūjī

失约 shīyuē 突出 tūchū 师专 shīzhuān

(2) 阳平:普通话的阳平调是由3度到5度,调值35,发音时直线上升,是中升调。

例如:

人民 rénmín 儿童 értóng 红旗 hóngqí

习得 xíde 洁白 jiébái 直觉 zhíjué

(3) 上声:普通话的上声调是降升调,调值是214,特点是先降再升。

例如:

领导 lǐngdǎo 展览 zhǎnlǎn 雨伞 yǔsǎn

美好 měihǎo 采取 cǎiqǔ 厂长 chǎngzhǎng

(4) 去声:普通话的去声调是全降调。

例如:

大地 dàdì 电视 diànshì 万象 wànxiàng

策略 cèlüè 毕业 bìyè 密切 mìqiè

第二节 演讲技巧与训练

一、演讲技巧

(一)演讲稿的写作

1. 演讲稿的标题

(1) 标题要有内容。

例如:《我们的事业在中国》《像英雄那样走人生之路》。

(2) 标题要简短明快。

例如:《生活万岁》《科学的春天》。

（3）标题要表态、含情。

例如：《在帝国议会讲坛的反战演说》《要为自由而战斗》。

2. 称呼语

常见的有"各位领导""各位来宾""女士们、先生们""同志们""朋友们"等，通常在称呼语前加上"尊敬的""亲爱的"等词，以示尊重和友好。

有时，在演讲过程中和演讲结尾时也穿插使用称呼语，起着牵制听众注意力和强调演讲内容的作用。

应该注意的是：称呼语的使用要全面，要能包括在场的所有听众。注意称呼的顺序。

3. 演讲稿的开头

（1）自述式。演讲者从自己的身份或者近期情况谈起。如：张燕平的《陕北之行的启示》。

（2）缘起式。演讲从缘由或起因谈起。如：李明劼的《我们身边的焦裕禄》。

（3）诠释式。从诠释演讲题目谈起。如：杨耀的《战士的爱》。

（4）话题式。从演讲的话题谈起。如：汪贻娟的《我们的双手是美丽的白鸽》。

（5）故事式。演讲由故事谈起。如：刘军的《让32号从明天开始》。

（6）提问式。这是一种运用设问引人入胜的开头方法。如：祁登洲的《让中华腾飞于世界》。

（7）议论描述式。以发表议论、描述景象开头。如：韩珊的《我的脚下是一片绿色的土地》。

（8）引述式。由名言警句诗词歌曲开头。如：唐卿斓的《女人不相信眼泪》。

（9）翻新式。通常采用旧题新说，以别开生面的方式入题。如：微云的《新官上任三把火》。

（10）设置悬念式。在演讲一开始，听众还毫无心理准备的情况下，就提出一个悬念，把听众的好奇心调动起来，使听众带着一个大大的问号急切地想听下面的内容。如：联想集团培养人的第一个方法叫作"缝鞋垫"与"做西服"。

（11）逆向思维式。开头采用有别于常规的思维方式，只要注意把握好尺度和分寸，它会使演讲产生标新立异之奇，鬼斧神工之妙，从而赢得更多听众的喜爱。如：作家陈幸蕙的《我不祝你们一帆风顺》。

（12）幽默解嘲式。用幽默诙谐的语言开头，既能紧紧抓住听众的心，引人发笑，又能活跃会场气氛，让人在笑声中思考。如：美国黑人领袖约翰·罗克的《要求解放黑人奴隶的演说》。

4. 演讲稿的主体

（1）选3～5个具体的实例。

（2）注意段落层次、过渡照应。

5.演讲稿的结尾

(1)总结式。就是在结尾时对演讲做简要的总结概括。

(2)感召式。就是在演讲的结尾部分,造成一种气势,激发听众的情绪,使之达到高潮,整个结尾热情洋溢,令人振奋。

(3)表决心式。这种结尾情真意切,字字千钧,充分表达了演讲者鲜明的立场和不达目的誓不罢休的决心。

(4)引用式。通过引用名言、警句或诗句等方式结尾,可以使演讲内容显得丰富、充实,具有启发性与感染力。

(5)呼应式。在结尾处回应开头,是写演讲稿常用的收束之法。

6.演讲的结束语

演讲者在演讲结尾之后需要用"谢谢大家!"作为结束语,表达对听众倾听自己演讲的谢意。

(二)诵读技巧

1.要求

(1)使用普通话读准文本的词句。

① 尊重作者创作,忠于作品原文,不添减,不回读。

② 使用标准普通话,有意识地纠正个人乡音方言,包括字音、词语和声调。

③ 准确把握标点的停顿时长,注意语速的调整。

(2)正确理解诵读文本的内涵和感情。

诵读就是一个用正确的语言技巧表达演讲者对作品感情认知的过程,只有准确把握作者和作品的内涵和内在情绪,才能准确地把作品的思想感情成功地传达给听众,因此对诵读内容的解读和研究是诵读的关键环节。

作品鉴赏

面朝大海,春暖花开

海 子

从明天起,做一个幸福的人
喂马,劈柴,周游世界
从明天起,关心粮食和蔬菜
我有一所房子,面朝大海,春暖花开

从明天起,和每一个亲人通信
告诉他们我的幸福

那幸福的闪电告诉我的
我将告诉每一个人

给每一条河每一座山取一个温暖的名字
陌生人,我也为你祝福
愿你有一个灿烂的前程
愿你有情人终成眷属
愿你在尘世获得幸福
我只愿面朝大海,春暖花开

很多人说这是一首明朗、温暖、快乐的诗歌,因为这诗中有"幸福""温暖""灿烂"等字眼,描述的也是"喂马""劈柴""周游世界"等世俗中美好的景象,但是,在这幅温暖的画面下,隐藏着作者隐隐作痛的悲凉与孤独。因为这一切的幸福都是从"明天起",所以,"今天"呢?

(3)针对不同文本的情感基调使用相应的语言表达进行诵读。

语言是会表达情感的,快乐、悲伤、奋进、忧郁等所有的情感都有专属的语音、语调和语速,所以根据作品的情感基调选择合适的语言表达,是诵读者的基本能力。

2. 技巧

(1)停顿。

停顿是指在有声语言的流动过程中声音的中断,一般分语法停顿、强调停顿(弱逻辑停顿或感情停顿)、结构停顿。在现实生活中,停顿的作用也非常明显。

例如:一个有钱人准备请一位私塾先生教其子女读书,当签订聘书和问及伙食标准时,私塾先生写下了"无鸡鸭也可无鱼肉也可青菜一碟足矣"。教书第一天,当私塾先生看到席上只有一碟青菜时勃然大怒,拿着聘书质问:"写得清清楚楚'无鸡,鸭也可;无鱼,肉也可;青菜一碟足矣'!你怎么不守诺言呢?"原来,富人因为生性吝啬将句意理解为"无鸡鸭也可,无鱼肉也可,青菜一碟足矣"。

① 语法停顿是指句子中一般的间歇,反映句子的结构关系。朗读时常依据标点符号的要求来停顿,一般情况下语法停顿的长短可这样区分:句号、问号、叹号>分号、冒号>逗号>顿号。

② 强调停顿(逻辑停顿或感情停顿)是指句子中特殊的间隔。或为了强调某一事物,突出某个语意或某种感情;或为了加强语气;或在语法停顿的基础上变动停顿时间,给听者以思考的余地,从而增强朗读的语言效果。

例如:这里就是1935年中国工农红军长征时走过的地方,红军叫它"水草地"。

这句中的"这里""它"后面需要停顿,以强调要说明的地方。

例如:蓖麻越长越高,一张张的大叶子像张开的手。过些时候蓖麻开花了,开出一串串淡红色的小花。

在"大叶子"后面应稍做停顿,以突出下面的比喻;在"开花了"之后做较长的停顿,可以表现出人们的兴奋之情。

③ 结构停顿是由文章的层次结构决定的,是为了表示文章的层次、段落等所做的停顿。停顿长短可以按照这样的规律:段落＞层次＞句子。

(2)重音。

重音是在说话或诵读中,为了准确地表达语义和感情,强调突出的词、短语,或者某个音节。

例如:

我是一名大学生。(谁是一名大学生?)

我是一名大学生。(你是不是一名大学生?)

我是一名大学生。(你是做什么的?)

① 高低强弱法:用声音高低、强弱的转换和变化来强调重音。

例如:一所由山东省烟台市福山区塔寺庄村民筹资兴办的乡镇成人大学,明年将面对社会招生。

这个新闻导语中,我们可以用音高的变化强调"村民",突出村民是因为这所大学不是政府筹办而是村民集资兴办的,之后的"大学"和"社会"则用加重的方法强调,显示新闻的主要信息。

② 快慢停连法。这是一种用声音的长短、急缓、停连等变化来强调重音的方法。

例如:十年啊,十年的流离失所,十年的卧薪尝胆,我钟雪儿终于等到了这一天。

《走西口》这个朗诵稿件中,钟雪儿的这句话有着情感的丰富变化。第一个"十"声音加重并较缓地说出来,展现"钟雪儿"内心的感叹和悲愤。之后的"十年的流离失所,十年的卧薪尝胆"用较快的语速连接起来,在"终于"前停顿,较慢地说出"终于等到了这一天"。声音的紧连和缓促变化再加上贴切的语气,使钟雪儿这个人物内心复杂的情感变化很好地得以诠释。

③ 虚实转换法。通过声音的虚实变化来强调重音。

例如:那天,我又独自坐在屋里,看着窗外的树叶唰唰啦啦的飘落,母亲进来了,挡在窗前。

这句话摘自史铁生先生的《秋天的怀念》,作者用细腻的感情写出了母爱的伟大。整篇文章的基调是低沉的、沉重的。在诵读时要注意运用虚实声的变化,尤其是这句中的象声词"唰唰啦啦",如果用虚声甚至是叹息声来展现会更好地展现出作者内心的情感。

(3)语速。

① 轻快型:多扬少抑,多轻少重,语节少而词的密度大;多用于描述欢快的场景、愉快的心情或复述年轻人的话语。

② 高亢型:语势多为起潮类,峰峰紧连,扬而更扬,势不可遏;多用于描述情绪激烈、场面宏大的场景。

③ 紧张型:多抑少扬,多重少轻,语节内密度大,气较促,音较短;多用于描述紧张压抑、情绪紧绷等场景。

以上属于快节奏,下面三种类型属于慢节奏。

④ 舒缓型:语势多扬而少坠,声较高而不着力,语节内较疏但不多顿,气流长而声清;多用于描述心情愉快、情绪舒朗等场景或复述中年人的话语。

⑤ 低沉型:语势多为落潮类,句尾落点多显沉重,音节多长,声音偏暗;多用于描述情绪阴暗、情节晦涩、景色阴晦等场景或复述老年人的话语。

⑥ 凝重型:语势较平稳,音强而着力,多抑少扬,语节多而词疏;多用于描述郑重庄严、悲伤难过的场景。

(4)语调。

语调是语言的快慢、高低、长短、强弱、虚实等各种声音形式的总和,是能够表达说话人感情和态度的声音形式。

① 高升调:这种语调表现为句子开头低、句尾明显升高,常用于一般疑问句、反问句以及句子尚未终结时中间停顿处,或出现在长句中前半句。

例如:

难道你就不想到它的质朴、严肃、坚强不屈,至少也象征了北方的农民?(反问)

这是给我的?(疑问)

王老师!王老师!(呼唤)

啊!你考了一百分!(惊异)

同学们!这场球我们打赢了!(喜悦兴奋)

白日依山尽,黄河入海流。欲穷千里目……(意思未完)

② 低降调:语调表现为句子开头高、句尾明显降低,常用于一般陈述句、感叹句、祈使句以及近距离对话等。

例如:

这是入冬以来,胶东半岛上第一场雪。(陈述)

鱼姑娘,你做做好事吧!(请求)

东风来了,春天的脚步近了!(肯定)

王木匠可真是一把好手啊!(感叹)

伟大祖国,愿你永远如日之升!(祝愿)

③ 平直调:语调表现为平直舒缓,叙述或说明的句子多用平直调。

例如:

在巴西里约热内卢的一个贫民窟里,有一个男孩子,他非常喜欢足球,可是又买不起,于是就踢塑料盒,踢汽水瓶,踢从垃圾箱里捡来的椰子壳。(叙述)

朋友新烫了个头,不敢回家见母亲,恐怕惊骇了老人家,却欢天喜地地来见我们,老朋友颇能以一种趣味性的眼光欣赏这个改变。(说明)

想从我这里发洋财,是想错了。(冷淡)

人民英雄纪念碑矗立在天安门广场中央。(庄重)

④ 曲折调:这种语调大都先降后升或先升后降,句子语势有抑扬升降的曲折变化,呈

波浪式,多在表达特殊感情时出现。

例如:

这些海鸭呀,享受不了生活的战斗的欢乐,轰隆隆的雷声就把它们吓坏了。(蔑视)

好个"友邦人士",是些什么东西!(憎恶)

你说呀!你倒是说话呀!(强调)

你是班长,你不能死。(讽刺)

(三)演讲礼仪

1. 妆容

对于女士而言,根据场合的不同而选择妆容的浓淡,一般说来以淡妆、裸妆为宜。

2. 发型

女士的发型要整齐、干练,露出五官,不能披头散发,也不能奇发异型,发色以自然色为宜;男士的发型要前发不掩额头、侧发不过耳尖、后发不及衣领为宜,不做奇特发型,不染新奇颜色。

3. 服装

女士以套装为宜,颜色不宜浓艳,也可以根据年龄、身份做恰当的衣着选择,鞋子以半高跟为上选,袜子最好为肤色且不能有明显花纹,避免佩戴夸张配饰;男士服装以庄重为原则,西服套装为最佳选择,鞋子、腰带的颜色和质感要统一。

4. 仪态

要精神饱满,不能萎靡不振;演讲开始和结束时,要对听众颔首致意或鞠躬致敬;演讲过程中,听众鼓掌时,应对听众行注目礼,含笑环视听众席;避免出现挖鼻子、捂嘴巴、抚弄衣襟等无意识的不雅举动。

(四)体态语言的运用

1. 表情

表情要自然大方,不扭捏作态,无论是或走或立、或讲或停都要面带微笑;保持与观众的目光交流,在演讲中适时环视听众席;根据演讲内容表现激动、悲伤、喜悦、欢快等表情。

2. 站姿

两眼正视,下颌微收,两肩平齐,两脚跟并拢,身体重心落于两腿正中;两眼平视,挺胸收腹,腰背挺直,整个身体庄重挺拔。女士脚尖张开60°或一脚前移半步双脚成丁字形;男士脚尖张开60°。

3. 手势

站立时女士左手在上、双手交握于小腹前,男士手中指贴裤缝,双手自然下垂;演讲中的手势可以选择习惯性动作,如手掌伸平配合手臂的方向表示指示,握拳向下有力地落下表示情绪的坚定,手心向外推出、左右晃动表示拒绝等。

手势的力度要适度,过重过轻都达不到应有的效果;手势宁少毋多,每个动作要恰如其分;平时要注意练习,在生活中要丢掉不良的手势习惯,对自己的动作进行有意识的修饰和改进。

4. 走姿

走姿是人体所呈现出的一种动态,是站姿的延续。首先,下巴突出、头抬高,两肩向后拉,上体稍向前倾;其次,前脚着地时,脚跟先着地,身体重心落在脚跟上;再次,前脚向正前方迈出,脚的内侧足迹形成一条直线;最后,胳膊与腿的动作也是相互关联的,特别是当膝盖伸直,脚向正前方迈时,与脚的动作相对应,胳膊自然摆出。

(五)临场应变技巧

1. 心理准备

正确认识紧张情绪——紧张是人体在精神及肉体两方面对外界事物反应的加强,突发性的紧张是一种恐惧感。

这种情绪是每个人或轻或重都存在的,哪怕是专业主持人面对熟悉的场合,或有经验的老师在上课前也会紧张,所以当演讲前紧张时可以做"大家都紧张""每个人都一样""其他人比我还紧张"这样的心理建设。

2. 练习准备

(1)演讲前的大量练习,对演讲内容的加倍熟悉是克服紧张的最佳办法。对演讲内容的熟悉,才会大大降低因为紧张而忘词的情况出现的概率,内心才会对自己的演讲有笃定的信念,增强演讲的自信,提高对演讲过程的把控能力。

(2)背诵演讲内容,加强对演讲内容的熟悉度。

(3)把"背稿"变为"讲稿",将内容从字句不差的背诵,变为用自己的语言讲述演讲稿的主要观点。

3. 忘词补救准备

(1)创造回忆、思考机会。

放慢语速,用不同的语气复述上一句内容,装作引起听众注意或加强情绪,同时帮助自己对演讲内容进行回忆。

(2)跳跃衔接。

忘掉就忘掉,坦然面对,继续演讲记得的内容也不失为一种良策,这样会让整个演讲更加流畅。如果在继续演讲中记起了遗忘的部分,可以在演讲结束时,把遗忘部分作为补充说明、作为结尾添加进演讲。

二、演讲训练

(一)发音练习

1. 读准以下字词

铡 白 杀 鹤 痣 舌 逮 若 池 筛

得 字 给 二 鳃 棉 宰 栋 凹 淋
槽 品 朝 腔 挠 巷 泡 柄 藕 另
邹 氢 轴 腹 岸 努 榄 筑 瘫 哭
判 粗 忍 藏 午 缸 震 纺 挂 忙
美妙 盆地 逆流 铁道 强盛 凝结 快速 轮廓
居然 酗酒 略微 穷苦 捐献 雄壮 法郎 配合
号召 约会 北面 反映 运动 放心 更加 普遍
亲戚 抓紧 讲座 推广 问题 群众 原料 荣辱
闯荡 酸楚 琐碎 串供 催促 婶婶 揣测 耍弄
一下儿 小孩儿 有点儿

2. 朗读以下诗词

江城子·乙卯正月二十日夜记梦

[宋] 苏 轼

十年生死两茫茫。不思量。自难忘。千里孤坟,无处话凄凉。纵使相逢应不识,尘满面,鬓如霜。

夜来幽梦忽还乡。小轩窗。正梳妆。相顾无言,惟有泪千行。料得年年肠断处,明月夜,短松冈。

江城子·密州出猎

[宋] 苏 轼

老夫聊发少年狂,左牵黄,右擎苍,锦帽貂裘,千骑卷平冈。为报倾城随太守,亲射虎,看孙郎。

酒酣胸胆尚开张。鬓微霜,又何妨!持节云中,何日遣冯唐?会挽雕弓如满月,西北望,射天狼。

3. 清晰标准地大声读出以下绕口令

七巷一个漆匠,西巷一个锡匠,七巷漆匠偷了西巷锡匠的锡,西巷锡匠偷了七巷漆匠的漆。

隔着窗户撕字纸,一次撕下横字纸,一次撕下竖字纸,是字纸撕字纸,不是字纸,不要胡乱撕一地纸。

三山撑四水,四水绕三山,三山四水春常在,四水三山四时春。

夏日无日日亦热,冬日有日日亦寒,春日日出天渐暖,晒衣晒被晒褥单,秋日天高复云淡,遥看红日迫西山。

(二) 演讲稿撰写练习

为(三)写一篇演讲稿。

(三) 命题演讲练习

在以下题目中任选其一,做5分钟演讲。

1. 我很幸福
2. 时间都去哪了
3. 世界这么大,我想去看看
4. 难忘的经历
5. 我的金钱观
6. 不忘初心,方得始终
7. 我为大学找个出口
8. 站在烦恼里仰望幸福
9. 人生的执着守望与随机应变
10. 我所参加的军训

第二章

面试口才训练

情境导入

　　获得2007年奥斯卡金像奖最佳男主角提名的《当幸福来敲门》是由加布里尔·穆奇诺执导,威尔·史密斯、贾登·史密斯、桑迪·牛顿等主演的美国电影。影片讲述了一位濒临破产、老婆离家的落魄业务员,不仅尽职尽责地担负单亲父亲的责任,同时努力奋斗成为股市交易员,最后成为知名的金融投资家的励志故事。该片取材于美国黑人投资专家克里斯·加纳的真实故事。

　　影片中克里斯的面试片段是整部电影的亮点之一。克里斯在刷墙时由于停车罚单被追缴而入狱一晚,第二天没有机会换衣服就得去参加面试,于是穿着一身溅满白点的工作服进了办公室,面试时老板严肃地问:如果一个人没穿衬衫来参加工作面试而我还录取了他,你认为会是什么原因?克里斯一本正经地说:那他一定穿了条很讲究的裤子。全场都笑翻了,老板更是笑出了眼泪,并决定录取他。面试是需要仪表作为辅助手段的,而窘迫的克里斯衣着邋遢却依然获得了工作,使他取得最终胜利的是他适时、机智、得体、幽默的回答,所以面试口才才是取得面试成功的关键。

第一节　面试口才基础知识

一、面试的含义

　　面试是由招聘单位组织的,在特定场景中,通过面谈的形式来考察应聘者的工作能力、言谈举止、思维灵活度和仪表容貌等,结合笔试成绩以期更全面地判断应聘者的综合素质。

二、面试的分类

　　从面试人数上来分,可以分为单人面试和集体面试。
　　从面试内容上来分,可以分为问题面试、压力面试、综合面试等。
　　从面试媒介上来分,可以分为电话面试、电视面试、网络面试等。

三、面试的一般程序

招聘单位根据单位的实际情况和招聘需要,对面试过程的设计会有所不同,有的单位会选择问题面试,有的单位会选择集体面试,但一般来说,面试可以分为以下四个阶段。

第一阶段:准备阶段。准备阶段主要是以一般性的社交话题进行交谈,例如,主考会问类似"从宿舍到这里远不远""今天天气很好,是吗?"这样的问题,目的是使应聘人员能比较自然地进入面试情景之中,以便消除毕业生紧张的心情,建立一种和谐、友善的面试气氛。毕业生这时就不需要详细地对所问问题进行一一解答,可利用这个机会熟悉面试环境和考官。

第二阶段:引入阶段。这个阶段主要围绕其履历情况提出问题,给应聘者一次真正发言的机会。例如,主考会问类似"请用简短的语言介绍一下你自己""在大学期间所学的主要课程有哪些""谈谈你在大学期间最大的收获是什么"这样的问题,毕业生在面试前就应对类似的问题进行准备,回答时要有针对性。

第三阶段:核心阶段。进入面谈的实质性正题,主要是从广泛的话题来了解应聘人员不同侧面的心理特点、行为特征、能力素质等,因此,提问的范围也较广,主要是为了针对应聘者的特点获取评价信息,提问的方式也各有不同。

第四阶段:结束阶段。主考在该问的问题都问完后,会问类似"我们的问题都问完了,请问你对我们有没有什么问题要问"这样的话题进入结束阶段,这时毕业生可提出一些自己想提问的问题,可以就如果被公司录用可能会接受的培训、工作的主要职责等问题进行提问。

四、面试的准备

(一)资料的准备

面试前,首先要准备的是个人资料,包括毕业证、学位证、专业资格证、(英语、计算机、普通话)等级证、活动获奖证书、论文、著作、课题、身份证原件及复印件等。

其次是个人资料的整理及装袋,使各种资料整齐条理地装在档案袋或文件袋中,让自己在面试中有条不紊、镇定而有风度。

最后带好笔和笔记本,以便随时记录重要事项、联系人电话、岗位要求等信息。

(二)心理的准备

面试就是一场测试个人能力、心理素质和临场发挥的考试。因此,要成功面试,首先要充满信心。只有自己对自己有信心,面试考官才能对你胜任招聘职位有信心。保持良好的状态,快乐的心情,会大有好处。

其次,正确面对焦虑。面试至关重要,绝大多数的面试者在这个重大关头出现应急性的焦虑,这是正常的,也是必然的。焦虑主要是生理层面的内容,不会因为想摆脱它而消失,面试者要学会以平常心接纳自己的焦虑。

最后,保持不卑不亢的心态面对招聘和面试官。工作没有最好,只有更好,这次的面试不成功,下次会有更好的工作、职位在招聘;这次吸取经验,当作下一次面试的"课前预习",争取下次面试的成功;面试官是这次招聘的负责人,如果通过面试将与面试官成为同事,如果不成功将成为不再见面的陌生人,因此对面试官的心态要稳定,一定要避免诚惶诚恐和谄媚的态度。

(三)信息的准备

1. 招聘单位的信息

通过招聘单位的主页或私人人际圈了解该单位的相关资料,如行业背景、业务范围、企业文化等;最好阅读公司近些年的年度报告,了解它的运行、财务状况;查阅它在网络上的各种企业描述,用搜索引擎搜索公司名字和地点,尽可能多地掌握外界对它的评价。

2. 招聘职位的信息

认真阅读招聘启事,对启事中的任何不懂之处都要查阅,充分了解招聘职位要求,为面试时可能被提问的专业问题预备答案。

3. 同类或相似职位招聘的信息

作为首次应聘者,还应该调查一下同类或相似的工作,掌握同行业职位的市场需求,以对这类工作的常规薪资、待遇、福利做到心中有数。

4. 招聘常见问题的应答准备

与单位、同行业前辈沟通,请教面试时曾被提问的问题,便于提前做好准备。

(四)仪表礼仪的准备

1. 面试仪表

仪表指的是个人的外表,包括仪容、发型、服饰等。在面试时注意个人的仪表美,既是自尊自爱的表现,也是对他人尊重的体现。

(1)仪容整洁。

仪容整洁,首先是要保持面部的清洁,尤其是要注意局部卫生,如眼角、耳后、脖子等易被人们忽略的地方。

其次,作为女生,最好化一下淡妆,将面部稍做修饰,做到清新、淡雅,色彩和线条运用恰到好处,一定不能过浓或过于夸张,免得给人留下过分招摇和落俗的印象;男生则需要修面,不可胡子拉碴,显得无精打采。

最后,要注意身体异味的问题,勤洗澡、不抽烟、适当使用淡香水,面试前不吃具有强烈异味的食物。

(2)发型适宜。

发型除了要适合个人的脸型、个性特点和当时的着装以外,还要注意面试的特殊要求。面试时,对发型总的要求是端庄、文雅、自然,避免太前卫、太另类的发型。同时还应与所要申请的职位要求相宜,比如,秘书要端庄、文雅,营销人员要干练,与机器打交道则要求短发或盘发。一些长发披肩的女生要注意,在面试时,头发切忌遮住脸庞,除非是为了掩饰某种生理缺陷,否则会让主考官对你印象模糊。男生的发型以短发为主,做到前不覆额,侧不遮耳,后不及领。

(3)着装得体。

首先,服装要整洁。整洁意味着你重视这份工作,重视这个单位。整洁也不要求过分的花费,洗得干净、熨烫平整即可。

其次,要简洁大方。尽可能抛弃各种装饰,如繁杂的花边、色彩鲜艳的刺绣、叮当着响的配饰等,同时还要忌那些过短、过紧、过透和过露的衣服。女生一般以样式简洁的套装套裙、连衣裙等为主,男生则是清爽的衬衣、平整的夹克,或西服都可以。

再次,颜色的选择要适宜。过于鲜艳夺目或跳跃度过大的颜色都不宜穿,一般柔和的颜色具有亲和力,而深色则显得比较庄重,可根据所求职位的要求,选择不同的色系。

最后,还要注意与服饰搭配的其他饰物,尽量不要戴太贵重的和随时发出响声的饰物,配饰一定要与服装统一;穿裙子时,一定不要光着腿,宜穿肉色长筒丝袜;鞋子不能穿类似拖鞋的后敞口鞋,皮鞋要擦拭干净,不能带灰带泥。

总之,出门前对着镜子再好好审视一下自己的仪容仪表,务求做到整洁、大方、端庄、得体。

2. 面试礼仪

个人的举止礼仪,既有"站""行""坐"等姿态方面的内容,同时也包含了众多的细节。本节更多地从细节入手来谈面试的举止礼仪。

(1)准时赴约。

守时是一种美德和礼貌,是一个人良好素质修养的体现,是对面试官的尊重,更是对此次面试的重视,因此,面试时一定要准时守信。一般最好提前15～20分钟到达,这样既可以熟悉一下考场周围的环境,也有时间让自己调整心态,稳定情绪,以免仓促上阵。

(2)尊重接待人员。

到达面试地点后,应主动向接待人员问好,并做自我介绍,同时要服从接待人员的统一安排。要知道,有些单位对你的考核从这一刻就已经开始。

(3)重视见面礼仪。

首先,进门时应先敲门,即使房门虚掩,也应礼貌地轻轻叩击两三下,得到允许后,轻轻推门而进,然后顺手将门再轻轻地关上,整个过程要自然流畅,不要发出大的声音,以显示个人良好的习惯。

其次,进入面试室后,先向各位主考人员问好,当对方说"请坐"时,一定要说了"谢谢"后,方可按指定的位置坐下,并保持良好的坐姿。

(4)注意表情礼仪。

面试的时候,大多数人都会很紧张,这会使表情不自然。其实,保持自信的微笑,从容镇定,把自己的真挚和热情"写"在脸上,才能让人产生值得信赖的好感。另外面试时的目光也很重要,应大方地注视着对方,不可游移不定,左顾右盼,让人怀疑你的诚意。

（5）适时告退。

当考官有意结束面试时，要适时起身告辞，面带微笑地表示谢意，与考官等人道别，离开房间时轻轻带上门。出门时，别忘了向接待人员道谢、告辞。

案例一

一家公司招聘行政助理，几个应聘者在一楼大厅接待处办好手续后，接待人员让他们一起到三楼人力资源部去面试。在上楼梯时，一位怀抱文件的工作人员急匆匆下来，与他们撞了个正着，文件散落一地，只有一个应聘者停下来帮着捡起地上的文件，而其余的人都毫不犹豫地直奔三楼。结果，这位帮着捡起文件的小伙子被录取了。

案例二

恰科，法国一个银行大亨。在他年轻时，工作并不顺利，52次应聘均遭失败。第53次时，他直接来到最大一家银行的董事长办公室，可是没谈上几句又被拒绝了，他虽很失意，但还是礼貌地说完再见，转身往外走。忽然，他看见一枚大头针横在门口，他知道这东西虽小，弄不好也会对人造成伤害，就弯腰把它拾了起来。第二天，他出乎意料地接到了这家银行的录用通知。原来，他拾大头针的举动被董事长看见了。

【案例分析】

人们常说："一屋不扫，何以扫天下。"从一件小事、一个细节，就可以看出一个人的本性。小伙子弯腰捡文件，有助人为乐的精神；恰科拾起一枚大头针，显示了他细心、为他人着想的品格。其实，做好这一切并不困难，关键是平时要注意修身养性，提高个人的素质，在生活中养成重视细节的习惯，"小处不可随便"，那么，即使招聘者故意设置陷阱，你也会顺利过关，得到施展才华的机会，迈向成功之路。

五、面试的注意事项

第一，面试成绩取决于面试官的主观判断，面试官的主观判断取决于你的临场表现是否优秀。所以，不需要担心笔试时的排名和成绩，因为面试成绩完全有可能使你脱颖而出。

第二，面试的本质是一场"表演"，需要调动你的语调、动作、表情、仪表、礼仪甚至情绪的表演，这种"表演"非常需要平时的练习和演练。

第二节 面试口才技巧与训练

一、自我介绍的技巧

（一）自我介绍的原则

1. 全面

为了让面试官对自己有初步印象，把简历和应聘书上的各种信息与自己相印证，要自我介绍姓名、年龄、毕业院校、专业、学习和工作经历等内容,尤其是个人爱好和特长,可能就是决定你去留的关键。

2. 突出重点

对于初次应聘的应届毕业生,招聘单位最想知道的是在校期间的学习成绩、获得的各种奖项以及是否担任过班干部;对于有工作经验的应聘者,招聘单位最想知道的是工作经历、工作业绩和换工作的原因。学校招聘中的自我介绍时间一般为3分钟,在时间的分配上,第1分钟可谈谈学历等个人基本情况,第2分钟可谈谈工作经历——对于应届毕业生而言可谈相关的社会实践,第3分钟可谈对本职位的定位和对于本行业的看法。

3. 条理清晰,语言简洁

面试官对你的简历已经比较熟悉,所以不需要复述简历内容,自我介绍考察的是口语表达能力和逻辑性。条理清晰是具有逻辑思维能力的表现,语言简洁是是否具有语言表达能力的基本要求。所以,为了给面试官留下良好的第一印象,务必记得认真准备自我介绍材料,并深深刻在脑子里。

(二)自我介绍的内容

1. 基本信息

当面试正式开始时,首先要告诉面试官你的基本信息,如姓名、学校、学院、专业等。

2. 做过什么

告诉面试官自己与应聘职位相关的工作经历,或相关的社会实践。介绍自己的工作经历时,一定要注意哪些经历是和应聘职位相关,对应聘有帮助的。例如,应聘技术人员的职位时,应主要讲从事本职工作的经历,如果有从事其他行业的经历,也可以略微提一下,可能会对应聘起到一定的帮助。

3. 做成过什么

告诉面试官自己与应聘职位所需能力相关的个人业绩。

4. 想做什么

明确提出想要应聘的岗位、职位或职务。

经典案例

案例一

各位面试官,早上好。首先非常感谢各位能给予我这次面试机会。我是×××,来自××××学校××××学院,专业是××××。

我今天应聘的职务是××。简单用三个词来概括一下我这个人,分别是A、B、C(随后用几句话简单列举两三件小事来证明以上A、B、C三点)。

我认为这三个特点对于××(要应聘的职务)来说至关重要,所以,相信我的实力可以胜任这个岗位。感谢各位的耐心倾听,谢谢!

案例二

面试官好，我是×××，我是××××大学××××学院的××××届毕业生，专业是××××。我对××领域非常感兴趣，在学校学习了××××等相关课程。之前在××××公司的××岗位上实习过××月，负责××××方面的工作。并且，在校期间我获得了国家(省级/市级/校级)××××比赛的×等奖，在国家(省级/市级/校级)×××比赛中凭借××××项目(课题/创新)夺得了××××奖。

现来应聘贵公司的××职位，希望能够得到到贵公司工作的机会。谢谢！

案例三

面试官好，我是×××，毕业于××××大学××××学院，主修××××专业。曾先后任职于××、××××、这几家公司，在最后的××××公司中担任××××岗位(职务)，曾负责(参与)××国家(省/市)级别的项目，并取得了××、××、××××等成绩。在公司获得过××、××、××等荣誉(奖项)。

现来应聘贵公司的××职位，希望能够得到这个宝贵的机会。谢谢！

二、回答问题的技巧

(一) 回答问题的原则

1. 诚实性原则

在面试中应试者回答考官提问时要从本人的实际情况出发，不夸大，不缩小，正确对待和处理考官的发问；在回答任何问题时都要诚实，做到准确客观，不可编造谎言，夸夸其谈。

2. 准确性原则

要与简历或求职信中的信息相吻合；在回答问题时，对方问什么答什么，问多少答多少，切忌问少答多、问多答少；当没有听清问题时，可以要求面试官重复题目，切忌听不清题目而进行作答；遇到不清楚、不会的问题时，可以直接回答"不清楚""不知道"，切忌捏造答案。

3. 礼貌性原则

注重面试谈话礼仪，首先，使用标准的普通话是对面试官的尊重。在不明确面试官是否能听懂你的家乡方言时，普通话是首选，使对方清楚地明白你所表达的意思是最佳方案。

其次，应该注意用语的礼貌，切忌出现不文明的语句，称对方公司时要用第二人称的尊称"贵"，比如"贵公司"，如果你是一个归属感很强的人，也可以直接称"我们公司"。另外，"请""谢谢"等礼貌用语要常挂在嘴边。

最后，把握谈话的重点、保持思路清晰，回答问题不离题、不啰唆，不浪费面试官的时间和精力。

(二) 回答问题的技巧

1. 控制谈话节奏技巧

进入面试场所致礼落座后,若感到紧张先不要急于讲话,而应集中精力听完提问,再从容应答。一般来说,人们精神紧张的时候讲话速度会不自觉地加快,讲话速度过快,既不利于对方听清讲话内容,又会给人一种慌张的感觉。讲话速度过快,还往往容易出错,甚至张口结舌,进而强化自己的紧张情绪,导致思维混乱。当然,讲话速度过慢,缺乏激情,气氛沉闷,也会使人生厌。为了避免这一点,一般开始谈话时可以有意识地放慢讲话速度,等自己进入状态后再适当增强语气、加快语速。这样,既可以稳定自己的紧张情绪,又可以扭转面试的沉闷气氛。

2. 面试仪态技巧

(1) 目光。回答问题时,目光可以对准提问者的额头。目光不定,使人感到不诚实;眼睛下垂,给人一种缺乏自信的印象;两眼直盯着提问者,会被误解为向他挑战,给人以桀骜不驯的感觉;把目光集中在对方的额头上,既可以给对方以诚恳、自信的印象,也可以鼓起自己的勇气,消除自己的紧张情绪。

(2) 手势。在面试时使用表示关注的手势非常合适。在与他人交谈中,一定要对对方的谈话表示关注,要表示出你在聚精会神地听。对方在感到自己的谈话被人关注和理解后,才能愉快专心地听取你的谈话,并对你产生好感,面试时尤其如此。一般表示关注的手势是把双手交叉,身体前倾。

3. 语言表达技巧

(1) 使用标准的普通话进行面试沟通。

(2) 交谈时要注意发音准确,吐字清晰。忌用口头禅,更不能有不文明的语言。

(3) 语气平和,语调恰当,音量适中。打招呼时宜用上语调,加重语气并带拖音,以引起对方的注意。自我介绍时,最好多用平缓的陈述语气,不宜使用感叹语气或祈使句。

(4) 注意听者的反应。交谈中,应随时注意听者的反应,比如听者心不在焉,可能表示他对自己这段话没有兴趣,你得设法转移话题;侧耳倾听,可能说明由于自己音量过小使对方难以听清;皱眉、摆头可能表示自己言语有不当之处。根据对方的这些反应,适时地调整自己的语言、语调、语气、音量、修辞,包括陈述内容。

(5) 在面试中,应聘者也会获得提问的机会。通过提问,考官们可以考察应聘者的目标、业务水平、看问题的角度及深度等。

首先,一些常识性的问题不要问,诸如"公司有多少年的历史?""有多少员工?",等等。

其次,以自我为中心的问题少问,或者从侧面来问,不要太直接否则,显得太急功近利,视野狭隘。如"工资多少?""福利有哪些?""休假有多少天?",等等。要多问与职位相关的问题,如"这个职位还有其他的要求吗?""我们这个部门近期的工作目标是什么?"除此之外,还可以针对一些专业的特殊要求来设计这类问题,这样的问题既能反映出你的敬业精神,也能够反映出你的业务水平和思考能力。

三、自我介绍训练

五分钟时间,介绍一下自己。

要求:

(1) 注意个人仪表仪态。

(2) 介绍内容要全面。

(3) 突出重点内容。

四、回答问题训练

(一) 经典面试问题回答思路

面试过程中,面试官会向应聘者发问,应聘者的回答将成为面试官考虑是否聘用他的重要依据。面试官的每个问题背后都有一定的目的和动机,下面是面试中经常出现的一些典型问题,以及相应的回答思路。

1. 谈谈你的家庭情况

思路:

(1) 对了解应聘者的性格、观念、心态等有一定的作用,这是招聘单位问该问题的主要原因。

(2) 简单地罗列家庭人口。

(3) 宜强调温馨和睦的家庭氛围、父母对自己教育的重视、各位家庭成员的良好状况、家庭成员对自己工作的支持。

(4) 宜强调自己对家庭的责任感。

2. 你有什么业余爱好

思路:

(1) 业余爱好能在一定程度上反映应聘者的性格、观念、心态,这是招聘单位问该问题的主要原因。

(2) 不宜说自己没有业余爱好;不宜说自己有哪些庸俗的、令人感觉不好的爱好;不宜说自己仅限于读书、听音乐、上网等独处的爱好。

(3) 最好能有一些户外的业余爱好来"点缀"你的形象。

3. 你最崇拜谁

思路:

(1) 最崇拜的人能在一定程度上反映应聘者的性格、观念、心态,这是面试官问该问题的主要原因。

(2) 不宜说自己谁都不崇拜;不宜说崇拜自己;不宜说崇拜一个虚幻的,或是不知名的人;不宜说崇拜一个明显具有负面形象的人;所崇拜的人最好与自己所应聘的工作能"搭"上关系。

(3)最好说出自己所崇拜的人的哪些品质、哪些思想感染着自己、鼓舞着自己。

4. 你的座右铭是什么

思路：

(1)座右铭能在一定程度上反映应聘者的性格、观念、心态,这是面试官问该问题的主要原因。

(2)不宜说那些会引起不好联想的座右铭;不宜说那些太抽象的座右铭;不宜说太长的座右铭。

(3)座右铭最好能反映出自己某种优秀品质。

5. 谈谈你的缺点

思路：

(1)不宜说自己没缺点。

(2)不宜把那些明显的优点说成缺点;不宜说严重影响所应聘工作的缺点;不宜说令人不放心、不舒服的缺点。

(3)可以说一些对于所应聘工作"无关紧要"的缺点,甚至是一些表面上看是缺点,从工作的角度看却是优点的缺点。

6. 讲述你的一次失败经历

思路：

(1)不宜说自己没有失败的经历。

(2)不宜把那些明显的成功说成是失败,也不宜说严重影响所应聘工作的失败经历。

(3)宜说明失败之前自己曾信心百倍、尽心尽力;宜说明仅仅是由于外在客观原因导致失败;失败后自己很快振作起来,以更加饱满的热情面对以后的工作。

7. 你为什么选择我们公司

思路：

(1)面试官试图从中了解你求职的动机、愿望以及对此项工作的态度。

(2)建议从行业、企业和岗位这三个角度来回答,如："我十分看好贵公司所在的行业,我认为贵公司十分重视人才,而且这项工作很适合我,相信自己一定能做好。"

8. 对这项工作,你有哪些可预见的困难

思路：

(1)不宜直接说出具体的困难,否则可能令对方怀疑应聘者能力或态度欠缺。

(2)可以尝试迂回战术,说出应聘者对困难所持有的态度——"工作中出现一些困难是正常的,也是难免的,但是只要有坚忍不拔的毅力、良好的合作精神以及事前周密而充分的准备,任何困难都是可以克服的。"

9. 如果录用你,你将怎样开展工作

思路：

(1)如果应聘者对于应聘的职位缺乏足够的了解,最好不要直接说出自己开展工作的具体办法。

（2）可以尝试采用迂回战术来回答，如"首先听取领导的指示和要求，然后就有关情况进行了解和熟悉，接下来制订一份近期的工作计划并报领导批准，最后根据计划开展工作。"

10. 与上级意见不一致时，你将怎么办

思路：

（1）可以这样回答："我会给上级以必要的解释和提醒，在这种情况下，我会服从上级的意见。"

（2）如果面试你的是上层领导，你日常需要对中层领导负责时，可以这样回答："对于非原则性问题，我会服从上级的意见，对于涉及公司利益的重大问题，我希望能向更高层领导反映。"

11. 我们为什么要录用你

思路：

（1）应聘者最好站在招聘单位的角度来回答。

（2）招聘单位一般会录用这样的应聘者：基本符合条件、对这份工作感兴趣、有足够的信心。

（3）如："我符合贵公司的招聘条件，凭我目前掌握的技能、高度的责任感和良好的适应能力及学习能力，完全能胜任这份工作。我十分希望能为贵公司服务，如果贵公司给我这个机会，我一定能成为贵公司的栋梁！"

12. 你能为我们做什么

思路：

基本原则是"投其所好"，即应聘者在了解招聘单位期待这个职位所能发挥的作用的基础上，结合自己在专业领域的优势来回答这个问题。

13. 你是应届毕业生，缺乏经验，如何能胜任这项工作

思路：

（1）如果招聘单位对应届毕业生的应聘者提出这个问题，说明招聘单位并不真正在乎"经验"，关键看应聘者怎样回答。

（2）对这个问题的回答最好要体现出应聘者的诚恳、机智、果敢及敬业，如："作为应届毕业生，在工作经验方面的确会有所欠缺，因此在读书期间我一直利用各种机会在这个行业里做兼职。我也发现，实际工作远比书本知识丰富、复杂。但我有较强的责任心、适应能力和学习能力，而且比较勤奋，所以在兼职中均能圆满完成各项工作，从中获取的经验也令我受益匪浅。请贵公司放心，学校所学及兼职的工作经验使我一定能胜任这个职位。"

14. 你希望与什么样的上级共事

思路：

（1）通过应聘者对上级的"希望"可以判断出应聘者对自我要求的意识。

（2）最好回避对上级具体的希望，多谈对自己的要求，如"作为刚步入社会的新人，我

应该多要求自己,尽快熟悉环境、适应环境,而不应该对环境提出什么要求,只要能发挥我的专长就可以了。"

15. 您在前一家公司的离职原因是什么

思路:

(1)应聘者要使面试官相信,应聘者在过往单位的离职原因或因素在本单位不会存在。

(2)避免把"离职原因"说得太详细、太具体;不能掺杂主观的负面感受,如"太辛苦""人际关系复杂""管理太混乱""公司不重视人才""公司排斥我们某某的员工"等;不能涉及自己负面的人格特征,如不诚实、懒惰、缺乏责任感、不随和等;尽量使解释的理由为应聘者个人形象添彩,如"我离职是因为这家公司倒闭。我在公司工作了三年多,有较深的感情。从去年开始,由于市场形势突变,公司的局面急转直下。到眼下这一步我觉得很遗憾,但还要面对现实,重新寻找能发挥我能力的舞台。"

同一个面试问题并非只有一个答案,而同一个答案并不是在任何面试场合都有效,关键在于应聘者掌握了规律后,对面试的具体情况进行把握,有意识地揣摩面试官提出问题的心理背景,然后有的放矢。

(二)常见面试问题和回答要点

面试因单位和岗位的不同而有很大差别,没有固定的形式、问题和答案,在这里罗列一些常见的问题和回答的要点,仅供参考。

1. 关于个人方面的问题

(1)你有什么优缺点?

充分介绍你的优点,少用形容词,多用能够反映你的优点的事实说话。介绍缺点时可以从大学生普遍存在的弱点方面介绍,例如缺少社会经验、不能把课本知识熟练地在实际中运用等。

(2)你是否有出国、考研究生等继续深造的打算?

很多毕业生在毕业时同时准备考研、就业和出国,从单位的角度来说,招聘毕业生需要时间和费用,所以在签约前首先确认毕业生是否考了研究生或准备出国,毕业生应如实地表明态度,以免签约后产生纠纷。

2. 关于学业、经历方面的问题

(1)你对自己的学习成绩满意吗?

有的毕业生成绩比较好,这样的问题就很好回答,但对于那些成绩不太好的毕业生,可以表明自己的态度,并给予一个合适的理由,但不能找客观原因,如"老师教得不好",显得你是推卸责任的人,同时最好突出一个自己好的方面,以免让人觉得你一无是处。

(2)你如何评价你的大学生活?

大学期间是职业生涯的准备期,可以强调你的学习、工作、生活态度及取得的成绩,以及大学生活对你的影响。也可以简要提一些努力不够的地方。

(3)你担任过什么职务或参加过什么活动?

可以介绍一下你的实习、社会调查、社团活动、勤工俭学等方面的情况以及取得的成绩，并介绍你在这些活动中取得的实际工作经验对你今后工作的重要性，这些能说明你是一个善于学习的人。

3. 关于单位方面的问题

（1）你了解我们单位吗？

这需要应聘者提前做些准备，从多种途径收集用人单位的信息，这样的问题就比较容易回答，如果答非所问或张口结舌，场面可能会很尴尬。

（2）你了解我们所招聘的岗位吗？

应聘者针对这样的问题可以从岗位职责和对应聘者的要求两个方面谈起，这类问题只要详细阅读单位的招聘信息就可以了。

（3）你为什么应聘我们单位？

应聘者可以从该单位在行业中的地位，自己的兴趣、能力和日后的发展前景等角度回答此问题。

（4）你是否应聘过其他单位？

一般的单位都能理解应聘者可能会同时应聘几家单位的事实，可以如实回答，但最好能说明自己选择的次序。

4. 关于职业方面的问题

（1）你找工作考虑的最重要的因素是什么？

可以结合你正在应聘的工作，侧重谈你的兴趣、你对于取得事业上的成就的渴望、施展你的才能的可能性及未来的发展前景等方面。

（2）你认为自己适合什么样的工作？

结合你的专业背景、爱好特长、性格特点实事求是地回答。

（3）你如何规划个人的职业生涯？

毕业生在求职前一定要对这样的问题有所考虑，并不仅仅是因为面试时可能被问到，对这个问题的思考有助于为个人树立目标。

5. 其他方面的问题

（1）假设某种情况你会怎样做？

比如你是秘书，准备了10个人的会议室但来了13个人开会，你会如何处理？等等。

（2）知识性的问题。

如果招聘岗位是技术性岗位，在面试时很可能会问到与专业知识相关的问题，或者直接出道题目让你解答。

（3）你有什么问题需要提出？

有的应聘者习惯就"你们在我们学校招几个人""你们单位对毕业生有哪些要求""什么时候给我们最终答复"这样的问题进行提问，实际上很多单位在自己的招聘信息中已经对这些问题进行了详细的说明，这样提问只能表现出应聘者对招聘信息关注不够，可以就如果被公司录用可能会接受的培训、工作的主要职责等问题进行提问。

 思考与练习

1. 结合面试的仪容和服饰礼仪的要求,请分别设计到以下几个单位去应聘时的形象。

(1) 到学校应聘教师。

(2) 到外企公司应聘秘书。

(3) 到酒店应聘接待人员。

2. 请分析下面几句面试应答的错误。

(1) 我原来那个单位的人际环境太差了,小人太多,没法与他们相处。

(2) 现在已有多家公司表示要我,所以请你们务必于这个月底之前答复我。

(3) 我毕业于名牌大学,学的又是热门专业,我是一个杰出的人才,我想实现我远大的理想和宏伟的抱负。

(4) 我很想知道我如果到你们公司,每个月会挣多少钱?

3. 分组模拟面试场景,练习面试中的自我介绍和问题回答环节。

第三章

社交口才训练

情境导入

情境一

有一次,在巴黎名流人士聚集的沙龙上,萧伯纳在那里沉思,一个美国的亿万富翁说:"先生,如果你告诉我你在想什么,我就付你一美元。"

萧伯纳看了他一眼说:"我思考的内容不值一美元。"

亿万富翁怔了一下,摸不清这句话是什么意思。

接着萧伯纳话锋一转,说:"因为我脑中思考的是你。"

情境二

英国首相丘吉尔是一位非常风趣幽默的政治家。

有一次,美国议会里一位对丘吉尔不友善的女议员,在会议休息时,竟然对丘吉尔说:"如果你是我丈夫的话,我会在咖啡里放毒药。"丘吉尔听了,不假思索就回答:"如果你是我妻子的话,我会喝掉这杯咖啡。"

上面两个小故事中的萧伯纳和丘吉尔就是运用了社交口才反驳了对方,既保持了个人风度,又维护了自己的尊严,并且反击了言语攻击者。社交口才的魅力就在于营造轻松活泼的氛围,利用情势,顺势而为,阐明个人立场,回答对方的疑问甚至人身攻击,避免剑拔弩张、横眉冷对的局面。

社交口才是社交能力中最重要的一环,它能够使你说话更具有风度,同时也能够增强自己说话的魅力,使得自己更具有吸引力,社交口才是现在生活日常交往中非常重要的技能。

第一节 社交口才基础知识

一、社交口才的含义

社交口才是指人与人之间在社交活动中所表现的语言艺术或能力,即善于用准确、贴切、生动的语言表达自己的思想、意愿的一种能力。社交能力的核心是口才,而社交口才是以平时的语言练习、文化素养、道德修养以及思想的灵活度为基础的。

二、社交口才的原则

（一）说话要适时

社交口才最讲究说在该说时，止在该止处，这叫适时。有的人在社交场上该说时不说——他们见面时不及时问候，分手时不及时告别，失礼时不及时道歉，对请教不及时解答，对求助不及时答复，这样的行为在社交场合中是极为失礼的，所以说话一定要适时。

（二）说话要适量

适量指说话的多少要适当，也包括说话的音量适宜。但适量并不是以少说为佳，更不是指那种音量没有变化的老和尚念经，适量与否应以是否达到了说话的目的为衡量标准。

（三）说话要适度

社交口才的适度，是指根据不同对象把握言谈的深浅度，根据不同场合把握言谈的得体度，根据自己的身份把握言谈的分寸度。其次，体态语也要恰到好处。

人每天都在社交，而社交又涉及口才能力，多阅读一些书籍、多自我训练口才，日积月累就会使自己的社交口才有所进步。

三、社交口才的注意事项

（一）切忌口无遮拦

由于现代文明和礼仪的变化，在过去很多可以随意问的问题，在现在社会里会不被接受，甚至被问者会认为被冒犯。

1. 年龄

由于西方文明的东渐，当今社会，女性的年龄被普遍认为是"秘密"。初次见面的陌生人不要把年龄当作话题，尤其不要询问对方年龄。

2. 婚姻状况／子女状况

如今，人们的思想和生活越来越自由和多样，晚婚、晚育的情况越来越多，为了避免对方的尴尬，社交中尽量避免涉及类似问题。

3. 收入／财产

收入和财产自古以来都是个人家庭中的核心问题，其他诸如房产、汽车、服饰品牌等，能够反映收入、消费水平的问题也要在社交谈话中慎重对待。

4. 健康状况

健康也是个人隐私，哪怕是普通的同事、朋友也不要问类似"你体检结果怎样，查出什么病来""你看起来很不好，是不是得了什么病"的问题。

5. 经历

人生难免悲欢离合，在社交场合中，最好不要谈及对方的历史、经历，以免在欢快的场合引起对方的感伤，或谈到不好的经历引起对方的难堪。

（二）切忌无礼无度

1. 乱开玩笑

朋友间开玩笑是非常正常的行为,但开玩笑也要有度,不然再好的朋友也会因此心生芥蒂。

2. 乱起绰号

有的绰号是褒义的美称,比如英国前首相撒切尔夫人绰号"铁娘子",甚至撒切尔夫人的传记电影名字就是《铁娘子》,但大部分的绰号具有贬义,在对方明确拒绝时,不要给别人起绰号。

3. 随意发怒

当交谈不顺利时,情绪有可能会激动,但一定要控制自己的情绪,避免情势不可控制,造成不能挽回的损失。

4. 恶语伤人

如果交谈中的情势已经不可控制,此时千万不可恶语伤人,奚落、侮辱、诽谤等言辞一定不要宣之于口。

（三）切忌说话太强势

1. 当众纠错

日常生活中,说话难免出错,如读错字音、理解错概念、记忆出错等,这时只要不是原则性错误,尽量不要当众指出,以免挫伤别人的积极性和自尊心。

2. 妨碍他人

大庭广众之下,行为礼仪的第一条就是"不干扰他人",如果说话太强势,难免会对别人的行为举止产生影响,因此尊重他人的选择,不要妨碍他人。

第二节 社交口才技巧与训练

一、社交口才技巧

（一）打招呼的技巧

1. 打招呼的原则

按照现代礼仪规则,打招呼有以下顺序：

（1）男性先向女性致意。

（2）年轻人先向年长的人致意。

（3）职位低的先向职位高的人致意。

2. 打招呼礼仪

（1）与人致意时,要停止手中的动作,如抽烟等。

（2）在公众场合打招呼,两人距离三四步比较适宜。

（3）遇到熟人主动致意，如果是下级或年轻人，可以微笑点头示意，以表亲和。

3. 常见打招呼用语

（1）最简洁明了、最广泛的通用性用语是"您好"，这既是一个问候语同时又有一种表示对他人祝福的含义。

（2）根据碰面的时间，可以道一声"早上好""下午好""晚上好"，也是一种比较简单、实用、明了的招呼用语。

（3）对于第一次见面的人，可以说："很高兴见到你。""久仰久仰！"

（4）对于不太熟悉的朋友再次见面，可以说："很高兴再次见到你。"

（5）对于有段时间没见面的朋友，可以说："最近过得如何？""现在哪里高就？"

（6）对于非常熟悉的朋友，可以说："吃了没？""嗨！干吗去了？"

（二）介绍的技巧

1. 自我介绍

（1）自我介绍的原则。

① 主要信息清晰：需要告诉别人你的姓名、职业，以及和居间介绍人的关系。

② 简洁明了：因为你与对方不一定会有长久的联络和沟通，所以不需要把太过详细的个人信息透漏给对方，以免造成未来生活中的不便。

③ 思路清晰：自我介绍要符合逻辑、思路清晰。介绍时应层次分明、重点突出，把最有价值的信息传达给对方，使自己的优势很自然地逐步显露。不要急于罗列自己的优点，掩饰自己的缺点。

④ 独特鲜明：一个成功的自我介绍是让别人牢牢记住你的关键，因此自我介绍也需要进行设计，并且加入个人特色。

（2）常用的自我介绍形式。

① 应酬式自我介绍。这种形式适合于一些公共场合和一般性的社交场合，如途中邂逅、宴会现场、舞会、通电话时。这种自我介绍的方式最简洁，往往只包括姓名一项即可。如："您好！我叫迈克。"

② 工作式自我介绍。工作式自我介绍的内容包括本人姓名、供职单位以及部门、担任的职务或从事的具体工作等三项，如："我叫果然，是××市××公司销售部经理。"

③ 交流式自我介绍。交流式自我介绍也叫社交式自我介绍或沟通式自我介绍，是一种刻意寻求交往对象进一步交流的沟通，希望对方认识自己、了解自己、与自己建立联系的自我介绍。适用于社交活动中，基本包括本人的姓名、工作、籍贯、学历、兴趣以及与交往对象的某些熟人的关系等。如："我是果然，是××市××公司销售部经理，我和王先生是大学加高中同学。"

④ 礼仪式自我介绍。这是一种表示对交往对象友好、敬意的自我介绍，适用于讲座、报告、演出、庆典、仪式等正规的场合，内容包括姓名、单位、职务等项。自我介绍时，还应多加入一些适当的谦辞、敬语，以示自己尊敬交往对象。如："女士们、先生们，大家好！我叫果然，是××市××公司销售部经理。在此，谨代表本公司热烈欢迎各位来宾莅临指

导,谢谢大家的支持。"

⑤ 问答式自我介绍。针对对方提出的问题,做出自己的回答,这种方式适用于应试、应聘和公务交往。在普通交际应酬场合,也时有所见。比如,对方发问:"这位先生贵姓?"回答:"免贵姓张,弓长张。"

2. 居间介绍

(1) 居间介绍的原则。居间介绍的时候要遵循"尊者享有优先知情权"的原则,如:

① 先把男子介绍给女子。

② 先把职位低的人介绍给职位高的人。

③ 先把晚辈介绍给长辈。

④ 先把未婚者介绍给已婚者。

⑤ 先把客人介绍给主人。

(2) 居间介绍的形式。

① 应酬式介绍。最常见、最普遍的介绍方式,一般而言,简单介绍双方的名字,以及双方与中间人的关系即可。

② 工作式介绍。在工作交往中,中间人需要详细地说明双方的姓名、单位、职务、工作范围等内容。

③ 交流式介绍。工作、生活等社交中,经常会遇到以深入了解为目的的见面,比如工作研讨、相亲等,这样就需要中间人对双方的情况有重点、有突出地介绍。

④ 礼仪式介绍。这样的介绍适用于比较正式、正规的场合,中间人的介绍内容与以上几种介绍内容相同,但语气要更郑重、礼貌,要严格符合社交礼仪用语。

(三) 拜访的技巧

1. 拜访的原则

不论因公还是因私拜访,都要事前与被访者电话联系。

(1) 自报家门(姓名、单位、职务)。

(2) 询问被访者是否在单位(家),是否有时间或何时有时间。

(3) 提出访问的内容(有事相访或礼节性拜访),使对方有所准备。

(4) 在对方同意的情况下定下具体拜访时间(注意要避开吃饭和休息,特别是午睡的时间)、地点。

(5) 对对方表示感谢。

2. 要注意拜访中的举止礼仪

(1) 要守时守约。

(2) 敲门要有分寸。要用食指敲门,力度适中,间隔有序,敲三下,等待回音。如无应声,可再稍加力度,再敲三下;如有应声,再侧身隐立于右门框一侧,待门开时再向前迈半步,与主人相对。

(3) 主人不让座不能随便坐下。如果主人是年长者或上级,主人不坐,自己不能先坐。主人让座之后,要口称"谢谢",然后采用规矩的礼仪坐姿坐下。主人递上烟茶要双手接过并表示谢意。如果主人没有抽烟的习惯,要克制自己的烟瘾,尽量不抽,以示对主人习惯的尊重。主人端上果品,要等年长者或其他客人动手后,自己再取用。即使在最熟悉的朋友家里,也不要过于随便。

(4) 跟主人谈话时,语言要客气。如果是集体拜访,要注意大家开口说话的机会要均衡;如果主人的家属在场,要与主人家属进行简单的交流。

(5) 谈话时间不宜过长。起身告辞时,要向主人表示"打扰"之歉意。出门后,回身主动伸手与主人握别,说"请留步"。待主人留步后,走几步,再回首挥手致意:"再见"。

(6) 当拜访时,主人有其他客人到来,应"前客让后客",把未说完的事情尽快说完,然后离开。

(四) 谈话的技巧

1. 赞美

(1) 赞美的原则。

① 发自真诚,避免过度。

② 不要用贬低自己来赞美他人。

③ 赞美时要面带微笑,正视对方,交流眼神。

④ 赞美要精确。相比于"你今天看起来不错","这件衣服的颜色非常适合你"更有效果。越精确越有效,因为它使人们觉得你很重视他们。

⑤ 赞美要有依据。别停留在"这件衣服的颜色非常适合你"这样的层面上,讲明为什么你这样想,你的赞美会更有力,比如:"这件衣服的颜色非常适合你,衬得你气色很好。"

⑥ 赞美后提个问题。如果你想以赞美开始一段谈话,提个关于赞美东西的问题吧:"这件衣服的颜色非常适合你,衬得你气色很好。你在哪里买的?"

(2) 赞美的方法。

① 赞美的具体化。具体化的赞美显得真诚,如"你的眼睛真漂亮"要比"你很漂亮"有效得多。

② 从否定到肯定的评价。比如:"我很少佩服别人,你是个例外。"

③ 见到、听到别人得意的事,一定要停下所有的事情去赞美。如果一个人给你看了他孩子的照片,那么一定要夸这个孩子;如果一个人在职务上有所提升,见到他时,应及时夸赞他的努力付出和职务的提升,肯定他的职务与能力的匹配。

④ 适度指出别人的变化。这种夸赞的背后含义是"你在我的心目中很重要",我很在乎你的变化。所以说,生活中长时间不见面的朋友,无论说你胖了瘦了都是很舒心的。

⑤ 逐渐增强的评价。如果你想要真心赞美,那么就逐渐增加你的赞美。

⑥ 似否定实则肯定的赞美。比如当年"文化大革命"时,有一张关于周恩来总理的大字报,内容是:"周恩来同志:我们要造你一点反,就是请求你改变现在的工作方式和生活习惯,才能适应你的身体情况变化,从而你才能够为党工作得长久一些、更多一些。这是我们从党和革命的最高的长远的利益出发,所以强烈请求你接受我们的请求。1967年2月3日"这就是一个明显的似否定实肯定的案例。

⑦ 信任刺激。常用此句式:"只有你……才能……能做成……"

⑧ 给对方有期待的评价。如果去夸一位公认的漂亮女孩子漂亮,那么她不会有太多的感触,因为大家都这么说她;当被人夸赞有性格、有素质、有涵养、有气质时,她就会有深刻的印象。

⑨ 了解别人的兴趣与爱好,投其所好。

2. 拒绝

(1) 拒绝的原则。

① 及早拒绝。拒绝别人时,绝不可以模棱两可、犹豫不决,要据实向对方表明你的态度,好让对方有所准备,进行其他计划。

② 坚决拒绝。避免迂回曲折,在婉言拒绝的时候,不能过度运用曲笔,一定要让对方觉察到你的态度。

③ 顾忌对方的情感。在拒绝时,请务必顾忌对方的自尊心和承受能力,在坚决拒绝的同时,使用对方可接受的语言。

(2) 拒绝的方法。

同样是拒绝的话,由于表达方式的不同,给人的印象也大相径庭。将难以出口的事情坦然地传达给对方,并得到他的理解,这是最好的状况。

① 遗憾型:"有负您的期望,我很遗憾",使用能表达出这一类意思的词汇。

"难得您开一次口,我却实在是不能答应您,真的很抱歉。"

"真是太遗憾了,周五我全天外出……"

"我其实非常想做您说的那项工作,可是月末各项工作异常繁忙……"

② 过失型:"勉强接受反而会给您造成不便",传达出这样的意思。

"关于某某那件事,我接受的话反而会给您添麻烦,所以……"

"我能力不足,反而会拖您的后腿,所以……"

"我会尽力协助您,可是最近工作繁忙,我勉强应承的话,品质方面会打折扣,我也会过意不去……"

③ 替代方案型:拒绝后给出替代方案。

"这周是不行了,下周的话我可以帮忙。"

"志愿者活动我胜任不了,捐助可以吗?"

"很遗憾我无法出席,可以让某某代替我去。"

④ 人事分开型:拒绝这件事情,并不是否定对方的人品和你们之间的关系。

"对不起,不是我不想帮你,是这个事情我确实解决不了。"

⑤ 幽默型:幽默是一种能力,也是人们适应环境的工具。

"对不起,我很希望自己有三头六臂成为哪吒,但我确实分身乏术,没法处理你说的这件事。"

⑥最简单型:如果在使用以上方法后,依然不管用,不妨使用最简单的这种。
"对不起,我不能。"

二、社交口才练习

(一)根据下面给出的情景,设计自我介绍

【情景1】

你正在参加学生会干部竞选,面对老师和同学们,请做一下自我介绍。

【情景2】

作为应届毕业生,现在参加应聘面试,请做一下自我介绍。

【情景3】

在朋友聚会上,对第一次见面的朋友,请做一下自我介绍。

(二)根据下面给出的情景,设计中间介绍

【情景1】

你作为师兄/师姐,向师弟/师妹介绍正在与你交谈的老师。

【情景2】

现在,你是大鹏公司的销售经理,在宴会场合,介绍中成公司的销售经理给你的总经理认识。

【情景3】

在饭店参加家庭聚会时,遇到了自己的同事,请介绍自己的同事与家中的长辈、同辈认识。

(三)根据下面给出的情景,设计拜访环节及语言

【情景1】

过年了,你到自己硕士导师家拜年。

【情景2】

公司文件急需领导签字,而领导请假在家。

【情景3】

到同学家中去玩。

(四)根据下面给出的情景,针对不同的对象,设计赞美语言

【情景1】

赞美一位女同学。

【情景2】

赞美一位男同学。

【情景3】

赞美一位三四年不见的朋友。

（五）根据下面给出的情景，设计拒绝

【情景1】

拒绝同学请你替他做作业的请求。

【情景2】

拒绝老师请你帮他擦私家车的要求。

【情景3】

拒绝领导让你额外加班的命令。

下 编
应用文写作技能训练

第四章

应用文概述

> **情境导入**
>
> 　　李明是某重点大学计算机系的高材生,专业素养非常高。凭着这一优势,毕业时在众多的竞争对手中脱颖而出,在一家大型国企的设计部门从事设计工作。工作几年以来,始终兢兢业业,参与了几项大工程的设计,获得了客户的好评。终于有了升职竞聘的机会,大家都认为他技术水平高,非常有实力,部门领导也很看好他,让他好好准备,在竞聘演说时好好表现。李明个人也是颇有自信,洋洋洒洒写了好几页演说词,但是,结果却出人意料,公司领导听了他的演说之后,并没有把票投给他,最终他失去了这次机会。事后,部门领导找他谈话,说他的演说词让人昏昏欲睡,并没有突出他的个人特长和对公司做出的贡献。李明听了恍然大悟,后悔自己没有掌握住演说词的写法。
>
> 　　著名教育家叶圣陶在20世纪80年代就曾说过:"大学毕业生不一定会写小说诗歌,但是一定要会写工作和生活中实用的文章,而且非写得既通顺又扎实不可。"由此可见,应用文写作与大学生今后的发展息息相关,甚至起到了举足轻重的作用。学好应用文写作,能带来非常大的便利。

第一节　应用文的基本知识

一、应用文的含义

　　显而易见,应用文,重在"应用"。它是国家立法和行政机关、企事业单位、社会组织和人民群众在处理公私事务时经常使用的,具有直接实用价值和特定格式的文章的总称。它是人们在长期的社会实践过程中形成的,是人们处理事务、交流信息的工具,是人们在社会生活交往中使用的重要文体之一。

二、应用文的分类

　　应用文种类繁多,据不完全统计,应用文的种类多达200种。面对如此多的应用文种类,要想恰当地使用合适得体的应用文完成既定的任务,必须对其类别有一个明确的规范。目前,应用文的分类并没有一个统一的标准,在本书中,主要按照应用文的使用范围来划分,可将应用文分为通用和专用两类。

(一)通用类应用文

通用类应用文,顾名思义,就是人们在工作和生活中普通使用的应用文,包括党政机关公文类应用文、事务类应用文、司法类应用文、规章类应用文、礼仪类应用文。

1. 党政机关公文类应用文

按照《党政机关公文处理工作条例》(中办发〔2012〕14号)的规定,公文共有15种,包括决议、决定、命令(令)、公告、公报、通告、意见、通知、通报、报告、请示、批复、议案、函和纪要。

2. 事务类应用文

如总结、计划、述职报告、简报等;还包括个人事务类文书,如书信、条据、启事等。

3. 司法类应用文

如上诉状、申诉书、答辩状等。

4. 规章类应用文

如制度、办法、细则、章程等。

5. 礼仪类应用文

如开(闭)幕词、邀请函、请柬等。

(二)专用类应用文

专用类应用文指在固定的部门或一定范围内使用的专门文种。此类应用文文种繁多,可以说每一个行业都有自己固定的专用文书。经济类应用文,如经济合同、市场调查报告、招(投)标书、产品说明书等。科技类应用文,如专利申请书、毕业论文、研究报告等。新闻类应用文,如消息、通讯、新闻特写等。

三、应用文的特点

应用文是人们适应社会生活和生产活动的需要的产物,它一直伴随并服务于人类的社会生活。在其长期的发展过程中,应用文已经形成了区别于文学作品的极其鲜明的个性特征。

(一)特定的实用性

应用文都是因"事"而做,因具体问题而行文,解决存在的问题不仅是其写作背景,更是其写作目的。因此,实用性是应用文区别其他文体的明显特征,也是应用文最本质的属性。如,会议记录是为了传达会议情况,经济合同是为了明确双方的权利和义务,一则消息则是为了把新近发生的事情公布于众。所以,应用文是为解决具体问题而存在的,这就要求文章有的放矢,讲究实效。可以说,应用文的实用性特征是由其性质所决定的。

（二）体式的规范性

应用文是人类在长期的社会实践中所创造的,是人类社会交往的必要手段和工具。为了提高办事效率,大部分应用文在其形成的过程中逐渐形成了约定俗成、共同遵守的格式,如书信的格式。还有一部分应用文的体式是由权威机关强制制定并要求公众执行的,最明显的就是党政机关公文的拟定,这类公文在各部分要素的排列、标识的组织,甚至用纸要求方面,都有明确而严格的规定。

（三）运用的时效性

时效性是应用文的又一显著特征。应用文因"事"而做,都是针对工作和生活中具体的事务而行文的。这就要求应用文的写作必须在一定的时限范围内完成,并且和某项具体工作时间紧密联系,工作任务完成了,与之相关的文件等材料也就失去了实际效用,根据需要,转化为档案保存材料。

（四）内容的真实性

应用文实用性的本质属性决定了其内容的真实性。应用文的行文不像文学作品的创作那样可以进行艺术虚构,它所涉及的内容都是现实中的确存在的,不能有任何失实。如一份市场调查报告,如果涉及的材料不真实,那么很可能带来经济损失;制订的计划和做出的总结,如果违背实事求是的原则,那么根本不可能反映真实情况,也就不能做出正确决策。因此,应用文在内容上不能有半点虚夸,必须以求实的态度,遵循客观规律行文。

四、应用文的作用

现如今,应用文写作活动已经渗透到政治、经济、文化、教育等社会生活的各个领域,它与每个社会团体的运作和个人的生活都息息相关,在人们的日常交流及沟通中占据着重要的地位,发挥着不可或缺的作用。主要包括以下三个层面:

（一）宣传教育,规范行为

政党具有管理国家和社会公共事务的职能,发挥这一职能的方式往往是发布一些具有思想性、法规性、指导性的文件,来贯彻党和国家的方针、政策,这些文件就是应用文中的公文。制定、传达这些公文就是为了使广大读者能够在思想上保持统一,在行动中保持团结,加强对党和国家大政方针的理解,与时俱进,推动各项工作有序开展。特别是像各级人民代表大会及其常务委员会制定的中央和地方性法律法令,各级政府颁布的各种条例,以及各事业单位、企业编制的各项规则章程,这类公文往往具有强制性,一旦公布,任何人都没有任何讨价还价的余地,必须严格执行、遵守规定。

（二）交流信息,沟通联系

信息化社会,人与人之间、社会组织之间都有着千丝万缕的关系,都需要传递信息、交流情感、沟通关系、协调行动,这是个人生存之本,是各项工作得以顺利开展的前提。应用文在这些方面能够发挥重要作用,它是人际交往的纽带,是团体联系的桥梁。如公文中的平行文能让两个机构齐心协力,共同完成工作任务;经济文书中的契约合同可以起到相互督促,协调关系,保障双方利益的作用;公关礼仪类文书具有沟通情感,建立联系的作用。

(三)凭证依据,储备资料

应用文的凭证依据作用非常明显。如经济类应用文中的合同、协议,司法类应用文中的调解书,行政公文中的各类文书,不仅明确了双方当事人的权利与义务,任何一方违约,都将以此追究责任,而且也是各项工作开展的依据,各项决策制定的凭证。同时,应用文的时效性特征,决定了各类文件审阅完毕后,那些有保存价值的文书都会被立卷归档,转为档案材料,作为文献资料供他人参考,更好地发挥凭证的作用。这些被保存的反映了社会组织或个人某个时期的各种活动资料,也表明了应用文具有储备资料的作用。

第二节 应用文的写作过程

情境导入

> 王涛是某事业单位的新入职员工。一日,部门领导找到他,说自己要在第二天的职工大会上代表部门发言,请他帮忙写一份演讲稿,还夸赞王涛是重点高校的毕业生,综合素质强,肯定能高质量地完成这一任务。这让王涛非常开心,认为是领导对自己的重用,马上放下手中的工作,全身心地投入到写作中。经过一整天的努力,王涛终于写完了初稿。然而在下班时,王涛忽然发现,第二天召开的职工大会主题是下季度工作计划,而自己写的演讲稿中,对于这部分的描述甚少,于是赶快查找资料进行修改。好不容易修改完成,王涛又发现,由于自己刚来单位,对很多情况都不是特别了解,写出来的演讲稿虽然文笔流畅、层次清晰,但没有很好地和单位实际情况相结合。可这时已经晚上十点了,王涛不好意思这么晚向领导询问情况,便决定第二天早上再问。第二天,王涛早早来到办公室,可领导却因特殊情况,在职工大会召开前半小时,才匆匆来到办公室,一进门就十分急切地询问演讲稿进度,王涛只好如实相告,领导很生气,认为一天的时间,王涛却连演讲稿都没有写完,而王涛也很委屈,觉得自己确实没有偷懒。
>
> 问题究竟出在哪儿呢?

应用文的写作过程,简单来说就是把"心里想的、现实要的"东西落实到纸上,写成一篇文章。一般来说,一篇应用文,需要经过准备、构思、起草、修改四个阶段才能成型。整个写作过程就像是一条锁链,而每一个阶段都是这条锁链上的一环,既相互影响,又必不可少。任何一个环节出现问题,都不能写出一篇好的文章。本节的主要内容就是介绍这四个阶段。

一、准备阶段

"凡事预则立,不预则废",做任何事情,如果没有充足的准备,难免会手忙脚乱,而结果往往也会达不到预期。写作也是如此,要想写出好文章,准备工作必不可少。从准备的内容来看,准备阶段的工作内容可以分为思想准备与材料准备。

(一)思想准备

应用文中的思想准备主要包括以下内容:

1. 明确写作目的,整体把握写作内容

写作之前,需要明确知晓自己写作这篇应用文的目的是什么,是为了在什么场合使用,是为了处理什么样的事物,这样才能确定文章的体裁以及写作的格式。同时,要对写作的大致内容以及几大模块做好心理准备,这样才能保证具体写作过程顺利完成。

2. 学习理论,确立文章理论基础

如果想要文章条理清晰、有说服力,那么文章就需要具有一定的理论性,最好是能给文章找到合适的理论基础,在理论的指导下行文,这样文章就能更有说服力。理论学习需要自己平时的积累,理论的选择需要与文章的主旨相契合。

3. 熟悉国家有关方面的政策法规

对于应用文内容的核心,需要了解国家有关此方面的政策以及法规,使得自己的文章能够紧跟时代发展的脉搏,有生命力,让自己的文章合乎国家精神。

4. 选择合适的文种

不同情境、不同用途的应用文,其文种、主旨、格式和用词也会大不相同,这就需要作者在明确写作主题后,还要根据写作的实际情况,选择合适的文种。这一步骤看似简单,但如果不注意,很容易闹出笑话,带来不必要的麻烦。比如一篇向上级请示的应用文,选择用批复的格式来写,结果是不言而喻的。

(二)材料准备

材料是写作的基础。和文学作品的写作一样,写好应用文,必须要拥有大量的材料。但与文学写作中材料储备最本质的区别在于,应用文中的材料必须是以事实为基础的,是真实生活中发生过或正在发生的事实。应用文中的材料准备主要包括以下内容:

1. 现有的政策依据

好的文章往往是"站在巨人的肩膀上"写成的,写作者往往会在写作过程中旁征博引,充分借鉴、吸收他人的理论观点,取长补短为其所用。而对于实用性较强的应用文,尤其是党政机关公文类、司法类和规章类应用文来说,虽然不需要作者过多的表达各种观点,但说明现有的政策法规依据,进而提出观点,是应用文的重要部分。这就要求作者在写作前,根据文章主题,大量查阅相关的现有法律法规、政府政策等资料,为文章提供依据。

2. 收集的实践资料

应用文的实用特点,要求作者必须要结合实际,在现实中发现值得借鉴的事件和细节,并将其写入文中。一般收集实践资料的方法有:

(1)观察。是指作者以局外人的身份,对所调查的对象进行观测、考察、记录,用以取得第一手材料。因为观察过程方便,消耗较少,时间上相对便利,受到了大多数写作者的青睐,成为收集材料的主要途径。

（2）体验。即作者以当事人的身份,亲自置身于调查对象所处的环境中,通过设身处地的实践体验,记录下最直观的感受。与观察相比,体验得到的材料更深刻,更具真实性。

（3）调查研究。这是收集实践资料的有效途径。通过向当事人、知情人或有经验的人进行采访询问,了解实际情况。调查问卷和访谈是其中比较常见的研究方法。

二、构思阶段

文章的构思是指在文章写作目的以及文体等方面确定之后,对通篇文章大致的安排与设计。应用文的构思阶段主要包括以下几个过程:

（一）文章主题的提炼

所谓提炼主题,就是通过阅读,理解材料中的主要观点,并加以归纳、总结、深化,加入自己的看法,进而形成文章的中心思想。应用文主题的提炼,需要对文章的写作目的、准备好的书面材料有充分的认识与全局把握,整篇文章紧密围绕文章主题,才能让文章体系严谨,主题明确。

（二）材料的甄别和选择

在积累大量材料以后,需要对原始材料进行初步的筛选,首先要以是否与提炼出的文章主题相契合为标准,综合考虑材料的真实性、典型性、新颖性等多个方面,选择确定要使用的材料。之后,要根据文章的发展逻辑和材料的具体情况,选择与之相契合的文章内容,确定材料应在的位置,将其放入合适的框架之内。最后,对材料进行进一步的加工、雕琢,打磨材料的用词与表达。

（三）结构的设计和安排

在起草文章之前,需要把文章的总体框架安排好,将文章结构理明白。中心段落放在哪里,哪些内容详写,哪些内容略写,文章怎样过渡、怎样转承,材料在哪里设置,等等。这是文章起草之前最重要的一步,如果没有安排好的话,文章想到哪里写到哪里,很大概率会造成文章体系结构的混乱。

三、起草阶段

起草是指用合适、准确、正式的书面用语,将作者想表达的想法转化成文章。起草文章的方法主要有两类,一是一气呵成,二是精雕细琢。

一气呵成指的是一口气写完初稿,中间几乎没有停歇。这需要提前打好腹稿,并且对准备的材料以及文章的结构有充分的理解才能实现。另外需要作者要有较为深厚的文学素养以及纯熟的写作技巧。

精雕细琢就是在起草文章时,除了整体把握,还要将文章化整为零,分成很多的"小文章",对每一个"小文章"都精心打磨,在不断思考和打磨中完成初稿。这种方法较适合大众,精雕细琢需要作者有耐心有定力,处处推敲,保证文章逻辑紧密。

不论使用哪种方法,最基本的要求都是要保证文章与其贯通、没有错别字和病句,而较为高级的要求便是文章要调动多种写作手段、遣词造句合理有神,文章具有一定的文学素养。在写文章的过程中,一定要紧密地联系主题,保证文章有一根线能将其串起来,段落之间有其内在的逻辑联系,详略得当。

四、修改阶段

好文章都是修改出来的。这是一个亘古不变的真理,对于应用文来说也是如此。修改是文章在初稿完成以后,定稿之前的修订加工过程,是完成一篇应用文必需的一个流程。一般而言,作者很难保证自己的文章在初稿便能说明事理,因此必须不断修改让主题更加深刻、逻辑更加严密。

修改文章需要把握几点原则:

(1)要处理好文章中心与局部的关系。局部必须和中心紧密联系,如果局部没有恰当地为中心服务,就需要修改或删除。

(2)有无错字别字以及病句。这是基础修改的部分,也是文章的基本要求。

(3)修改使得各层次条理清晰,语言得当,文章更具有文学性。

(4)要虚心听取他人意见。文章可以自己修改,也可以邀请他人帮助自己修改,当局者迷,旁观者的意见往往更加客观理性。因此,要认真听取他人意见,取人之长,补己之短。

第三节 应用文的写作要素

情境导入

如果你是某著名互联网公司的员工,老板告诉你,公司马上要举办新型科技产品发布会,到场嘉宾都是学术界、政界和商界的知名人士,让你去编写一封"邀请函",提醒他们不要忘记活动并准时参加,你会怎样用词?

其实,在我们的日常工作中,虽然不一定会有和"大佬们"接触的机会,但无时无刻不在写作,从日常工作的策划、报告、总结,到和上下级间的书面沟通文件,再到和客户间的邮件、短信沟通,比比皆是,都属于应用文写作的范畴。一个优秀的人才,不但要善于行动,也要善于写作。在现如今竞争日益激烈的职场环境下,人们逐渐意识到应用文写作的重要性。应用文写作的场合只增不减,写作能力的不足,可能直接导致机会的丧失。

我们知道,人类的写作活动主要有两个方面:文学写作和应用文写作。文学作品是通过塑造形象反映社会、人生,表现的是作者对社会生活的感受和认识,是为了满足人类的精神享受。应用文写作则是重在使用，是为解决社会生活中存在的问题而进行的一种写作活动。但无论哪种写作活动都必须遵循基本的写作规律，在写作规律的指引下，调动写作活动的各要素。和文学写作一样，应用文写作要素从内质上分为主题和材料，外质上分为结构和语言。

一、应用文的主题

主题是一个被广泛使用的概念，也称为用意、主旨、中心思想，通常是指文章中通过具体材料所表现出的中心思想，它是作者对社会、人生的认识和评价，文章所表达的全部内容中贯穿的最基本、最主要的思想。在应用文中同样也是这样，主题既是人们对客观事物的认识、观点、看法、结论等蕴含在客观事物中的本质性的内容，又指人们在行动时所持有的主张、观念、要求、意见等思想认识方面的内容，它往往来自某一组织的观点，常代表集体的利益和意志，具有一定的强制性。具体来说，在应用文中，主题主要表现在以下两个方面：一是作者直接表明对客观事物所持的观点、认识。主要体现在以陈述事实、传递信息为主要目的的应用文中，如工作总结、说明书、调查报告等。二是对收文方明确提出要求。主要体现在决定、通知、方案等以办理具体事务、提出有效措施为主要目的的应用文中。

应用文是为实际工作服务的，其主题在确立时应该注意以下几点。

（一）确立主题时要实事求是

实用性是应用文的本质属性，这一特性决定了应用文写作的前提必须来自真实的社会生活。应用文中提炼出的主题，应该忠于原始材料，在调查研究的基础上，对烦杂的感性材料进行"去粗取精、去伪存真、由此及彼、由表及里"的加工，抓住问题的主要矛盾，才能确保材料与观点一致。主题只有反映了事物的本质，才能符合客观现实，才能有效解决存在的问题，进而达到行文的目的。

（二）确立主题时要一文一事，一事一旨

文学作品的写作讲究含蓄、朦胧，不同阅历的人对同一部作品可以有不同的理解，能够领略到不同的主旨含义。而应用文的主旨非常明确，集中单一，其主旨贯穿全文，不蔓不枝，一贯到底。像写"请示"，它属于上行文，是下级机关向上级机关请求指示或批准时使用的一种应用文体，在行文时必须一事一请，这样上级机关才能准确地进行批复。如果请示中出现一文多事，这不仅属于行文时出现的原则性问题，而且容易延误工作，造成不好的影响。

（三）确立主题时要集中鲜明

应用文中，不论作者直接表明对客观事物所持有的基本观点，还是对收文方提出的具体意见、措施和办法，都要用简洁明确的语言直截了当地表现出来，绝对不能有半点含糊闪烁之词。因为只有这样，才能确保收文对象在理解和贯彻执行中不出现偏差，才能顺利完成任务。这就要求在具体写作应用文时，要严格按照应用文的写作格式行文，一般情况下要想达到主题的鲜明集中，可以从两个方面入手：一、标题揭示主旨。应用文的标题可以显

示其主旨。如《关于召开节能减排工作会议的通知》;二、在开头或结尾处概括出全文的中心,开宗明义或卒章显志,以便引起读者兴趣,加深读者印象。如新闻类应用文体里的消息。

二、应用文中材料的选择与运用

俗话说"巧妇难为无米之炊",写作如果缺少材料,即使是文豪在世,也难以写出好的文章,在写作中必须掌握大量生动翔实的材料,才能有力地烘托人物形象,表现主题思想。从写作程序上来说,不论是文学写作还是应用文写作,材料都居第一位,它是形成主题的依据,又是表现主题的手段。所谓材料是指作者为了一定的写作目的而收集、摄取并且用于文章中的一系列事实或依据。

对应用文来说,材料就是写在应用文中的一系列事实,包括人物、事件、背景、原因、经过,等等。这些事实既包括现实生活中的一系列事件、情况等具体形态的东西,也包括一系列方针、政策、理论等精神形态的东西。但不论是哪种形态,应用文中的材料必须要符合客观事物的实际情况,不能有一点虚构和想象,都要遵循真实性的原则,应用文的材料绝对以真实为前提,否则就失去了存在的价值。

除此之外,应用文写作在选择材料时,还应该考虑使用材料的新颖性和典型性。新颖的材料,就是人们从未用过或很少使用,但能给人以新的启发的材料。它的一个重要来源就是最新出现的、具有时代特征的材料,运用这些材料不仅特征鲜明,而且能使人获得启迪。2016年8月,在里约奥运会上,中国女排时隔12年之后再次夺冠,国人沸腾,女排精神再次被关注,但此时这种精神已经超出了体育竞技的范围,演变为一种艰苦奋斗、积极进取、为国争光的民族精神。在某重点高校的开学典礼上,一学生代表的开学致辞,以《学习女排精神,开启大学生活》为题目,很好地激发了大学生的学习热情。所以说,材料只有新颖,才能更容易引起读者的注意,才能为主题和观点提供强有力的支撑,才能有效地实现写作的目的。典型性也是在选材时需要注意的问题。典型材料是能够深刻反映事物本质,既具有个性特点,又具有事物的普遍共性的,能代表事物发展方向的材料。如在工作中写的年度总结,年年都要写,但由于一个人所从事的工作每年都大同小异,选材不当,往往给人雷同的感觉。正确的做法是,抓主要的、最有新意的、典型的来写,而次要的、年年必做的、众所周知的工作,可以略写甚至不写,点到为止。这样才能避免落入窠臼,不仅让人耳目一新,更重要的是突出了个人的贡献。

值得注意的是,由于应用文种类繁多,有一些应用文,像各种法规、规章制度等,完全是由主张或要求、意见等构成,这些应用文具有强制性,发布之后即要求无条件遵守执行,因而并不需要事实性的材料作为支撑。我们在写作时,要根据所写的应用文种类,灵活变通地选择合适的材料。

三、应用文的结构

(一)标题

常见的应用文标题有三种类型,分别为公文式、新闻式和论文式。

公文式标题由发文机关、发文事由、公文种类三个要素组成,如《山东省人民政府关于表彰全省资源综合利用先进单位的通报》这一标题中,"山东省人民政府"是发文机关,"表彰全省资源综合利用先进单位"是发文事由,"通报"是公文种类。

新闻式标题是对所描述新闻内容的总结概括,有时还要求能够吸引读者眼球。如《习近平等出席十三届全国人大一次会议第三次全体会议》这一标题,简明扼要地对全文进行了概括,就是一个新闻式标题。

论文式标题较为多样,与新闻式标题不同,论文式标题不会刻意要求新颖或是博人眼球,而是更侧重于突出文章主旨,如《我国城乡医疗救助制度存在的问题与挑战》。

(二)开头

常见的开头方式有以下几种:

1. 总综概述式

开头便将全文内容进行高度总结概括,开门见山、简单扼要地表达文章主旨。一般常见于工作总结、工作报告及调查报告中。

2. 陈述介绍式

对所要描述的对象、背景、事件进行简单介绍,并在此基础上引出下文。指示、简报、会议纪要等文种多采用这种开头。

3. 说明阐述式

直接引用有关法令、上级指示或其他文件,作为应用文写作的依据,具有一定的权威性,多见于行政公文中。

(三)主体

主体即为文章的主要内容。一般来说,这是应用文中篇幅最长的一部分,也是变化最多的一部分,不同种类的应用文,主体部分的要求不一样。在后面的章节中会具体讲授。

(四)结尾

一个好的结尾,不仅可以升华主题,更会让读者有种意犹未尽的感觉。常用的应用文结尾方式有:强调式、结论式、说明式、建议式、责令式等。作者在写作时,可以根据实际情况灵活地选择结尾方式。

四、应用文的语言

应用文注重实用,其语言在一定程度上会更加准确、简洁、朴实、规范,还要便于读者理解。因此,相比于其他文学作品,其主要语言特点为:

(一)准确

准确是应用文写作所应注重的重要内容。它不仅要求作者要明确词语的含义、用准修饰,还要注意同近义词之间的微小差别,注意褒贬义词的应用情境,更要避免歧义,以免造成读者误解。例如"对人力资源部和党群工作部的部分职工提出表扬",这样的句子就不准确,到底要表扬两个部门的部分职工,还是表扬人力资源部全体职工和党群工作部的部分职工呢?非常容易给人造成误解。

(二)简洁

简洁就是要求作者尽量用少的文字表达多的内涵,有效、明白、高质量地传递信息,没有任何废话。但同时也要注意,不能为了简洁而有意地压缩字句,删减文中必要的信息,弄巧成拙,将原本连贯的语句拆散。应用文中常使用一些事物性专用语,如"任免""批转""复核"等词语,更体现了这一特点。

(三)朴实

应用文不需要过多的修饰和夸张,其最大的特点就是务实。因此,应用文的语言应当标准规范、通俗易懂,不追求华而不实、华丽辞藻的表达。

(四)规范

应用文的阅读群体一般较为固定,受众群体范围较小。与文艺作品所提倡的生动活泼不同,应用文的应用场合都较为庄重,因此语言文字要得体、恰当、适度、庄重,不能太口语化,也不能太随意、浮夸,从而破坏应用文的严肃氛围。特别是在一些公文中,约定俗成地沿用了古汉语中的文言词语,如"兹有""为荷""惠允"等,文言词语不仅具有凝练的特点,更体现了应用文语言的规范性。

第四节 应用文的表达方式

情境导入

晋朝时,太傅谢安在一个寒冷的雪天举行家庭聚会,和子侄辈的人谈论诗文。过了一会儿,雪下得大了,谢安高兴地说:"这纷纷扬扬的白雪像什么呢?"他的侄子谢朗说:"像是把盐撒在空中。"他的侄女谢道韫却说:"不如把它比作柳絮,被风吹得满天飞舞。"谢安认为说得很好,开心地笑了。这是《世说新语》中的一则故事,后人读后,往往会赞誉谢道韫有才气,将纷纷扬扬的雪花比作"未若柳絮因风起",这一描写不仅形、神上与"雪"都相似,还给人以春天即将到来的感觉。这就是写作的技巧。

从这个典故中,我们可以看出,一篇好的文章,如何表达是至关重要的。恰当的语言,不仅可以准确地表达文章主旨,更能使文章富有感染力,在不知不觉中吸引读者、打动读者。一般来说,文章的表达方式有五种:叙述、说明、议论、抒情和描写。这五种表达方法没有主次之分,往往是根据文章类型和内容的不同,或单一使用,或结合运用。但在应用文中,由于自身的实用性,在表达上要求言简意赅,便于阅读者能在短时间内准确理解、执行。以下文为例,用短短300字便将事件的背景信息、发展过程、结果等表述出来,没有任何赘述,使人一目了然。

 例文赏析

天津城市大厦火灾事故已致10人死亡 相关责任人员已被控制

人民网北京2017年12月1日电 据天津市人民政府新闻办公室官方微博消息,今晨4点07分,位于河西区友谊路与平江道交口的城市大厦38层发生火灾。目前火已扑灭,经现场反复清理检查,共有10人死亡,5人受轻伤正在医院救治。

接报后,天津市委书记李鸿忠立即作出批示,要及时如实公布权威信息。第一位的是全力抢救伤员。要进行严格的事故调查,依则依规处理。要举一反三,迅速在全市进行普查和预防整改,重点是隐患的排查,防止类似事故发生。上午,李鸿忠专程赶赴现场察看灾情,组织现场处置和善后工作,目前正在主持召开专门会议就全市安全生产工作进行部署。

起火原因正在进一步调查中,相关责任人员已被控制。现场交通管制已解除,人员救治、善后处置等工作正有序进行。

从这则消息中我们可以看出,应用文写作中抒情和描写的方式运用得较少,最常用的表达方式是叙述、说明和议论。本节主要讲述这三种表达方式。

一、叙述

叙述,顾名思义,就是讲述和记叙,是应用文写作中最常用的表达方式。一般包括时间、地点、人物、事件、原因、结果六个要素。其目的是通过描述事件的起因、发展过程和结果,使读者对所描述的事件有全盘、大致的理解和把握,了解问题的来龙去脉。通常,对于表彰或处分通告、调查报告、工作总结等应用文文种,叙述是最常见,也是被运用最多的。在应用文中,叙述的要素必须完整,逻辑脉络必须清楚,事件描述必须实事求是。不仅要注意叙述的人称,还应注意叙述的方式。

(一)叙述的人称

叙述的人称,简单来说就是指作者在写文章时所处的位置,可分为三种:第一人称、第二人称、第三人称。其中第二人称运用较少,一般以第一人称和第三人称叙述较多。

1. 第一人称

第一人称即作者作为事物的直接参与者或直接相关方,以"我"或"我们"的口吻叙述。使用第一人称,便于直接发表作者的看法,使得叙述更加真实,也会拉近读者与作者间的距离,便于交流。但第一人称的表达往往会给人一种主观视角的感觉,很多客观情况不方便描述(如"我"的性格、特点等),也不利于叙述其他人的意见和想法。

2. 第二人称

第二人称即作者以读者为对象,进行直接叙述,以"你"或"你们"的口吻叙述。使用第二人称,便于增加亲切感,让读者仿佛置身其中,感染效果更强。但应用文中第二人称

运用较少。

3. 第三人称

第三人称即作者以"局外人"的身份出现,以"他"或"他们"的口吻叙述。使用第三人称,便于作者客观地叙述事件的发生,多角度地描述事件的过程、人物的特点,增加可信度,但在一定程度上不能直接表达自己的看法。

(二)叙述的方式

叙述的划分,可以有多种方式。按照记叙的时间顺序,可分为顺序、倒叙、插叙、平叙等;按照记叙的详略程度,可分为详叙和略叙;按照记叙的线索关系,可分为合叙、分叙;按照记叙的不同角度,可分为直叙、婉叙;按照记叙的结构形式,可分为纵叙、横叙。其中最常见的是按照叙述中的时间先后顺序,将叙述分为顺叙、倒叙、插叙、平叙。

(1)顺叙:即按照事物发展的前后过程叙述,其时间线连续。

(2)倒叙:即先介绍事物发展的最终结果,或将某个最突出的片段放在开头来叙述,之后再从头介绍事物的进展过程,多采用回忆的方式。

(3)插叙:即一段叙述过程被打断,反而插入另一段与之不同的叙述,待其叙述完毕,再继续顺叙原来的叙述过程。

(4)平叙:对于同时发生的两件或多件事物,采用交叉叙述的方式,在时间上没有明显的先后顺序。

二、议论

议论,简单说就是"摆事实讲道理",是指作者通过现有的事实情况,结合事物本身的内在逻辑线索进行归纳总结,诠释原因并适当地表述自己的理解、看法、意见等。在应用文写作中,无论是分析情况、阐述道理,还是表达观点,使用议论来表达看法的情况相当普遍,尤其是在调查报告、新闻事件评论及可行性分析报告等应用文中,议论更是必不可少的表达方式。

当然,议论也不是"孤军奋战"的,它经常会和自己的好伙伴"叙述""说明"一起交替出现,有时甚至是"形影不离"。这并不奇怪,否则在一篇文章中,通篇都是议论,难免会让人摸不着头脑。一般来说,叙述和说明的主要作用是交代事物起因、经过和结果等基本信息。而对事物的看法及评价,或是简明的评说,往往通过议论的方式展现出来,进一步起到升华主题、揭露文章层次的作用。对于应用文来说,议论往往更要求就事论事,不能掺杂过多的主观色彩。

此外,值得注意的是,无论与其他哪种或多种表达方式相结合,在应用文写作中,议论都不需要太长,不必三要素(论点、论据与论证)齐全,更多情况下只需要过程完整,不用深入论证,点到为止即可。或叙述事实后表达看法,或提出观点后举例证明,并不需要像议论文般严格按照"三段论"的方式,进行详细的论证推理。但这也不是说应用文中的议论,就可以随便论证。同议论文相似,应用文中议论的方法主要有以下四点:

（1）例证法。即通过举例，或排列相关数据作为论据，用以证明论点。

（2）喻证法。即通过打比方的方式证明论点。

（3）对比法。即通过对比两种相反的事物或观点，或对相同事物进行时间上的对比，用以突出其中的优缺点或变化。

（4）分析法。即通过剖析事件隐藏的深层问题，结合所用论据的实际情况，归纳总结两者间的因果关系，进而证明论点的正确性。

总的来说，应用文中的议论具有以下特点：

（1）无需完整论证，过程简单，但必须明确地表达论证结果，并表明态度和观点。

（2）以直接通过论述和论据证明论点正确性的方式为主，很少出现通过证明论点对立面的错误，进而突出论点正确性的方式。

（3）常与"叙述""说明"等其他表达方式交替出现，习见夹叙夹议。

三、说明

说明就是用简洁客观的文字，对事物外在和内在特征属性进行客观的介绍和描述，是应用文最基本的一种表达方式。通常，对各项政策、法律法规、规章制度的宣传解释，就属于说明。一般来说，说明往往和叙述、议论等方式结合使用，其单独出现的可能性很小。而在应用文写作中，说明应注意遵守科学性、准确性、客观性，所采用的文字也应通俗易懂，言简意赅，不能带有过分的修饰。

 例 文

错误范例：

《春节放假通知》

各科室、部门：

又是一年新来到！正值中国的传统节日"春节"来临，在此预祝各位职工及家属新春愉快，财源广进！

为了欢庆传统的新春佳节，经公司领导班子研究决定，今年春节期间我公司放假7天。

现将有关事项通知如下：

1. 各部门要确保节日期间的安全和稳定，认真组织好突发事件应急管理和安全保卫工作，加强员工的节日安全教育，加强对安全隐患的排查防范，及时化解不稳定因素。

2. 安排好假后上班的各项准备工作，保证上班后各项工作正常进行；各单位在放假前安排好值班。遇有重大突发事件，要按规定及时报告并妥善处置，确保广大员工家属度过一个祥和平安的春节。

××××公司行政部
××××年×月×日

存在的问题如下:
(1) 标题不规范。应由发文机关+发文事由+公文种类组成,且不应有"《 》"符号。
(2) 正文内容残缺,应补写"根据国家规定和公司具体情况"。
(3) 指代不清,没有指明放假时间。
(4) 第2点中缺乏主语。
(5) 落款应为公司,而不是公司部门。

正确范例:

××××公司关于××××年春节放假的通知

各科室、部门:

又是一年新来到!正值中国的传统节日"春节"来临,在此预祝各位职工及家属新春愉快,财源广进!

为了欢庆传统的新春佳节,根据国家规定和公司具体情况,经公司领导班子研究决定,今年春节期间我公司放假7天,即×月×日至×月×日,×月×日正式上班。

现将有关事项通知如下:

1. 各部门要确保节日期间的安全和稳定,认真组织好突发事件应急管理和安全保卫工作,加强员工的节日安全教育,加强对安全隐患的排查防范,及时化解不稳定因素。

2. 各部门要安排好工作。一是放假期间的值班安排,二是放假后上班的各项准备工作。遇有重大突发事件,要按规定及时报告并妥善处置,确保广大员工家属度过一个祥和平安的春节。

××××公司
××××年×月×日

 思考与练习

一、填空题

1. 按照应用文的使用范围划分,可分为_____应用文和_____应用文。
2. 完整的公文式标题是由_____、_____、_____三要素组成的。
3. 应用文的构思阶段主要包括_____、_____、_____等过程。
4. 常见的应用文标题有_____、_____、_____三种形式。
5. 应用文的主要语言特点包括_____、_____、_____、_____。

二、选择题

1. 以下不属于应用写作语言特点的是(   )。
A. 准确   B. 简明   C. 形象   D. 平实

2. 应用文中一般不采用的表达方式是（   ）。

A. 议论   B. 说明   C. 叙述   D. 描写

3. 下列在请示中的结束语得体的是（   ）。

A. 以上事项，请尽快批准

B. 以上所请，如有不同意见，请来函商量

C. 所请事关重大，不可延误，务必于本月10日前答复

D. 以上所请，妥否？请批复

4. 下列说法正确的是（   ）。

A. 应用文不需要过多的修饰和夸张，其最大的特点就是务实

B. 拟写标题时，为了简练，可以不标明文种

C. 所有的规范性公文的标题，都可以省略作者及事由部分

D. 为了语意确切，不产生歧义，公文标题字数可以到60字以上

5. "撤销××县地方税务局直属第二征收管理分局的批复"这一标题存在（   ）的问题。（多选）

A. 标题缺少作者   B. 标题缺少文种

C. 标题结构不规范   D. 标题事由不清

三、判断题（正确的在后面括号内打"√"，错误的打"×"）

1. 党政机关公文类应用文共有15种，包括决议、决定、命令（令）、公告、公报、通告、启事、细则、通报、报告、请示、批复、议案、函和纪要。（   ）

2. 应用文最本质的属性是内容的真实性。（   ）

3. 党政机关对于公文的拟定，要求异常严格，甚至在用纸要求方面，都有明确、严格的规定。（   ）

4. 在写市场调查报告时，一般常用第三人称。（   ）

四、改错题

1. 请修改下列文件的标题。

（1）《富源科技公司解决生产电子芯片所需半导体的请示》。

（2）《南开市钢铁总公司组建质量检测实业公司的请示报告》。

2. 下面是业务员王捷写给客户李老板的便条，有些词用得不得体，请帮他修改。

李老板：

您约我下午去贵处商谈光临贵公司参观一事，因我有急事，现决定改期。具体改在何时，另行磋商。

王捷

2018年3月13日

五、写作题

王鑫某日早上突发流行性呼吸道疾病，病情严重，王鑫也因此不能到公司上班，导致当天下午本应由他作为汇报人的项目结题会议也无法召开，请你帮他给老板写一个请假条，请假日期是5月9日至5月13日。

本章小结

应用文是国家立法和行政机关、企事业单位、社会组织和人民群众在处理公私事务时经常使用的,具有直接实用价值和特定格式的文章的总称。若以使用范围作为分类依据,可将应用文分为通用和专用两类。具有特定的实用性、体式的规范性、运用的时效性、内容的真实性等特征。其作用包括宣传教育、规范行为,交流信息、沟通联系,凭证依据、储备资料。

应用文写作过程主要包括准备阶段、构思阶段、起草阶段、修改阶段。

应用文写作要素从内质上分为主题和材料,外质上分为结构和语言。确立主题时要实事求是、一事一旨、集中鲜明。材料必须符合客观事物的真实情况,不能凭空想象或臆造。结构可进一步细化为标题、开头、主体、结尾。语言要注意准确、简洁、朴实、规范。

应用文的表达方式本身没有好坏之分,其最终目的都是更好地表达文章观点,突出文章主旨。对于应用文而言,虽然主要的表达方式是叙述、议论和说明,但它们之间往往都是相互配合的。要想写出一篇好的应用文,除了能熟练地使用不同表达方式外,还要善于将各种表达方式结合起来综合应用。

第五章

行政公文

本章主要介绍国家法定的15种行政公文的写作,重点要求学生在熟练掌握每种文种含义、特点、性质及作用的基础上,能自主阅读、评鉴、修改一篇公文,并能独立写出基本符合要求的公文;难点在于写作时文种的正确选用。

第一节 行政公文概述

情境导入

> 李明大学毕业后就职于一家大型企业,经过几年的奋斗,工作出色,得到了大家的一致认可。今天他胸有成竹地走进了省公务员面试现场,主考官宣布,面试采用"公文筐测验"进行。该方法要求应试者在规定的时间内对各种与特定领导工作有关的文件进行分类处理。李明抽到的试题是这样的:
> 1.某省高校工委将胡锦涛同志在纪念中国共产主义青年团成立90周年大会上的重要讲话精神传达给省各高校,要求各高校结合实际,认真领会精神,抓好贯彻落实。
> 2.某某县人民政府因树苗不足出现经费困难,向上级请求增拨经费。
> 3.上级主管部门根据县人民政府请求的内容做出相应的答复。
> 假如你是李明,你怎样顺利完成这次"公文筐测验"?

一、行政公文的概念

行政公文的含义是行政机关在行政管理过程中形成的具有法定效力和规范体式的文书,是依法行政和进行公务活动的重要工具。

国家曾先后六次颁布实施《国家行政机关公文处理办法》:

1951年　中央人民政府政务院办公厅
1981年　国务院办公厅
1987年　国务院办公厅

1993年　国务院办公厅
2000年　国务院
2012年　中共中央办公厅、国务院办公厅联合印发《党政机关公文处理工作条例》

二、行政公文的特点

（一）鲜明的政治性

行政公文是一定国家的行政管理机构表达意志的工具，总是直接或间接地反映出一定国家行政机关鲜明的政治意向、政治立场和政治原则，因此它必然带有鲜明的政治色彩。

（二）特定的法定效力

行政公文一经发出，受文机关及有关人员就要根据行政公文的要求做出相应的反应，下级机关对上级机关下达的行政公文，应按要求贯彻执行，予以办理，如若无视行政公文的权威，对于已下达的公文置之不理，就意味着失职或渎职，情况严重的还会受到应有的查处。

（三）严格的规范性

（1）文种文体规范。行政管理过程中为某件事而行文，文种的选择是唯一的，国家规定的15种行政公文不能错用。

（2）格式规范。公文的组成要素、表示位置、字体、字号、印刷、纸张要求等方面的规格和式样都有统一标准和要求，任何单位和个人不得以任何理由更改。

（四）明显的时效性

公文的时间性和实际效用明显，任何公文都是在一定时间内发挥作用的，它所处理的事务不论大小，都有特定的时间要求，延误了时间就会影响和延误工作。

三、行政公文的分类

《党政机关公文处理工作条例》规定行政公文分为15种。分别是决议、决定、命令（令）、公报、公告、通告、通知、通报、议案、报告、请示、批复、意见、函、纪要。

（一）按行文方向分

按行文方向分为上行文：报告、请示、意见；下行文：命令（令）、决定、公告、通告、通知、通报、批复、意见；平行文：函、意见；泛行文：公告、通告。

（二）按紧急程度分

紧急程度是对行政公文送达和处理时限的要求，凡有紧急要求的公文，应标明紧急程度。分特急、急件两种。

（三）按机密程度分

按机密程度分为秘密、机密、绝密三级，绝密密级最高，是最重要的国家秘密；机密次之,为重要的国家秘密;秘密再次之,为一般国家秘密。

四、行政公文的作用

(一)领导和约束作用

上级机关下发给下级机关的公文都有领导和约束作用,传达贯彻国家的方针政策、决定等,颁布一些法律、法令、行政法规等。

(二)交流和沟通作用

行政公文是各级机关之间进行联系的桥梁和纽带,通过行政公文的运行,下级的工作情况、要求等可以及时反映给上级,上级的方针政策可以及时传达给下级,不相隶属单位之间可以交流经验、协调工作。

(三)依据和凭证作用

行政公文是机关公务活动的书面依据和历史凭证。

五、行政公文的格式要求

行政公文的格式是行政公文外在的表现形式,是行政公文外形规范化、标准化的体现,它在公文写作中具有重要地位。《国家行政机关公文格式》将公文各要素划分为:版头、主体、版记三部分。如图 5-1 所示。

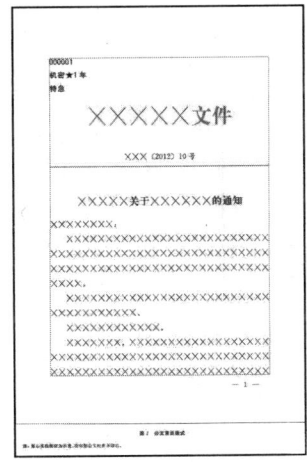 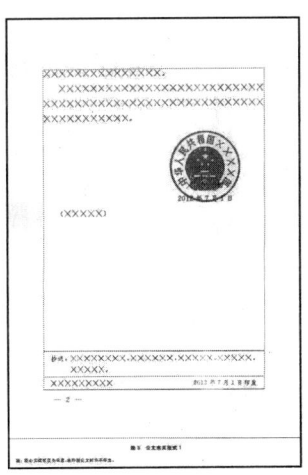

图 5-1 行政公文格式

(一)版头

1. 公文份数序号

将同一文稿印制若干份时,每份公文的顺序编号、公文序号可以有也可以没有,一般来讲,秘密公文必须标明,普通公文可以不标。

标识方法:公文份数序号一般用 6 位 3 号阿拉伯数字顶格标识在公文首页版心左上角第一行。

2. 秘密等级和保密期限

秘密等级是标识公文保密程度的一种标志,涉及国家秘密的公文应当按照国家秘密及其秘密范围的规定标注:绝密、机密、秘密。

保密期限是对公文秘密时效加以规定的说明。涉及国家秘密的公文,如有具体的保密期限一定要明确注明,否则按照国家规定的保密期限的默认时间:绝密级 30 年,机密级 20 年,秘密级 10 年认定,过期才可解密。

标识方法:秘密等级和保密期限二者同时标识时,中间用★隔开,"★"前标密级,"★"后标保密期限,保密期限中的数字用阿拉伯数字标注。若既标密级又标保密期限,则密级"×密"和保密期限"×年"两字之间不空字;若只标密级不标保密期限,则密级"×密"两字之间空一字。位置:用 3 号黑体字标注在版心左上角第二行居左顶格。

知识链接

绝密是最重要的国家秘密,泄露会使国家的安全和利益遭受特别严重的损害。机密是重要的国家秘密,泄露会使国家的安全和利益遭受严重的损害。秘密是一般的国家秘密,泄露会使国家的安全和利益遭受损害。

3. 紧急程度

根据紧急程度,紧急公文应当标明"特急""急件",紧急电报应当标明"特提""特急""加急""平急"。

标识方法:用 3 号黑体字顶格标识在版心左上角;如需同时标注份号、密级和保密期限、紧急程度,按照份号、密级和保密期限、紧急程度的顺序自上而下分行排列。

4. 发文机关标识

由发文机关全称或规范化简称后面加"文件"组成;对一些特定的公文可只标识发文机关全称或规范化简称。

标识方法:发文机关标识推荐使用小标宋体字,用红色标识。字号由发文机关以醒目美观为原则酌定,联合行文时应使主办机关名称在前,"文件"二字置于发文机关名称右侧,上下居中排布;如联合行文机关过多,为保证公文首页必须显示正文,可以只写主办机关的名称,其他机关名称标注在版记处按照抄送处理。

5. 发文字号

发文字号由发文机关代字、年份和序号组成。发文机关代字是发文机关一贯使用的简化代称,例:鲁国税发〔2017〕1 号,鲁国税就是山东省国家税务局的简化代称,鲁发——山东省委发文、鲁办发——山东省委办公厅发文、鲁政发——山东省人民政府发文、鲁委——中共山东省委员会发文。

年份:放于六角括号"〔　〕"内,置于发文代字之后,一律用阿拉伯数字标识,年份要写全称,不能省略。

序号:是发文机关本年份内所发同一形式的公文的流水号,鲁国税发〔2017〕1 号就是山东省国家税务局 2017 年发出的文件形式的第 1 份公文,序号不编虚位,即"1 号"不编为"001 号",序号前不加"第"字。

标识方法:在发文机关标识下空2行,用3号仿宋体字,居中排布。

6. 签发人

只有上行文才有签发人,以示对上报的文件郑重负责。平行排列于发文字号右侧。

标识方法:发文字号居左空1字,签发人姓名居右空1字;签发人用3号仿宋体字,签发人后标全角冒号,冒号后用3号楷体字标识签发人姓名。

7. 间隔线

发文字号之下4 mm处居中印一条与版心同宽的红色分隔线,把文头与正文隔开。

(二)主体

置于公文首页红色间隔线之下,一般由公文标题、主送机关、正文、附件、成文日期和生效标识、附注等部分组成。

1. 标题

标题一般包括发文机关+事由+公文种类三部分。例如《中共山东省委高校工委关于举办2016年全省高校大学生论语大会的通知》《国务院办公厅关于开展整顿和规范市场经济秩序督查工作的通知》。

标识方法:红色间隔线下空2行,用2号小标宋体字,可分一行或多行居中排布;回行时,要做到词意完整,排列对称,长短适宜,间距恰当,一般使用梯形或菱形。

2. 主送机关

主送机关是指公文的主要受理机关。又称"抬头""受文机关"或"上款",编排在标题下空一行位置,居左顶格,回行时仍需顶格写。

(1)普发性下行文,主送机关较多,一般使用泛称,如"校各直属单位"。

(2)上行文主送机关一般是一个,请示、批复的主送机关只能一个。

(3)一些行文方向不定,没有特指主送机关的公布性公文,如公告、通告及部分通知,则不写主送机关。

(4)若主送机关不止一个,同类型、相并列的机关之间用顿号间隔,不同类型、非列关系的机关之间用逗号间隔,最后用冒号。例如:

人事部关于开展国家公务员普通话培训的通知

各省、自治区、直辖市人事(人事劳动)厅(局),教委(教育厅),语委(语言文字工作机构),国务院各部委、各直属机构人事(干部)部门,新疆生产建设兵团人事局:

3. 正文

正文表述公文的具体内容,是公文的核心部分。正文内容一般包括开头(又称缘由或引据)、事项、结尾三部分。

开头:发文的起因,发文的依据、目的等。主要目的是强调发文的必要性和针对性,以引起下文。

事项:根据所办理公务的具体情况和行文的目的来确定内容和写法,如向下级布置工作,就要具体阐明工作的任务、要求,以及开展工作的原则、方法;如向上级汇报和反映情况,就要扼要叙述事实的经过;如向上级有所请示,就要陈述充分的理由;如向不相隶属的机关商洽工作,就要根据事实和有关政策,具体提出本单位的意见和看法。不管写什么,内容上都要情况属实、观点明确、重点突出;表达上要直述不曲,表述准确、语言简洁、字词规范;结构上条理清楚。

知识链接

正文写作中应特别注意以下几点:

① 人名、地名、数字、引文要准确。② 引用公文要先引标题,后引发文字号;③ 日期应当写明具体的年月日;④ 使用非规范化的简称应当先用全称并注明简称;⑤ 应当使用国家法定的计量单位;⑥ 公文中的数字,除成文日期、部分结构层次序数和词、词组、惯用语、缩略语等必须使用汉字外,均应当使用阿拉伯数字;⑦ 结构层次序数:第一层"一、",第二层"(一)",第三层"1.",第四层"(1)"。

结尾:公文未必都有结尾,若有,一定要做到意尽言止,简洁利落。

4. 附件

除去公文正件的其他公文或材料,可分为两类:一是与公文正件具有同等效力的附件,作用在于进一步补充和完善正件的内容。二是为正件执行提供参考依据的内容。

标识方法:正文下方空1行左空两字的位置,标明"附件"二字,并在后加全角冒号,写明附件的具体名称,附件名称之后不加任何标点。如附件不止一个,要分行并以阿拉伯数字在附件名称之前标明序号。

装订:同时装订在公文正文之后,并在每个附件的首页左上角第1行顶格标上"附件"二字及附件的序号。

5. 成文日期和生效标识

成文日期用阿拉伯数字标注在正文之下空几行的偏右处,具体位置根据印章的情况确定。

行政公文的成文日期以机关负责人签发的日期为准,一般没有特别注明,成文日期即为生效日期。

公文生效标识是公文效力的表现形式,包括发文机关印章和签署人姓名。单一机关制发的公文落款处不签发文机关名称,只标识成文日期,加盖印章应上距正文1行之内,端正,居中下压成文日期,印章用红色。

当联合行文需加盖两个印章时,应将成文日期拉长,主办单位印章在前,均压成文日期,两印章不相交或相切。

6. 附注

附注一般是对公文的发放范围、使用时需注意的事项加以说明,例如:此件发至县团级,此件可见报等。标识于圆括号之内,于成文日期下1行左空2字的位置。

(三)版记

版记主要是对文件印发情况加以说明,包括抄送机关、印发机关、印发时间。

1. 抄送机关

抄送机关是指需要知道公文内容但不负责答复、处理和执行的机关。

红色间隔线下居左空1行处标识"抄送"二字,后用冒号,机关名称之间用逗号间隔,最后一个抄送机关后用句号。

2. 印发机关和印发日期

印发机关和印发日期标识于抄送机关之下1行,左空1字先写印发机关再写印发日期。

中共山东省委党务公开工作领导小组办公室文件

鲁党公开办〔2012〕2号

———————————— ————————————

关于开展党务公开工作检查考核的通知

各市党委党务公开工作领导小组办公室,省委省直机关工委、省委高校工委、省国资委党委党务公开工作领导小组办公室:

为贯彻落实中央和省委关于党务公开工作的总体部署,确保党务公开各项工作任务的圆满完成,按照《2012年全省党务公开工作要点》(鲁党公开办〔2012〕1号)要求,省委党务公开工作领导小组办公室将于年底前对全省党务公开工作开展情况进行检查考核。现将有关事项通知如下:

(略)

附件:山东省党务公开工作考核评分标准

省委党务公开工作领导小组办公室

2012年9月3日

一、填空题

1. 一份格式完整的公文由_____、_____、_____三部分组成。

2. 以行文关系和行文方向为准,公文可分为_____、_____、_____和泛行文四类。

3. 公文附件的标注位置为_____。

4. 发文字号是由_____、_____、_____组成。

5. 完整的公文标题由_____、_____、_____三要素组成。

二、选择题

1. 公文的主要语言特征为( )。

A. 庄重、严谨　　　B. 华丽、流畅　　　C. 威严、有力　　　D. 古朴、典雅

2. 为加快文件的传递,可采用( )。

A. 逐级行文　　　B. 多级行文　　　C. 越级行文　　　D. 直接行文

3. 公文的作者以什么名义才可以制发公文?( )

A. 法人代表的名义　　　　　　　　B. 国家公民的名义

C. 机关的名义或其代表人的名义　　D. 其他社会组织与个体结合的名义

三、判断题(正确的在后面括号内打"√",错误的打"×")

1. 签发人的标识用于下行文。(　　)

2. 发文字号属于公文主题部分的内容。(　　)

3. 请示和汇报都属于现行国家行政机关公文的文种。(　　)

4. 公告、通告等公布性公文可不注明主送机关。(　　)

5. 请示标题只可用请示二字。(　　)

四、指出下面公文格式方面的错误

××市人民政府文件
×府发〔2014〕第11号

关于表彰市××厂实现"安全生产年"的通报

市属各企业:

　　为确保企业生产和人民生命财产安全,我市××厂从各方面采取有力措施,花大力气抓各项安全生产制度的贯彻落实,并建立了安全生产各级岗位责任制,2003年实现全年无重大生产和伤亡事故,成为我市标兵企业。为此,市政府决定给予市××厂通报表扬,以资鼓励。

　　市政府号召全市各企业学习市××厂的先进经验,结合企业实际,建立和健全安全生产岗位责任制,抓好安全生产,争创标兵企业,为把我市安全生产提高到一个新水平而努力。

　　特此通报。

××市政府(印章)
2014年元月

第二节 通知

情境导入

> 宏远印刷厂总公司召开专题会议,讨论印刷品调价事宜。会议认为,随着经济发展,物价普遍上涨,印刷所需纸张和物流成本上涨。为确保给广大客户提供高质量稳定产品,年后将对印刷品价格做如下调整:
>
> 胶印书刊纸上调500元/吨;胶版印刷纸上调500元/吨;轻型胶版纸上调500元/吨;高白胶版纸上调500元/吨;其他纸种上调350元/吨。
>
> 假设你是宏远印刷厂秘书,你怎样把这一事项告知你的客户?

一、通知的概念和使用范围

通知适用于批转下级机关的公文,转发上级机关和不相隶属机关的公文,传达要求下级机关办理和需要有关单位周知或者执行的事项,任免人员。

通知是现代公文中应用最广、使用频率最高的文种,在实际应用文中,通知用途广泛,功能多样,格式灵活,被誉为公文中的"老黄牛"。

二、通知的特征

1. 使用范围的广泛性

通知不受发文单位级别、性质的限制,无论国家大事或单位内部的具体事务,都可以通知的形式发布。

2. 行文方向与功用的双重性

通知既可作下行文,也可作平行文。作下行文时,对受文对象一般会提出需要知晓、执行或办理的事项;作平行文时,内容不带指挥、指导性,只能表述告知性或周知性的内容。

3. 明显的时效性

通知事项一般要求立即办理、执行或知晓,不容拖延。有的通知如会议通知等,只在特定的一段时间内有效。

三、通知的种类

1. 处理文件的通知

上级机关转发下级的文件,用批转性通知。

下级机关转发上级、同级或不相隶属机关之间的文件,用转发性通知。

发布行政法规、规章、办法的通知属于发布性通知。

2. 布置性通知(工作通知)

上级机关就某些事项、某项工作,提出具体原则、要求、安排,以让受文单位贯彻执行的通知。

3. 知照性通知

告知有关单位或个人某些事项的通知。比如:设立或撤销机构、迁移办公地点、启用或更换印章、调整办公时间等事项。

4. 会议通知

告知有关单位或人员参加会议的通知。

5. 任免通知

告知有关单位或个人人事任免的通知。

四、通知的写法

(一)标题

因通知的类型不同,标题写法也不完全相同。一般由发文机关+事由+文种三部分组成,如《商务部关于召开"WTO多哈议程法律问题国际研讨会"的通知》,也可以省略发文机关,即由"事由+文种"构成,如《关于召开新闻发布会的通知》。

知识链接

处理文件的通知标题相对特殊,基本组成为发文机关+发布(批转或转发)+被发布(转发或批转)的文件标题+文种。重要的公文应加上书名号。也可省略发文机关。

注意:若被发布、批转、转发的公文标题中已有多个"关于"和"的通知",或者被发布、批转、转发的公文标题已较长,再拟通知标题时,应简写之。

简写方法:保留末次发布(批转或转发)文件机关和始发文件机关,只保留一个"关于"和一个"的通知"字样。

(二)主送机关

主送机关即受文对象,根据实际情况,可以是一个或几个甚至所有的有关单位。

普发性通知可省去主送单位。

(三)正文

不同类型的通知,其正文写法有所不同。

(1)处理文件性通知。

正文分两个部分:第一部分是批语;第二部分是批转、转发或印发的规章或文件。

批语内容比较简单:说明批转、转发或印发的文件名称和有关要求。

基本格式:现将……印发(或批转、转发)给你们,请……。

比较复杂的文件,则在结尾处或者对如何实施作具体说明或者阐述意义等。

(2)布置性通知(工作通知)。正文内容分为三部分:

第一部分为引言,说明缘由。

第二部分为主体,即通知的具体内容。如果内容比较复杂,则分条列项陈述。重要内容详细写,放在前面;次要内容,应尽量简化,放在后面。

第三部分为结尾。提出贯彻执行的要求,如"请认真贯彻执行"等。也有的通知不写结尾。

总的说来,工作通知的目的在于布置工作任务,要求下级遵照执行,工作通知写明"办什么事""为什么办这些事""怎样办这些事"即可。

（3）知照性通知。

此类通知的行文目的是让受文对象了解有关事项,正文把事项叙述清楚即可。

（4）会议通知。

正文涉及的内容一般包括会议名称、会议原因与目的、会议议题、会议时间与地点、报到时间与地点、与会人员、与会者需准备的材料、差旅费报销办法、联系单位、联系人与联系方式等,有的通知还附上会议日程安排和与会的有关证件。会议通知通常采用分条列项式写法。

（5）任免通知。

写法比较简单,在写完任免决定的依据后,写上任免人员的姓名及职务。

（四）落款

正文右下角写明发文机关及成文日期,如果在标题中已标明发文机关的,落款时也可以省略。

五、通知的写作要求

1. 要有针对性

通知适用范围很广,但不能随意使用,必须要针对实际情况。

2. 要具体明确

通知事项要写得一清二楚,才能使受文机关及时办理。

3. 要考虑时效性

通知行文一定要迅速及时,以便下级抓紧办理。必要时可用"紧急通知"或"重要通知"。

例文 1

国务院关于批转国家税务总局《关于加强个体私营经济税收征管强化查账征收工作意见》的通知

各省、自治区、直辖市人民政府,国务院各部委、各直属机构:

国务院同意国家税务总局《关于加强个体私营经济税收征管强化查账征收工作的意

见》,现转发给你们,请遵照执行。

附件:关于加强个体私营经济税收征管强化查账征收工作的意见(略)

国务院
××××年×月×日

 这是一篇批转下级机关文件的通知,仅一句话,由批转的文件名称和批示语组成,批示语简洁明确,但具有行政约束力。

例文2

关于转发《关于举办第八届山东省大学生科技节的通知》的通知

各系:

现将《关于举办第八届山东省大学生科技节的通知》(鲁科协发〔2016〕10号)转发给你们,请根据文件要求,积极组织学生参赛。

附件:关于举办第八届山东省大学生科技节的通知

教务处
2016年4月6日

 这是一篇转发文件的通知,仅一句话,由转发的文件名称和有关要求组成,要求简洁明确,但具严肃和执行性。

例文3

关于2016年清明节放假教学运行安排的通知

各系部:

根据学院党政办公室《关于2016年清明节放假安排的通知》精神,我院清明节放假期间教学运行安排如下:

一、2016年4月2日—4日放假,共3天。其中,4月2日(星期六)、4月3日(星期日)为公休日,4月4日(星期一、清明节)为法定假日;原安排在4月4日(星期一)的各类课程停课不补,请任课教师自行整合调整进度,若确需要补课的教师请与课程开设系部联系教室借用事宜。

二、放假期间教学楼第一、二层教室供学生自习,教学楼网络机房照常刷卡开放。

教务处
2016年3月30日

提示 这是一篇知照性通知,第一段直述发文依据,语言简明扼要,第二段、第三段交代通知的具体事项。文章格式规范,语言简洁,内容明确。

关于召开全省军队转业干部安置工作会议的通知

各市市委、市人民政府,省委各部委,省各委办厅局,省各直属单位,部属各有关单位:

为传达全国军队转业干部安置工作会议精神,部署2017年我省军队转业干部安置工作,省委、省政府决定,于6月18日在××召开全省军队转业干部安置工作会议。现将有关事项通知如下:

一、出席会议人员

各市分管军队转业干部安置工作的副书记或副市长1名,市委组织部、人事局、劳动局负责同志和市委组织部综合干部科(处)长、军转办主任各1名。

省委各部委,省各委办厅局,省各直属单位及部属各有关单位负责同志和人事(干部)处长各1名。

军队出席会议人员的通知由省军转办另发。

二、会议时间、地点

会议定于6月18日在××召开,会期1天。各市出席会议人员于6月17日下午到××宾馆报到;省级机关各部门、单位和部属各有关单位出席会议人员6月18日上午8:15直接到××宾馆开会。各市限带车2辆。

三、其他事项

各市、省级机关各部门、单位和部属各有关单位请于6月17日上午11:00前将出席会议人员名单报省军转办。

中共××省委办公厅
××省人民政府办公厅
2017年6月15日

提示 这是一篇会议通知,正文开头写会议目的和会议名称。文种承启语后,写了会议的议题、时间、地点、与会人员及有关注意事项。文章层次分明,语言简洁清晰。

关于马××等同志职务任免的通知

各处级单位:

经党委研究决定:

马××同志任学生处处长;

刘××同志任财务处处长；
王××同志任审计室主任。
免去：
王××同志审计室工程审计科科长职务。

泉城职业学院党委
2017年3月26日

提 示 任免通知的正文，第一部分一般说明任免的依据，多用"经××研究决定"，一类用语领起第二部分，即任免事项。每个事项单独为一个段落，以达到醒目的效果。

思考与练习

一、填空题

1. 在公文的所有文种中，使用范围最广、使用频率最高的一个文种是_____。
2. 在颁转性通知中通常包括_____、_____、_____三类。

二、判断题（正确的在后面括号内打"√"，错误的打"×"）

1. 发文机关向社会各有关方面公布应当周知和遵守的事项时应使用通知。（   ）
2. 转发文件是把现有的文件转给同级机关及不相隶属机关了解与执行。（   ）
3. ×市人民政府批转市教委的报告应用通知。（   ）

三、病文改错题

关于加强自检，坚决刹住企业吃喝风的通知

各厂矿、工厂：

总公司财经纪律检查组本次年底大检查，发现各单位年底宴请频繁，名目繁多的请客送礼，导致很大浪费，广大工人同志对企业干部这种腐败现象极为不满，广大党员对此极为不满。各单位要为了加强廉政假设，维护企业利益，所以总公司办公会议研究决定，各单位必须成立纪检小组。通过加强自检，并在一个月内，将自检报告上报给公司。

特此通知

××市工业总公司
二〇一六年×月×日

四、根据下列材料，写一份会议通知

山东省行政管理研究会决定于2018年11月8日至12日在济南市召开一年一度的年会，于10月15日发出会议通知。会议的内容：研究和探讨当前行政管理学的学术问题和热点问题。全省行政管理研究会的会员均可参加。11月7日报到。报到和开会地点：舜天大酒店。

要求与会者于会前半个月交来相关学术论文一篇。会务费自理。

第三节 通报

情境导入

今年1月上旬以来,金城药业总店每天派出两名职工推着流动售货车,佩戴某某市工商行政管理局最近发给该店的零售营业执照,在市郊人口稠密处销售阿胶、虫草等高档滋补药物,他们公然违反省卫生厅、省财政厅去年12月30日转发的中华人民共和国卫计委《关于滋补、营养、饮料等保健类药物不准工费报销的通知》的规定,弄虚作假,给购买者均开具发票,上面写的却是普通中草药或西药。市工商行政管理局发现这一情况后暂时吊销了他们的营业执照,金城药业总店也责成他们做出了检讨。

如果你是某市工商行政管理局的一名秘书,领导就此事要求你面向全市人民写一篇通报,你该如何起草?

一、通报的概念

通报是指上级机关向下级机关表彰先进,批评错误,传达重要精神和告知重要情况的一种公文。通报属于下行文。

知识链接

表扬一般性的好人好事、批评一般性的错误常常发内部简报;典型的先进事迹、严重的错误则用通报;告知下级机关某信息或执行某事项一般用通知,但较大范围传达重要精神或情况则发通报。

二、通报的特点

1. 典型性

予以通报的人、事或信息,都必须具备典型性,即代表性、倾向性、重要性,非一般性的事迹或错误。只有通报典型的人物、事件、信息,才富有经验(或教训)价值,才能发挥教育、启示、引导作用。

2. 教育、引导性

表彰通报是通过表彰先进典型,让先进思想发扬光大,鼓舞人们学先进、找差距;批评通报是一方面让当事人认识错误、改正错误,另一方面让人们吸取教训、引以为戒;情况通报通过传达交流重要精神或情况引起人们的注意。三者的目的都是让人们从中受到教育。

3. 政策性

制发表彰性、批评性通报,必须符合党和政府现行的有关政策,对具体人物和事件的评价、定性及处理,要准确把握尺度,表彰不可拔高,批评不能苛酷。

三、通报的种类

1. 表彰性通报

用于在一定范围内表彰先进人物、先进集体及其先进事迹,以此激励、调动人员积极性和推广先进经验。

2. 批评性通报

批评性通报可分为两种:批评错误通报和处理事故通报。前者用于在一定范围内批评、惩处犯错误的人、单位或批评不良倾向,如《中国人民银行关于10家金融机构违反"约法三章"处理情况的通报》《关于我省一些地方和部门滥行着装问题的通报》;后者用于处理重大事故。

3. 情况通报

这类通报是用来传达重要精神或者重要情况的。可细分为两种:侧重传达精神的指导性情况通报,如《国务院关于克服官僚主义进一步转变工作作风提高办事效率有关问题的通报》;侧重知照情况的介绍性情况通报。指导性情况通报要针对所通报的情况进行分析并提出意见和要求。

四、通报的结构和写法

(一)标题

(1)完整式:发文机关+事由+文种,如《国务院关于表彰国家科委等单位长年深入基层开展扶贫工作的通报》

(2)省略式:事由+文种,如《关于2015年上半年公文处理情况的通报》《违纪购房情况通报》。

处理事故的批评性通报的标题,可在文种名称前加"处理"二字,如《关于化学系实验室漏水事故的处理通报》。

情况通报的标题可在文种名称前缀以"情况"一词,如《关于近期纪检工作的情况通报》。

(二)主送机关

通报一般应标明主送机关。普发性通报和组织内部知照的通报可以不标明主送机关,而在正文或印发范围内加以说明。

(三)正文

(1)表彰性通报和批评性通报的正文一般分为四个层次。

第一层次:通报缘由,陈述通报对象的基本情况和基本事实。应写清楚事实的六要素(时间、地点、人物、事件、原因、结果),使读者知悉该情况、事实。

① 表彰性通报:一般写明先进单位或先进个人的主要事迹、主要过程或主要做法,概括出值得人们学习的主要事实。

② 批评性通报：要写清错误行为、不良现象或事故发生的时间、地点、涉及的单位和人员、经过、结果和影响等。

第二层次：分析评价（说理部分），对通报对象进行评价、定性。

① 表彰性通报：主要分析先进典型所体现出来的高尚品质、可贵精神和教育意义。对先进事实的意义、表率作用进行分析评价。

② 批评性通报：主要分析问题产生的原因，揭示出错误行为或现象的实质及其危害，概括出教训所在。

第三层次：决定事项，说明处理结果或提出处理意见。

① 表彰性通报一般说明给予有关人员或单位什么具体的表彰、奖励或授予什么荣誉称号等，往往只需极为简洁地一语点明，如《国务院办公厅关于表彰奖励中国女子足球队的通报》只用了一句话："为此，国务院决定对中国女子足球队给予表彰并予奖励。"

② 批评性通报则说明给予什么处分或处罚，可分条列项地表述作出的决定和处理意见。

第四层次：提出希望与要求。

① 表彰性通报通常在此对表彰对象作出勉励、表明期望，更对有关方面和群众提出希望和号召。

② 批评性通报则对批评对象提出改正错误的具体要求，并要求有关方面和群众引以为戒。

（2）传达性通报包括三个层次。

第一层次：写清楚情况的概貌、工作的成绩、问题或者事情的过程等。

第二层次：指出通报情况的本质或特征，阐明其中所蕴含的意义。

第三层次：主要针对通报的情况，对下一阶段如何开展工作提出具体要求。

五、通报写作的注意事项

1. 事实准确、完整

有关事实的六要素、有关事件的全过程、有关单位和人物的基本情况，都要写得准确、完整。应平实地概述，不宜详述或描写，更不能夸张、渲染。

2. 议论精当、简明

表彰、批评性通报要对通报对象作评价、定性，情况通报要对通报的情况作估计、判断，因而必须运用议论方法进行分析、归纳。但是不宜像议论文那样写出严谨完整的推论过程，可省去细致的论证，由确凿的论据（有关事实或情况）直达合理论点（定性结论和执行要求）。

3. 措施恰当、具体

对表彰、批评对象作出的决定、处理要具体，对有关精神和情况提出的看法和要求要恰当。

关于对×××无视厂规厂纪情况的通报

全体职工:

　　公司品质管理部×××在近半年来的考勤中多次出现迟到现象,经总经办劝诚屡教不改,该员工的行为在公司管理层与基层员工中造成严重的负面影响。根据《员工奖惩制度》,该员工触犯第5.8.4条:违反考勤制度,屡教不改者,给予记大过处分。经公司研究决定给予通报批评并经济处罚300元。

　　各管理处/服务中心及职能部门员工应引以为戒,端正工作态度,严格遵守公司的管理规定。

　　特此通报。

×××××公司
××××年×月×日

提 示 　这是一篇批评性通报,正文开篇写当事人的错误事实,接着对当事人的错误进行了分析评价,同时提出了处理意见。最后对其他单位和部门提出了希望要求。

关于王一平同志先进事迹的通报

各分公司、中心、部:

　　近来,我公司销售部王一平同志因见义勇为身负重伤,这一事件引起全社会普遍关注。为了弘扬正风正气,在全公司范围内开展社会主义文明教育,特通报如下:

　　××××年12月19日,我公司销售部王一平同志在从白云路客户家中返回公司的路上,遇到歹徒对一女事主行抢。王一平奋勇上前,准备夺回女事主的皮包,但另一歹徒横窜出来,使毫无思想准备的王一平遭受双面夹击。在危急情况下,王一平并不退缩,他死死抱住手持皮包歹徒的腰部,呼喊抓歹徒,但是围观者无人救助,王一平在拼死搏斗中,身中13刀,终因昏迷,使歹徒逃窜。所幸的是,身染王一平鲜血的歹徒在逃窜中,被巡逻民警抓获。王一平为保卫群众安全贡献了自己的力量,现仍在医院救治之中。

　　王一平,男,22岁,初中文化程度,于××××年进入我公司。王一平在公司先做后勤工作,因热爱学习,表现突出,经我公司培训后调入销售部。作为一名普通的打工者,王一平始终兢兢业业,任劳任怨,热爱工作,热爱公司。王一平的先进事迹说明,他的见义勇为行动,不是突发奇想,不是偶然冲动,是与他的良好素质与品格密不可分的。

　　公司决定,通报表彰王一平同志的先进事迹,除全额担负医疗费用外,奖励王一同志一万元人民币。

公司号召全体员工学习王一平同志临危不惧的大无畏精神,学习他关键时刻挺身而出的献身精神,学习他强烈的社会责任感。公司要求全体员工在学习王一平同志先进事迹的过程中,把学习活动与本职工作相结合,振奋精神,为公司的发展做出新贡献。

××公司

××××年×月×日

提 示 ▶ 这是一份表彰性通报,内容具体,按照背景意义、事项、分析、决定、要求的顺序,层次分明,语言明晰。

中国人民银行××分行
关于××××年元旦节日期间我区人行系统安全保卫工作情况的通报

人民银行各县、市支行:

由于各级行领导的高度重视和机关各部门的大力支持,在元旦期间,安全保卫工作做到了全区库款、机关院内、职工人身三安全。根据部分县市支行汇报和三级分行的抽查,现将情况通报如下:

一、党组织重视。节前,专门组织全行人员认真学习省分行关于节日期间加强安全保卫工作的电报通知精神,就节日期间的安全保卫工作做了详细安排,行长以身作则。

二、健全各项规章制度,并检查、督促、落实。

三、进一步重申了枪支弹药专人保管、专人放置。

四、今年元旦大部分县行做到了节前有安排,节日期间有检查,节日后有书面汇报,做得比较好的有××市、××市、××县、××县、××县、××县。

中国人民银行××分行

××××年×月×日

提 示 ▶ 这是一份情况通报,通报元旦节日期间人行系统安全保卫工作情况。正文开头概述叙述情况,然后分条列项地具体叙述情况并分析情况。

一、填空题

1. 通报具有_____、_____和_____三个特点。

2. 通报表彰的先进事迹一般比较_____。

二、判断题（正确的在后面括号内打"√"，错误的打"×"）

1. 通知的作用重在指挥、指导，而通报的作用重在教育和启示。（   ）
2. 通报和通知一样，一般都属于下行文，但通报有时也可用于上行文和平行文。（   ）
3. 适用于表彰先进、批评错误，传达重要精神或情况的公文文种称为通报。（   ）
4. 通报的发文机关是没有级别限制的。（   ）
5. ××总公司用通报行文拟宣传奋不顾身抢救落水儿童的青年工人的事迹。（   ）

三、病文改错题

通　报

××单位：

　　最近在财务大检查过程中，我们发现有一些单位，特别是集体建筑企业中，用白条报账的现象极为严重，其中大都是经各单位领导同志签字批准的，这些白条少则几元，多则几百元，甚至上千元。应当指出，这种做法不符合会计手续，是一种严重违反财经纪律的现象，应当杜绝。

　　特此通知。

××市财经纪律检查组
××××年××月××日

四、根据下面材料（可以适当补充）拟写一份批评通报

（1）昨天中午，东方乐园前开来了一辆编号为××的空调大客车。乘客上车后，乘务员宣布每位票款2元。乘客说："平常只收1元，为何……？"乘务员说："不坐可以下车！"于是十几位乘客下了车。其他乘客见天阴快要下雨，只好忍气吞声买了票。奇怪的是，乘务员一律只收款不给车票。车到市内，一些乘客没要车票，便接连下车走了，有些乘客则非要车票不可，乘务员才每人给了一张1元的车票。票上印着"××市××客车有限公司机动车票"字样。

（2）××市××客车有限公司今天作出决定：对敲竹杠的司机、乘务员罚款200元，停职检查1周，并在全公司通报批评。

第四节　报告

情境导入

　　这是××省石油公司工作人员拟写的一篇报告。被领导挑出了几处毛病。但是他觉得自己写得很完美，怎么也看不出有什么错误之处。请看下文：

××省石油公司××供应站
关于解决油库长期遗留的山地及树木的归属问题的报告

> 省石油公司：
> 　　我站于××××年五月新建油罐两个，扩建了油库，占用当地东方村部分山坡地及该地树木。扩建后几年来，库界未定，东方村多次提出，要求补偿被占用的山地及树木，但几经协商，均未有结果，以致发生纠纷，库区围墙被推倒十多米。最近，双方本着对国家财产和群众利益负责的精神进行协商，彼此谅解，终于达成协议，由我站给予东方村山坡地及树木一次性补偿费×万元，并经双方划定界线，新建围墙为界，界内土地及树木永久归我站所有。我站应付的补偿费×万元拟在"保管费"中列支。现随文上报所订协议及库区界图，请核备。
>
> 　　附件：1.《××山地及树木归属协议》
> 　　　　　2.《××石油站界区图示》
>
> ××省石油公司××供应站(章)
××××年七月二十一日

一、报告的含义

报告适用于向上级机关汇报工作，反映情况；答复上级机关的询问。

报告是重要的上行文。

报告的作用是帮助上级机关及时了解情况，掌握下情，为领导决策提供依据，利于接受上级的监督和指导。

二、报告的特点

（一）反映实践性

汇报的工作是对本单位工作的回顾或总结。反映的情况是本单位在工作实践中所碰到的情况或问题。答复上级机关的询问，也只能依据本单位的实践情况。

（二）概括陈述性

表达方式以叙述和说明为主，叙述和说明却必须是概括性的，只要求作粗线条的勾勒，不能详述事件或工作的过程，更不要求铺排大量的细节。议论多限于夹叙夹议。

三、报告的类型

（一）工作报告

工作报告即向上级机关汇报工作的报告。

多数工作报告不向上级提出工作建议，只汇报某一阶段工作的进展、成绩、经验、存在的问题及打算，汇报上级机关交办事项的结果，汇报对某一指示传达贯彻的情况，向上级机关报送物件或材料等。

（二）建议报告

工作报告也可以提出工作建议。提工作建议的报告可分为两类。

（1）呈报类建议报告：提出工作建议，只要求上级机关认可。

（2）呈转类建议报告：提出工作建议，要求上级机关批准转发（批转）给下级机关执行。

（三）情况报告

汇报出现的新情况、新问题，特别是突发事件、特殊情况、意外事故及处理情况。

（四）答复报告

答复上级机关询问问题的报告。

四、报告的结构和写法

（一）标题

一般采用完整式公文标题的写法。如果标题中省略了发文机关，则落款时必须写发文机关名称。

（二）主送机关

一般是发文机关的直属上级机关。如有必要报送其他上级机关，可采用抄报形式。

（三）正文

1. 工作报告

正文围绕主旨展开陈述，内容一般包括基本情况、主要成绩、经验教训、今后意见或提出有关建议。

不同类型的工作报告，汇报的侧重点会有所不同。如果内容较多，则分条列项写。

2. 情况报告

正文围绕主旨，实事求是地概括叙述事件。内容包括发生的原因、经过、性质，写出处理意见、处理情况或处理建议。

3. 答复报告

正文包括两部分内容：答复依据，即上级要求回答问题；答复事项，一般报告的结尾都有习惯用语。报告结尾用语有"特此报告""专此报告""以上报告，请审示"等。呈转类建议报告结尾用语用"如无不妥，请批转有关单位执行"等请求式用语。

（四）落款

落款包括发文机关名称+成文日期。

五、写作要求

（1）工作报告写作的难点是经验体会，经验体会不是简单的做法的罗列、拼凑，而是必须从实际工作中概括出能指导今后工作的规律性的东西。

（2）写情况报告要及时，以便及时让上级机关掌握情况。

（3）写答复报告要紧紧围绕上级机关提出的问题而回答，不能答非所问、节外生枝。

（4）报告中不能夹带请示事项。

××学院行政管理系
关于首届行政管理专业学生毕业论文指导工作的报告

××学院：

按照教学计划的规定和我校《学生毕业论文工作管理办法》的要求，20××年2月至6月，我系积极稳妥地开展了首届行政管理专业（以下简称行管专业）学生毕业论文指导工作。在院领导的关心支持下，在同志们的共同努力下，现在此项工作已经结束。总的来看，工作完成得比较顺利，取得了一定成绩，结果较为圆满。根据学院的要求，现将毕业论文指导工作报告如下：

一、主要工作情况

由于首次组织行政管理专业毕业论文指导工作，我们缺乏经验，因此，本着早做准备、精心组织、边实践边摸索的原则开展工作。全部工作主要包括以下步骤：

1. 印发论文参考选题。（略）

2. 安排论文讲座。（略）

3. 落实指导教师。（略）

4. 开展个别指导。（略）

5. 组织成绩评定。（略）

在指导学生撰写论文的过程中，老师们既要完成日常教学任务，又要付出大量时间和精力来指导学生阅读资料、推敲提纲或观点并反复修改论文，但是毫无怨言。在4个月的时间里，老师们不仅指导学生研究问题，更以严谨负责、一丝不苟的科学态度感染和教育学生。有的老师住家很远，为了当面指导学生（系里规定可以通过电话答疑），多次专门赶到学校；有的老师为了等待学生下课谈论文，经常很晚才回家。老师们积极工作和认真负责的精神及对学生的满腔热情和细心指导，给同学们留下了深刻印象，是整个论文指导工作得以圆满完成的基本保障。

二、主要成绩与效果评价

回顾毕业论文指导工作，我们认为成绩是主要的，应当给予充分肯定。

1. 首次组织毕业论文指导工作，是在摸索过程中完成的。（略）

2. 撰写毕业论文，不仅进一步培养了学生们的科学精神，而且对强化写作训练，增强分析、研究和解决问题的能力，发挥了重要作用。（略）

3. 首届论文指导工作，是在我系师资力量比较紧张的情况下完成的。部分教师首次承担这样的工作，为了确保质量，大家共同研讨，向有经验的同志请教，整个指导过程完成

得比较顺利。(略)

4. 指导教师的工作得到了学生们的充分肯定。在谈到毕业论文写作收获时,同学们有以下共识:第一,在老师的指导下,初步学到了收集资料和研究、论述问题的方法。第二,在老师的指导下,对选题进行了认真的研究,并且对所研究的问题有了一定的发言权。有的同学表示,毕业后还要继续研究毕业论文所涉及的问题,争取正式发表论文。第三,从指导老师身上学到了一丝不苟、严谨治学的精神。这种精神将使学生终身受益。同学们的切身感受,是对指导老师工作效果的真实评价,也是对老师们辛勤工作的充分肯定。

总之,首次毕业论文指导工作是一次有益的尝试,成绩是主要的。既保证了行管专业教学计划的完整执行,提高了毕业论文质量,也使教师得到了锻炼,为继续开展这项工作积累了经验。

三、存在的问题及改进意见

我们认为毕业论文指导工作尚有值得改进之处。

1. 在印发论文参考选题之后近半年的时间里,忽略了对学生在选题和收集资料方面的指导和督促,失去了提前下发参考题目的意义。今后这个环节的工作需要抓紧。

2. 对毕业论文写作方法的总体指导还不够。在学生写作论文之前,系里组织过一次专题讲座,但由于时间紧,有些问题无法展开,致使部分同学在开始写作时无从下手。今后,要加强论文写作的集体指导。

3. 收尾阶段工作不够扎实,答辩工作比较仓促。主要原因是安排不太合理。今后应适当调整课程安排,抓紧前期工作,以便节省时间,切实搞好论文成绩评定,有效地开展论文交流、答辩工作,以便学生相互借鉴,取长补短,并且更加科学准确地评定毕业论文的成绩。

我们要继续不断改进工作,吸取第一次毕业论文指导工作的经验教训,把以后各届学生的毕业论文指导工作做得更好。

特此报告,请审阅。

行政管理系(章)
20××年7月12日

例文2

铁道部关于×××次旅客快车发生重大颠覆事故的报告

国务院:

5月28日16时05分,由济南开往佳木斯的×××次旅客快车,行驶至沈山线锦州铁路局管内的兴隆车站(距沈阳43公里)时,发生重大颠覆事故,造成3名旅客死亡,143名旅客和4名列车乘务人员受伤,报废机车1台、客车4台、货车1辆,损坏机车1台、客车5辆、货车1辆和部分线路、道岔等设备,沈山下行正线中断运输近20小时,直接经济损失达170余万元。

事故发生后,东北铁路办事处和锦州、沈阳铁路局负责同志立即随救援列车赶赴事故现场,组织抢救、抢修工作。当地驻军、地方党政领导同志和部分社员、学生也投入抢救工作。辽宁、沈阳市领导同志及辽宁省军区等有关负责同志先后赶到现场,组织抢救伤员,疏运旅客。我部×××副部长率安监室和运输、机务、车辆、工务、电务、公安各局负责同志也于当日连夜赶赴现场,指挥抢修工作,调查分析事故原因,慰问伤员,并对省市党政领导和部队表示感谢。在省市领导和驻军的大力支持下,伤员的抢救和治疗工作安排得比较周密,受伤的旅客和列车乘务人员,除少数送入就近的新民县医院抢救外,其余的均由沈阳市和军队、铁路医疗部门派车接到沈阳,得到了及时抢救和治疗。

经调查分析,造成这次事故的直接原因,是锦州铁路局大虎山工务段兴隆店养路工区工人在该处做无缝线路补修作业时,违反劳动规律和操作规程,将起道机立放在钢轨内侧,擅离岗位,到附近的道口看守房去吃冰棍,第×××次快车通过时,撞上起道机,引起列车脱轨颠覆事故。

这次事故是发生在旅客列车上的一次严重事故,又恰是发生在全国开展的"安全月"活动中,使国家和人民生命财产蒙受了巨大的损失,在政治上造成了极坏的影响,性质是非常严重的,我们心情十分沉痛。这次事故的发生和最近一个时期安全不稳定的状况,从根本原因上看,是我们铁路基础工作薄弱,管理不善,思想政治工作不落实,反映了我们作风不扎实,对安全工作抓得不力,在安全生产中管理不严,职工纪律松懈的问题长期没有得到解决。

为了使全路职工从这起严重事故中吸取教训,我们于5月31日召开了各铁路局、铁路分局、铁路各工务段负责同志参加的紧急电话会议,通报了这次事故,提出了搞好安全生产的紧急措施。要求铁路各部门、各单位必须把安全工作放在第一位,各级领导干部要树立安全第一的思想,并向全体职工进行安全教育,使每个职工都牢固地树立起对国家、对人民极端负责的概念,认真落实岗位责任制,严格遵守劳动纪律,一丝不苟地执行规章制度和操作规程。

要求各单位要针对近年来新工人比例不断增加的情况,加强对新工人的教育和考核工作,各行车和涉及安全生产的主要工种不经考试合格不得单独作业,对各种行车设备要进行一次认真检查,发现问题立即解决;同时,各单位要切实解决职工生活中应该而且可以解决的具体问题,解除职工的"后顾之忧";动员广大干部职工迅速行动起来,以这次事故为教训,采取措施,堵塞漏洞,保证行车安全。

我们在6月份开展的"人民铁路为人民"活动中,要求把搞好安全生产作为重点,并在今后当作长期的根本任务来抓。要求党、政、工、团各部门要从不同角度抓好安全工作,迅速改变目前安全生产不好的被动局面。

锦州铁路局对这次事故的主要责任者,已按照法律程序提起诉讼,追究刑事责任;对与事故有关的分局、工务段领导也做了严肃的、正确的处理。铁道部决定对锦州铁路局局长×××同志和党委书记×××同志给予行政记过处分。这次事故虽然发生在下边,但我们负有重要的领导责任,为接受教训,教育全铁路职工,恳请国务院给予我们处分。

特此报告

铁道部(印章)

××××年6月10日

关于张××同志职称评定问题的答复报告

××市人民政府办公室:

接市办5月20日查询我单位张××同志有关职称评定情况的通知后,我们立即进行了调查。现将有关情况报告如下:

××同志是我集团公司二分厂工程师。该同志1962年起曾在××工学院接受过四年函授教育,学习了有关课程。由于"文革"而未能取得学历证明。因缺乏学历证明,在今年上半年职称评定时,根据上级有关文件精神,我单位职称评委会决定暂缓向上一级职称评委会推荐评定他的高级工程师职称,待取得学历证明后补办。该同志认为这是刁难,因而向市政府提出了申诉。

接到市政府办公厅查询通知后,我们专程派人去××工学院查核有关材料,得到××工学院的支持,正式出具了该同志的学历证明。现在,我集团公司职称评委会已为××同志专门补办了有关评定高级工程师的推荐手续,并向该同志说明了情况。对此,他本人已表示满意。

特此报告。

××集团公司(印章)

2013年5月30日

一、填空题

1. 下级机关向上级机关汇报某一阶段的工作情况,使用的公文是_____。

2. 某地发生一起突发性重要事故,要将此事故的发生原因、过程、结果、性质和处理意见反映给上级,用_____行文。

3. 下级机关向上级领导机关或主管机关提出工作建议,可用_____行文。

4. 报告具有_____和_____两个特点。

5. 报告可分为_____、_____和_____三种类型。

二、多项选择题

1. 适用于报告写作的事项有(　　)。

A. 向上级汇报工作,反映情况

B. 向下级或有关方面介绍工作情况

C. 向上级提出工作建议

D. 答复群众的查询、提问

E. 答复上级机关的查询、提问

2. 工作报告的内容包括(　　)。

A. 经常性的工作情况

B. 偶发性的特殊情况

C. 向上级汇报今后工作的打算

D. 对上级机关的查问做出答复

E. 向上级汇报工作经验

3. 适合作报告结尾的习惯用语有(　　)。

A. 特此报告

B. 以上报告,请批复

C. 以上报告,请审示

D. 请批准

E. 如无不妥,请批准

三、判断题(正确的在后面括号内打"√",错误的打"×")

1. 在工作报告中可提出有关工作建议,要求上级机关认可。(　　)

2. 有的工作报告在提出工作建议的同时,还要求上级机关将此报告批转给下级机关执行,这种报告的结尾通常用"如无不妥,请批转有关部门执行"。(　　)

3. 报告的行文方式主要以概括叙述和说明为主。(　　)

4. 工作报告可以写本单位进行到一半的工作。(　　)

5. 情况报告只需要写出事件发生的原因和经过。(　　)

四、写作题

请合理扩充下面提供的材料,以××分公司的名义向总公司起草一份不超过500字的情况报告。

(1) ××××年6月4日凌晨2时40分,××分公司江南百货大楼发生火灾事故。

(2) 事故后果:未造成人员伤亡,但该大楼二楼商品被全部烧毁,直接经济损失350万元。

(3) 事故原因:二楼某个体裁缝经二楼经理同意从总闸自接线路,夜间没断电导致电线起火。

(4) 施救情况:事故发生后,分公司领导马上拨打火警电话,市消防队出动了8辆消防车,至清晨6点,火灾才被扑灭。

(5)善后工作:分公司经理、副经理多次到现场调查,并对事故进行了认真处理。

第五节 请示与批复

情境导入

某大学为迎接一年一度的全校大学生运动会,要求各系组织大型团体健美操表演,一方面展示大学生朝气蓬勃、健康向上的青春风采,另一方面也是各系凝聚力和向心力的集中体现。系里十分重视,××系把这个任务交给了学生会主席崔浩,他接到任务后就组织同学们紧锣密鼓地干了起来,找教练、选曲目、编排、演练,为了达到最佳表演效果,大家建议增加焰火和道具等内容,这样所需费用远远超出了系里活动经费预算。于是,崔浩向系里提交了一份书面请示,希望系里能增拨1 000元的活动经费。崔浩性格比较急,在等待审批的过程中,自作主张地把焰火和道具的事定了,并自己掏钱交了300元定金,还美滋滋地想着自己"边斩边奏"的方法,可以大大提高工作效率,一定会得到系里的表扬。出乎意料的是系里并没有通过崔浩的请示,改用了其他方案。崔浩非常懊恼,后悔自己的急于求成导致白白损失了300元钱,甚至还可能给领导留下莽撞的不良印象。

一、请示的含义

请示是向上级机关请求帮助、指示和批准时使用的上行公文。

二、请示的特点

(一)针对性

只有本机关无权决定或无力解决而又必须解决的事项,才可以用"请示"行文。请求上级机关给予指示、决断或答复、批准,因而请示有很强的针对性。

(二)超前性

请示必须在办理事项之前行文,得到上级机关批准后才能付诸实施,不可"先斩后奏"或"边斩边奏"。

(三)单一性

请示要一事一请示,且主送机关只能有一个。

(四)期复性

请示的目的是针对某一事项取得上级的指示或批准,上级机关对呈报的请求事项无论是否同意,都必须给予明确的"批复"。

（五）隶属性

发文单位只能按照隶属关系向直接的上级主管机关发文请示。

三、请示的种类

（一）请求帮助的请示

用于本单位职权范围内不能解决的问题,或要完成某项工作缺少一定的财力、物力、人力,需要上级予以帮助时所写的请示。这类请示所涉及的,是下级机关遇到了仅靠自己的力量已很难克服或无法克服的困难。

（二）请求指示的请示

用于有关方针、政策的界限难以界定的问题,遇到的新情况和难以解决的问题,把握不准或无章可循的事项,情况特殊、有意见分歧,无法办理,需请示上级机关指示意见时所写的请示。

（三）请求批准的请示

用于超出本单位职权范围决定的事项,需要上级主管部门明确规定必须批准才可以办理时所写的请示。例如新上项目,设置或撤销机构等。所涉及的是下级机关限于自己的职权,无权自己办理或决定的事项。

四、请示的结构和写法

（一）标题

标题由发文机关、事由和文种构成;标题中的事由要明确,语言要简明;"请示"本身含有请求、申请之意,因而标题中应尽量不再写"申请""请求"类词语。

（二）正文

请示的正文由三部分组成:请示的缘由、事项、请示惯用结束语。

1. 缘由

缘由即请示的理由或根据。这部分内容要求:实事求是,有理有据,说明充分,条理清晰,开门见山。比较复杂的缘由必须写明必要的事实和数据,不能追求简要而作简单化处理,要让领导知晓批准或不批准这个请示将分别出现什么局面。

2. 事项

事项即请求上级机关给予或指示或批准或支持和帮助的具体内容。要求:事项具体,有可行性,有可操作性。如果内容比较复杂,则分条列项写。用语要明确,不能含糊其词。语气要得体。

3. 结语

结语通常使用的惯用语有:"妥否,请批复""特此请示,请予批准""请批准""请审批""请指示"等。请示结尾不能缺少以上类型的惯用语。

(三)落款

发文机关全称署名,成文日期,加盖发文机关公章。

五、请示的写作要求

(1)要一事一请示。

(2)请示只能有一个主送机关,不要多头请示。若非上级领导人授权交办的事项,不得以机关的名义主送给领导人个人。

(3)不可越级请示。

(4)要事前请示。

(5)撰写请示时,可提出两个或多个解决问题的议案,并指明倾向性意见。

(6)请示的语气要谦和,不能用决定的口吻,表述时,应写"拟"怎么办,不能写"决定"怎么办。

六、批复

(一)批复的含义

批复是"适用于答复下级机关的请示事项"时使用的公文。批复是下行文,下级机关的每一份请示,都会得到上级机关的批复。请示和批复是相对应的文种。

(二)批复的种类

根据批复的内容可将批复分为指示性批复和表态性批复两种。

(三)批复的结构和写法

批复的结构通常包括标题、主送机关、正文、落款四个部分。

(1)标题。

批复的标题由发文机关、事由和文种构成,也有的只写事由和文种。由于批复是针对请示而制发的,所以批复的标题与请示的标题是相互对应的。如《××大学关于扩建教学楼的请示》是请示的标题,与之对应的批复的标题为《××市政府关于同意××大学扩建教学楼的批复》。

(2)主送机关。

批复的主送机关是请示的发文机关。

(3)正文。

正文是批复的主体,一般由引语、主体和结语三部分组成。

① 引语。通过引叙来文以说明批复缘由,即点明批复的下级机关并写明来文日期、标题和文号,以交代批复的根据。如"你校××××年×月×日《关于扩建教学楼的请示》(××发〔××××〕××号)已收悉,经研究批复如下"。

② 主体。写明对请示事项的批复意见,即针对"请示"的内容给予明确肯定(或否定)的答复或具体的指示。

③ 结语。一般用"此复""特此批复"等习惯用语,后加句号。也可以不用结语,自然终结。

(4)落款。一般包括署名和成文时间两个项目内容。

 例文 1

××区××中学关于增拨教学设备款的请示

××区教委:

为贯彻党和国家全面推进素质教育的精神,落实"学习计算机,要从娃娃抓起"的指示,改变学校计算机设备严重不足且落后的现状。我校拟于今年下半年新建微机室一个,配备586计算机60台,加上服务器、空调及其他网络设备,预计需资金40万元。为此,特恳请上级给我校增拨30万元教学设备专用费,资金不足部分由我校自筹解决。

妥否,请批复。

××区××中学(公章)

××××年×月×日

 例文 2

关于交通肇事是否给予被害者家属抚恤问题的请示

最高人民法院:

据我省××县人民法院报告,他们对交通肇事致被害人死亡,是否给予被害者家属抚恤的问题,有不同意见。一种意见认为,被害者若是有劳动能力的人,并遗有家属要抚养的,给予抚恤。另一种意见认为,只要不是由被害者自己的过失所引起的死亡事故,不管被害者有无劳动能力,都应酌情给予抚恤,我们同意后一种意见。几年来的实践经验证明,这样做有利于安抚死者家属。

妥否,请批复。

××省高级人民法院(公章)

××××年×月×日

 例文 3

关于丹霞山风景名胜区列为国家重点风景名胜区的请示

国务院:

丹霞山风景名胜区位于我省韶关市仁化、曲江两县境内,面积180平方千米,分丹霞山、韶石山、大石山三个景区,距韶关市区最近处10千米,最远处50千米,柏油公路直达主峰区,观光旅游的交通十分方便。

据地质考证,6 500年前丹霞山所在地是一个大湖泊,由于造山运动,形成红岩峭壁和嶙峋洞穴,构成奇异自然风景。在全世界同类地形中,以丹霞山为最典型,"丹霞地貌"已成为国际地质学名词。现丹霞山景区已开发接待游人的范围为12平方千米,主要景点有87处,山、江、湖兼备,绿化良好,兼之摩崖石刻、寺庵、亭台楼阁点缀其间,自然及人文景观丰富。靠丹霞山南侧的韶石山景区,傍于浈水,是历史上舜帝南巡奏乐之处,内有"三十六石"的奇景;丹霞山西侧的大石山景区,类似丹霞山的奇山异峰,有丹寨幽洞、岩柱等自然景观。

在丹霞山风景名胜区附近,有"金鸡岭""九龙十八滩""古佛岩""南华寺""马坝人遗址"等风景区及名胜古迹,总面积约400平方千米。目前,粤北地区以丹霞山风景名胜区为中心形成了我省一条重要的旅游线。

根据国务院《风景名胜区管理暂行条例》,我们对丹霞山风景名胜区进行了资源调查、评价,编制了总体规划。现申请把丹霞山风景名胜区列为国家重点风景名胜区,请审批。

广东省人民政府

××××年2月11日

国务院关于《中国公民自费出国旅游管理暂行办法》的批复

国家旅游局、公安部:

国务院原则同意《中国公民自费出国旅游管理暂行办法》,由你们发布施行。

附:《中国公民自费出国旅游管理暂行办法》(略)

国务院(盖章)

××××年3月17日

一、填空题

1. 请示具有＿＿＿＿、＿＿＿＿、＿＿＿＿三个特点。

2. 请示的类型可分为＿＿＿＿、＿＿＿＿和＿＿＿＿。

二、多项选择题

1. 适合请示的事项有(　　)。

A. 向上级汇报工作情况,请求上级指导

B. 下级无权解决的问题,请求上级机关作出指示

C. 下级无力解决的问题,请求上级机关帮助解决

D. 按规定不能自行处理,应经上级批准的事项

E. 工作中出现的一些涉及面广而下级无法独立解决必须请求上级机关协调和帮助的问题

2. 下列事项中,应该用请示行文的有(　　)。

A. ××县教育局拟行文请求上级拨款修复台风刮毁的学校

B. ××县政府拟行文向上级汇报本县灾情

C. ××集团公司拟行文请求上级批准引进肉食品加工自动化生产线

D. ××海关拟行文请求上级明确车辆养路费缴纳标准

E. ××市政府拟行文向上级反映农民负担增加的情况

3. "请示"应当(　　)。

A. 一文一事

B. 抄送下级机关

C. 一般只写一个主送机关

D. 不考虑上级机关的审批权限和承受能力

4. 下列标题中正确的有(　　)。

A. ××分公司关于请求批准开发新产品的报告

B. ××县人民政府关于解决我县高寒山区贫困户移民搬迁经费的请示

C. ××县人民政府关于请求将××风景区列为省级自然保护区的请示报告

D. ××公司关于解决生产用地的请示

E. ××省移民办公室关于对移民区域做适当调整的请示

三、判断题(正确的在后面的括号内打"√",错误的打"×")

1. 缘由是否有理有据是请示事项能否得到上级机关批准的关键。(　　)

2. 凡必须得到上级机关批准和指示后才能办理的公务,都可用"请示"行文。(　　)

3. 请示一般只写一个主送机关和领导人。(　　)

4. 请示如需有关上级单位知道,可用抄送形式。(　　)

5. 受双重领导的机关向上级机关请示,应当写明两个主送机关。(　　)

6. 请示不得下发给下级机关。(　　)

四、改错题

请阅读下文,指出其毛病,并写出修改稿。

盛达公司关于盛达制衣厂翻建房屋的请示报告

总公司:

　　我公司下属盛达制衣厂于××××年10月开始翻建汽车库,且已经拆除了司机、装卸工宿舍、武装部办公室、基建科办公室等共计510平方米。因为以上办公用房的拆除,以致汽车无处停放,有关职工无处办公,严重影响正常工作。为缓和厂区占地紧张状况及结合全厂长远规划,故决定一层为汽车库,二层为办公用房。

　　为解决当前办公用房之急需,决定把已拆除的510平方米面积加在汽车库顶层,资金由本公司自行解决。

妥否,请批示。

盛达公司(公章)
××××年10月30日

五、写作题

给材料写作(二选一):

1. 某研究所筹建生物工程实验室,但资金尚缺100万元,拟向省科技厅请示拨款。请代该研究所拟写这份请示。

2. 因洪水泛滥,某县第一中学的图书馆4万多册图书被淹,旧的学生宿舍楼和教学楼各倒塌一栋。在抢险过程中,无人员伤亡,计算机房、多媒体室等重要设施未受到损失。洪水过后,县第一中学请求县教委拨款80万元,重建教学楼、宿舍楼,以确保下学期教学工作尽快恢复正常。请代拟一份请示。

第六节 函

情境导入

大学生就业问题是国家高度关注的问题,也是各大高校十分重视的工作。某大学为进一步加强学校与用人单位的深度合作,共同做好毕业生就业和用人单位招聘工作,想要利用假期开展"大学生就业实习计划"活动。一方面可以加强学生对专业、岗位、企业文化的了解,提高和完善学生的实践技能,尽早熟悉社会,融入企业;另一方面可以降低企业正式招聘的风险和经济成本,及早发现并培养所需人才,同时还可通过建立"人才培训基地"宣传企业形象。针对此事,大学生就业指导中心让新来的李岚拟一份和各用人单位沟通、商洽的书面材料,请各企业给予积极的支持和配合,提供实习机会。第二天,李岚上交了一份题为《关于大学生就业实习计划的请示》,理由是学校有求于各企业帮忙解决学生的实习问题。

你觉得她所用的文种是否恰当?为什么?应该用什么文种?

一、函的定义

函,即信;公函即公务信件。它是平行机关或不相隶属机关之间在商洽和联系工作、询问和答复问题,或向有关主管部门请求批准事项时所使用的一种文体。

"函"在中华人民共和国成立前就被广泛使用,早在1940年和1942年,我晋察冀边区行政委员会和陕甘宁边区政府就将"函"列为正式公文文种。在当代社会中,"函"已成为联系工作、传播信息、沟通情况、赢得理解和支持的重要手段。随着我国改革开放的深入,商品经济的发展,流通领域的活跃,横向联系的扩大,"函"在公务活动中的作用必将越来越大。

函作为公文中唯一的一种平行文种,其适用的范围相当广泛。在行文方向上,不仅可以在平行机关之间行文,也可以在不相隶属的机关之间行文。在适用的内容方面,它除了主要用于不相隶属机关相互洽谈工作、询问和答复问题外,也可以向有关主管部门请求批准事项,向上级机关询问具体事项,还可以用于上级机关答复下级机关的询问或请求批准事项,以及上级机关催办下级机关有关事宜,如要求下级机关函报报表、材料、统计数字等。

此外,函有时还可用于上级机关对某件原发文件作较小的补充或更正。不过这种情况并不多见。

二、函的特点

(一)沟通性

函对于不相隶属机关之间相互洽谈工作、询问和答复问题,起着沟通作用,充分显示平行文种的功能,这是其他公文所不具备的特点。

(二)灵活性

表现在两个方面:一是行文关系灵活,函是平行公文,但是它除了平行行文外,还可以向上行文或向下行文,没有其他文种那样严格的特殊行文关系的限制。二是格式灵活,除了国家高级机关的主要函必须按照公文的格式、行文要求行文外,其他一般函,比较灵活自便,也可以按照公文的格式及行文要求办。可以有文头版记,也可以没有文头版记,不编发文字号,甚至可以不拟标题。

(三)单一性

函的主体内容应该具备单一性的特点,一份函只宜写一件事项。

三、函的种类

函在实际行文中形成了多种类型,可以从不同角度分类。

(一)按性质分

按性质分可以分为公函和便函两种。公函用于机关单位正式的公务活动往来;便函则用于日常事务性工作的处理。便函不属于正式公文,没有公文格式要求,甚至可以不要标题,不用发文字号,只需要在尾部署上机关单位名称、成文时间并加盖公章即可。

(二)按发文方式分

按发文方式分可以分为发函和复函两种。发函即主动提出了公事事项所发出的函。复函则是为回复对方所发出的函。

(三)按内容和用途分

按内容和用途分还可以分为洽谈事宜函、告知事宜函、催办事宜函、邀请函、请求答复事宜函、转办函、催办函、报送材料函,等等。

四、函的结构与写法

由于函的类别较多,从制作格式到内容表述均有一定的灵活机动性。主要介绍规范性公函的结构、内容和写法。

公函由首部、正文和尾部三部分组成。其各部分的格式、内容和写法要求如下:

(一)首部

首部主要包括标题、主送机关两个项目内容。

(1)标题。公函的标题一般有两种形式。一种是由发文机关名称、事由和文种构成,另一种是由事由和文种构成。

(2)主送机关。即受文并办理来函事项的机关单位,于文首顶格写明全称或者规范化简称,其后用冒号。

(二)正文

正文结构一般由开头、主体、结尾、结语等部分组成。

1. 开头

开头主要说明发函的缘由。一般要求概括交代发函的目的、根据、原因等内容,然后用"现将有关问题说明如下:"或"现将有关事项函复如下:"等过渡语转入下文。复函的缘由部分,一般首先引叙来文的标题、发文字号,然后再交代根据,以说明发文的缘由。

2. 主体

主体是函的核心内容部分,主要说明致函事项。函的事项部分内容单一,一函一事,行文要直陈其事。无论是商洽工作、询问和答复问题,还是向有关主管部门请求批准事项等,都要用简洁得体的语言把需要告诉对方的问题、意见叙写清楚。如果属于复函,还要注意答复事项的针对性和明确性。

3. 结尾

结尾一般用礼貌性语言向对方提出希望。或请对方协助解决某一问题,或请对方及时复函,或请对方提出意见或请主管部门批准等。

4. 结语

通常应根据函询、函告、函商或函复的事项,选择运用不同的结束语。如"特此函询(商)""请即复函""特此函告""特此函复"等。有的函也可以不用结束语,如属便函,可以像普通信件一样,使用"此致""敬礼"。

(三)尾部

尾部即落款部分。一般包括发文机关署名、成文时间和盖章三项内容。署名机关单位名称,写明成文时间年月日,并加盖公章。

五、函的写作要求

(一)叙事清楚,说理有节

"公函"是代表机关向外联系工作,告知、商洽事情,请求支持帮助的公文文种。欲要对方理解、接受、支持,取得圆满的效果,首先叙事要清楚、明白;其次就要说理有节,令人信服。如果这两点做不到,对方不能充分理解提出要求的背景,不能激起感情上的共鸣,他就不能千方百计地帮助你解决问题。而要做到上述两点:一是善于思索,整理好思路,占有一定的材料;二是用恳切、谦和的语言表述,避免使用"你们要……""你们不要……""否则,由此引起的一切后果由你方承担全部责任"及"承蒙关照"等威胁、客套及过分感激的用语;三是提出的意见、办法、请求符合对方的实际情况。

(二)入木三分,用语平和

当遇有属于纠纷、交涉性的事情,相互致"函"时,也要注意掌握分寸,抑制过激词语,做到叙事入木三分,但用语要显得平和,即"外柔内刚",切不可使用怒斥、讨伐等语气语调。俗话说"有理不在声高",这是由"函"文种的性质所决定的。如1941年1月20日中共中央革命军事委员会《为皖南事变发表的命令和谈话》(《毛泽东选集》第二卷)与《共产党第七参政员为重申不能出席本届会议理由复参政会函》(1941年3月8日,《中共中央文件选集》第13卷)致函,同属针对"皖南事变"的,但由于文种形式不同,其语气却大相径庭。前者语气十分强劲、激烈;后者措辞虽也激烈,但又十分讲究尺度,有理有节。这就更使我们领略到"函"的写作用语特色。

(三)短小精悍,注意技法

"短小精悍"是指写函不必详述过程,不必大发议论,要求字约意丰;"注意技法"是指公函的撰写应根据具体内容,推断对方见函后的心理特征,采用不同的写法。比如,以答复函为例,假若属于肯定性的开头就可以将答复的内容提出,后面再叙述其他有关事宜。这样既能使对方充分掌握函的内容,又能促进单位之间的密切合作关系。假若属于否定性的,开头就不宜将否定的内容提出,而应先简明、恳切地说明理由,最后表明否定态度,这样能使对方谅解,感到否定是正常的、合理的,不致产生误解和反感。

(四)不能将"函"遗忘

"函"不仅在革命战争时期被广泛使用,而且在当前也是党政公文中一个十分活跃的文种。因为平级或不相隶属单位之间行文要用"函",向有关主管部门请求批准事项也要用"函",上级与下级相互询问事宜或上级答复下级也可以使用"函",这三点足以说明"函"的使用频率是多么高。但是实际情况恰恰相反,在上述两方面的情况中,一些单位往往不用"函",而用通知、请示与批复,从而使"函"处于"被公文遗忘的角落"。为了保证党和国家公文法规的贯彻落实,切实促进机关工作的科学化程度,我们应当把"函"从通知、请示与批复的"淹没"下解救出来,恢复它在公文处理中应有的地位与作用。

(五)要准确理解"函代批复"

对于下级机关的"请示",由上级机关进行批复时要使用"批复",但当这种批复是由上级机关的办公厅(室)代行时,由于它们之间形成了一种平行关系,故用"函"代行"批复"来行文,这就是人们通常所说的"函代批复"。因为从公文外形上看它是一份"函",而实质上是一份千真万确的"批复"。"函代批复"里的"代"字,万万不可当作"代替"来理解,而是强调它的实质,是形式与内在的完整与统一。

关于商请派车运送民工的函

×××省交通厅：

　　为做好今年的春运工作，及时运送在我省工作的外省民工回家过年，我们组织了民工运送专门车队，但由于我们运力不足，车辆不够，估计不能满足民工的要求，特请贵省派出大型客车20辆，与我省组成运送民工车队，负责运送贵省在我省工作的民工。

　　妥否，请尽快函复，以便办理有关手续。

××省交通厅（公章）
××××年×月×日

关于给××超市总公司商租商场一事的复函

上海××超市总公司：

　　贵公司《关于商租××商厦五楼的函》（沪×超函〔×××〕20号）收悉，经研究，现答复如下：

　　贵公司欲租我商厦五楼闲置的楼面开设超市，这是方便顾客的购买需求，有利于盘活我商厦的闲置资源，扩大我商厦的经营规模与商品种类的好事，本商厦欢迎贵公司来我商厦五楼开设超市。具体租金请贵公司来人面洽。

　　特此复函。

上海××商厦（公章）
××××年4月1日

关于拟录用××××届大中专毕业生的函

省人事厅：

　　根据中共××省委组织部、××省人事厅《关于××××年省级机关录用应届高校、中专学校优秀毕业生的通知》规定，我们对拟录用到我厅机关工作的大中专毕业生按规定程序进行了统一考试、面试、体检、政审。经厅党组研究，拟录用大中专毕业生24名。现将有关录用审批材料报上，请审批。

　　附件：录用审批材料24份

××省安全厅（公章）
××××年3月25日

 例文4

关于批准录用×××等××名同志为国家公务员的函

省安全厅：

你厅《关于拟录用××××届大中专毕业生的函》（国安政〔××××〕18号）收悉。

根据中共××省委组织部、××省人事厅《关于部分省级机关从××××年应届高校、中专毕业生中考试录用国家公务员和机关工作人员的通知》的规定，经考试、考核合格，批准录用×××等××名同志为国家公务员。

特此函复。

附件：录用人员名单

××省人事厅（公章）

××××年3月29日

思考与练习

一、填空题

1. 函具有_____、_____、_____三个特点。
2. 函按发文方式分类可分为_____和_____。
3. 函按行文方向分类可分为_____和_____。

二、选择题

1. 对业务主管机关请求审批事项，所用公文种类是（　　）。

A. 报告　　B. 请示　　C. 函　　D. 通知

2. 下面公文中，属于下行文的是（　　）。

A. 请示　　B. 函　　C. 决定　　D. 报告

三、判断题（正确的在后面的括号内打"√"，错误的打"×"）

1. 请批函与请示的共同点是"请求批准"。（　　）
2. 县教育局向县财政局要求拨建校款项用请示行文。（　　）
3. 便函不是函。（　　）
4. 函追求短小精悍，因而复函不必引用对方来函的标题及发文字号。（　　）

四、改错题

下面是一则病文，请写出格式规范、具有函的语体特征的修改稿。

关于要求报价的函

×××茶厂经理：

我们对你厂生产的绿茶很有兴趣，十分想买一批君山毛尖茶。我公司要求不高，只要求该茶叶品质一级,规格为100克一包,望你厂能告诉单价报价和交货日期、结算方式等给我公司。如果价钱合理,且能给予最好的折扣,我们将做到大批量订货。

致

礼!

××××副食品公司
××××年×月×日

五、根据材料写作

请阅读下面材料,然后拟写一篇公文,要求说明:

1. 这份文件公文格式错在哪里?
2. 请写出正确的公文。

××市市政建设公司关于要求××区人民政府
城市建设办公室协助冻结××路居民户口的函

95号 ××字〔2009〕

××区人民政府城市建设办公室:

根据市府20××年第××号会议纪要精神,我公司将对××路实施拓宽工程。为了便于及时有效地处理搬迁、安置等事宜,早日完成拓宽工程,希望贵办公室能协助我们的工作,自2010年1月1日起冻结××路居民户口。

特此函达,希予以支持为盼!

(公章)
××××年××月××日

第七节 会议纪要

情境导入

小李刚到一个新单位就临时被领导指派做会议记录,并要求会后整理成纪要的形式发给他。于是小李加班加点临时充电恶补了一下会议纪要的写法,写完交给领导之后,忐忑不安,不久被领导叫去,指出了多处错误,甚是尴尬。以下是他拟写的会议纪要。

××××学会会议纪要

时间:××××年×月××日。

参加人员:常务副会长×××,副会长×××、×××、×××,办公室主任×××、副主任×××,活动中心主任××。

> 会议内容:
> 一、确定了学会的办公地点。根据××××年×月××日会议决定,×××、×××同志对学会办公地点进行了考察,经过比较,认为××大学办公条件优越,适合做学会的办公地点。会议决定,从即日起××××学会迁到××大学,挂牌办公。通信地址:××市××区×××路××号。联系电话:××××××××。
> 二、学会与××大学商定,由××大学给学会提供办公室、办公桌椅、电话和必要的办公费用。利用××大学的教学条件,双方共同组织举办秘书培训班等。
> 三、增补了学会副会长。为便于开展工作,建议增补××为学会副会长,负责学会的后勤保障和日常管理,先开展工作,以后提请×月份常务理事会确认。
> 四、制订了今年的活动计划。(编者略)
>
> ××××学会
××××年××月××日

一、会议纪要的含义

会议纪要是一种记载、传达会议情况及议定事项的纪实性公文。它用于党政机关、社会团体、企事业单位召开的工作会议、座谈会、研讨会等重要会议。

会议纪要通过记载会议基本情况、会议成果、会议议定事项,综合概括地反映会议精神,以便与会者统一认识,会后全面如实地进行传达,组织落实开展工作的依据。同时会议纪要可以多向行文,具有上报、下达以及与同级机关进行交流的作用;向上级机关呈报,用以汇报会议情况,以便得到上级机关对工作的指导;向同级机关发送,用以通报会议情况,以便得到同级机关的支持和配合;向下级机关发送,用以传达会议精神,以便下级机关贯彻执行。

会议纪要通常情况只印发到会单位,视情况抄送有关单位。为便于上级了解工作开展情况,也要抄报上级主管部门。

二、会议纪要的特点

(一)纪实性

会议纪要是根据会议的宗旨、议程、会议记录、会议活动情况等有关材料综合整理出来的公文。在会议纪要中不能随便篡改会议的基本精神,不能擅自增加或删减会议的内容,不能随便更动与会者议定的事项,不能对会议达成的共识进行修改,也不需要对会议或会议的某项内容进行分析、评论。它要求如实地记载会议的基本情况,对会议存在的分歧意见和问题等,也要真实、概括地予以反映。会议纪要具有纪实性特点,因而具有历史凭证的作用和查考利用的价值。

(二)概括性

会议纪要不同于会议记录。会议记录是由专人把会议的基本情况如实记录下来的书面材料。会议纪要是根据会议的中心议题、指导思想和议定事项,在会议记录所提供材料的基础上,经过概括、整理、提炼才能形成的公文。所以,与会议记录相比,会议纪要能够更集中地反映会议的精神实质,具有高度的概括性。

(三)指导性

会议纪要有两项功能,一项是"记载",一项是"传达",并且通过"记载"去"传达",它所记载、传达的会议情况和议定事项,是与会者及其组织领导者的共同意志的体现,是会议成果的结晶,集中反映了会议的精神实质,因而具有很强的指导性。

(四)受限性

只对与会单位、与会人员有一定的约束力,要扩大读者范围和影响力,则需由上级机关将之作为"通知"的附件下发。

(五)特殊性

会议纪要一般采用第三人称写法。由于会议纪要反映的是与会人员的集体意志和意向,常以"会议"作为表述主体,"会议认为""会议指出""会议决定""会议要求""会议号召"等,在称谓上具有特殊性。

三、会议纪要的种类

(1) 根据会议性质的不同,会议纪要可以分为办公会议纪要和专项会议纪要。

办公会议纪要是各级党政机关、企事业单位、社会团体召开的定期或不定期的工作会议形成的会议纪要。

专项会议纪要是为研究专项问题而召开的会议所形成的会议纪要。

(2) 根据会议内容的不同,会议纪要可以分为专题型会议纪要和综合型会议纪要。这种内容的会议纪要比较普遍。

专题型会议纪要主要反映与会者就会议主要议题,在统一认识的基础上所形成的决定、决议。这种纪要多用于党委会议和机关的行政会议,或座谈会、研讨会等。

综合型会议纪要则侧重于全面概述会议基本情况,包括会议的议题、讨论情况、讨论结果等。这种会议纪要多用于领导集体办公会议等。

(3) 根据写法的不同,会议纪要分为三种类型:分项式会议纪要、综述式会议纪要和摘要式会议纪要。

四、会议纪要的结构和写法

会议纪要一般由首部、正文和尾部三部分组成。其各部分的写作要求如下:

(一)首部

这部分的主要内容是标题。有的会议纪要的首部还有成文时间等内容。

会议纪要的标题通常是由会议名称和文种构成的。如《全国城市爱国卫生现场经验交流会会议纪要》《关于改革××局、××局管理体制的会议纪要》等。也有的由发文机关、会议名称和文种构成,如《××集团公司经理办公室会议纪要》。

成文时间即会议通过的时间或领导人签发的时间。一般在标题下居中位置用括号注明年月日。也有的把成文时间写在尾部的署名下面。

(二)正文

会议纪要的正文由前言、主体和结尾三部分组成。

1. 前言

前言首先概括交代会议的名称、时间、地点、主持人、主要议程、参加人员、会议形式以及会议主要的成果,然后用"现将这次会议研究的几个问题纪要如下:"或"现将会议主要精神纪要如下:"等语句转入下文。这项内容主要用以简述会议基本情况,所以文字必须十分简练。

2. 主体

主体是会议纪要的核心内容,主要记载会议情况和会议结果。写作时要注意紧紧围绕中心议题,把会议的基本精神,特别是会议形成的决定、决议,准确地表达清楚。对于会议上有争议的问题和不同意见,必须如实予以反映。另外,在具体写法上,不同类型的会议纪要,写法也有不同。

(1)综述式会议纪要。

对会议的内容或议定事项,进行综合概括,按性质分成若干部分,依据一定的逻辑顺序排列写出。议题比较重大、涉及面较广的会议纪要,多属此类。

(2)分项式会议纪要。

把会议的内容或议定事项,分条列项地写出。许多办公会议纪要或讨论解决较具体、较专门问题的会议纪要属于这一类。

(3)摘要式会议纪要。

将与会者的发言按中心议题的要求择其要点摘录出来,按内容性质归类后写出。对发言者要写出真实姓名和职务、职称。这种写法能客观地反映与会者的观点和主张,还能较大限度地保留谈话风格。

3. 结尾

结尾属于选择性项目,一般是向受文单位提出希望和要求。有的则没有这部分,主体内容写完,全文即告结束。

(三)尾部

尾部包括署名和成文时间两项内容。

署名只用于办公会议纪要,写明召开会议的机关单位名称。一般会议纪要则不需要署名,不加盖公章。至于成文时间,如果在首部已注明,就不再写。

五、会议纪要的写作要求

(1)抓住要点,突出会议主题。

会议纪要是对会议全部内容的概括、综合和提炼,必须广泛搜集会议材料,全面掌握会议情况,按照会议精神,对材料进行分类和筛选。

(2)语言表达上,以概述说明为主,精练、通俗,篇幅不宜太长。

(3)根据会议的内容及规模,选用恰当的写作结构。

(4)注重使用会议纪要的习惯用语。

会议纪要常常以"会议"为第三人称而记述会议内容。主体部分应注重使用下列层次或段落的开头语:"会议认为""会议提出""与会者一致认为""会议决定""会议要求""会议希望""会议号召"等。

×××企业集团办公会议纪要
(××××年1月21日)

××××年1月21日下午,陈×总裁在总部主持召开了新年第一次总裁办公会议,确立今年企业集团的工作思路,布置了工作任务。参加会议的有各部门负责人。会议议定事项纪要如下:

一、企业集团今年的工作思路是:扶持和培育10～15家骨干企业;稳定30家左右中等企业;撤、并、停、转、重组一批小企业和困难企业,减少企业集团下属子企业数量,促进有潜力的企业快速发展。会议要求集团总部各部门依据工作思路制订出今年的工作计划。

二、今年的工作重点是建立"三库",即建立企业资产财务信息库、人力资源库和企业基本情况数据库。

三、今年要加强集团内部管理,强化服务意识,理顺工作程序,严格考勤考核工作,增强执行制度和各项规定的自觉性,树立企业集团的良好形象。

四、年初出台新的企业考核体系。对不同性质的企业出台不同的考核办法。

×××企业集团
××××年×月×日

××××学院学生思想状况分析座谈会纪要

时间:××××年×月×日下午

地点:本院小会议室

主持人:主管政治思想教育工作副院长××

出席者:各系党总支书记、政治辅导员、班主任、学生会委员

现将座谈会情况纪要如下:

一、××副院长传达了省教育厅领导关于要认真加强学生政治思想工作,注重分析当前学生的思想状况的讲话精神,其后,××副院长对学生思想状况做了分析,认为当前学生的思想状况总体是健康的、向上的,但也存在一些较突出的问题,如……(略)

二、人文系党总支书记×××同志说:当前青年学生思想比较活跃,愿意思考问题,这确实是学生的主流,但当前在部分学生中也存在比较严重的拜金主义、重技能轻理论、重实用轻人文的倾向。

三、××班党支部书记在汇报学生思想状况时,指出有些同学在思想上没有处理好学习与兼职的关系,严重影响了学习成绩。

四、经贸系政治辅导员×××同志谈到个别学生存在怕露贫而不愿申请经济困难补助的心理。

(以下内容由编者略去)

严厉打击制贩注水猪肉会议纪要

××××年4月3日下午,在市政府二会议室,向涛副市长主持召开了严厉打击制贩注水猪肉的专题会议。参加会议的有:市政府副秘书长李有全、姜涛,市政府财办副主任张德怀,市技术监督局局长张克勤、副局长李方侠,市公安局副局长张梁,市工商局副局长杨纯忠,市卫生局副局长辛林平,市物价局副局长段启华,市畜牧食品局纪检组长邓方培和市中级人民法院办公室副主任赵永华等。现将会议议定事项纪要如下:

一、进一步提高认识,加强组织领导(注:复合型段旨句)。目前一些不法厂商在猪肉中注水,以牟取暴利,危害人民群众身心健康,损害农民和消费者利益,扰乱正常的市场秩序,破坏绵阳形象,我们要站在促进经济建设和对人民负责的高度来认识这个问题。(注:前面文字为对"提高认识"的展开;后面文字为对"加强组织领导"的展开。这种复合型段旨句,可概括为:"A+B=A的展开+B的展开")市政府要尽快调整以市政府财办、市技术监督局、市工商局、市畜牧食品局、市卫生局、市公安局等职能部门组成的"市整顿猪肉市场"领导小组;市政府财办负责领导小组的日常工作。领导小组人员名单由市政府财办拟制后,报市政府审定行文。

二、完善制度,规范行为(注:复合型段旨句)。责成市府财办牵头会同有关职能部门尽快制定可操作的具体管理办法。(仍然按"A+B=A的展开+B的展开")同意以市财办、市技术监督局、市工商局、市畜牧食品局、市卫生局和市公安局的名义联合发出打击制贩注水猪肉的通告。通告经市政府审定后冠以"经市人民政府同意"字样。

三、加大打击力度。由市政府财办牵头组织有关部门,制定方案,抽调得力人员,组成联合行动组,于4月、5月、6月,分别进行三次集中整治行动;查获一起,惩处一起。

四、加强宣传。市级各新闻单位应在近段时期内对通告广泛宣传,使群众知晓,形成社会氛围；与各有关职能部门做好衔接配合工作，对典型案件要顶住压力，坚决予以曝光，并进行跟踪报道；同时注意做好面上的宣教工作，努力提高全社会的质量意识和法律意识。

五、各级政府、各有关部门要将打击制贩注水猪肉工作纳入议事日程，加强信息交流，各尽其职，密切配合，务求将此项工作抓紧、抓实、抓出成效。

××省人民政府办公厅关于食糖储备工作会议纪要

××××年×月×日，省政府办公厅召集省经委、贸易厅、财政厅、工商银行研究了省级食糖储备问题。秘书长×××同志主持会议。参加会议的有×××、×××等同志。现将会议确定事项纪要如下：

一、当前食糖资源短缺，供应紧张，为保证我省市场消费和轻工食品生产正常进行，加强对食糖的调控能力，一致同意建立省级食糖储备制度。

二、省级食糖储备暂安排2吨，由省糖酒茶叶公司落实货源。

三、食糖储备资金6 000万元，由省糖酒茶叶公司自筹500万元，省工商银行贷款5 500万元，贷款指标近期予以安排。

四、储备费用年需730万元，由省财政厅和代储企业共同承担。其中，省财政拨付一部分资金作为铺底资金，周转使用。省级储备糖坚持全年储备和季节性更新相结合，销售差价部分先抵补储备费用，如有节余，除适当留给储备单位作留利外，主要用于充实储备资金；如出现亏损，先从基金中补贴，超过部分由省糖酒茶叶公司负担。

××省人民政府办公厅（印章）

××××年×月×日

一、填空题

1. 会议纪要具有_____、_____和_____三个特点。

2. 根据写法的不同，会议纪要可分为_____会议纪要、_____会议纪要和_____会议纪要三种类型。

二、改错题

请指出下面病文的错误，并写出修改稿。

《××××学会会议纪要》

时间：××××年×月××日

参加人员：常务副会长×××，副会长×××、×××、×××，办公室主任×××、副主任×××，活动中心主任××。

会议内容：

一、确定了学会的办公地点。根据××××年×月××日会议决定，×××、×××同志对学会办公地点进行了考察，经过比较，认为××大学办公条件优越，适合做学会的办公地点。会议决定，从即日起××××学会迁到××大学，挂牌办公。通信地址：××市××区×××路××号。联系电话：××××××××。

二、学会与××大学商定，由××大学给学会提供办公室、办公桌椅、电话和必要的办公费用。利用××大学的教学条件，双方共同组织举办秘书培训班等。

三、增补了学会副会长。为便于开展工作，建议增补××为学会副会长，负责学会的后勤保障和日常管理，先开展工作，以后提请×月份常务理事会确认。

四、制订了今年的活动计划。（以下内容为编者略）

××××学会

××××年××月××日

三、写作训练题

试以所在班为单位，召开近期组织全班郊游活动的班会，试根据此班会内容，完成以下写作训练：

1. 写一份会议纪要。
2. 除会议纪要外，根据此班会内容还能写出什么文种的公文？

本章小结

行政机关公文是行政机关在行政管理过程中形成的具有法定效力和规范体式的文书，是党政机关依法行政和进行公务活动的重要工具，其在撰写和运行过程中都有着比较严格的规定。本章主要包括行政公文概述以及通知、报告、请示、批复、通报、函、会议纪要7种使用最广泛的公文文种，使同学们在掌握行政公文基本格式和基本运行规则的基础上，通过常见公文的学习和训练，能够做到举一反三，进而掌握其他文种的基本写法。

通知被称为公文中的"老黄牛"，其用途十分广泛，尤其是知照性通知和会议通知，作为重中之重，在同学们掌握基本格式的基础上通过设置情景反复进行写作训练，真正达到能懂会写的目的；报告和请示作为上行文，要严格区分其异同，不能混用，注意不同类型的请示和报告的使用范围和写作要求，在实际工作中真正起到解决问题、沟通汇报的作用；函作为平行文，了解函的文种特征及不同类型的函的格式写法，重点把握函独特的语言风格；通报撰写时，重点把握对通报事实的认定和分析，掌握不同类型通报的文种功用及写作格式；会议纪要是以会议记录为基础的，掌握会议纪要特有的文体格式，写作时突出对会议内容要点的归纳和对现实工作的指导性。

第六章

日常事务文书

　　事务应用文是机关、团体、企事业单位或个人在处理事务时,经常使用的、有一定惯用格式的文体。事务应用文在人们处理日常事务中发挥着重要的作用,如在工作开始之前,要制订工作计划;在工作结束之后,要对工作进行总结;向上级领导汇报自己履行岗位职责时,要写述职报告;编制规章制度,保证工作顺利进行。事务应用文具有事务性、实用性、广泛性、程式性的特点。事务应用文包括计划、总结、简报、调查报告、述职报告、规章制度等。学习这部分内容,主要掌握各种事务应用文的文体特点、写作格式、写作要求,形成写作事务应用文的能力。

第一节　计划

情境导入

　　刘丽是一家牙膏生产公司市场部的员工,公司预备开拓新的市场,要求刘丽所在的部门制订一份市场拓展计划。

　　刘丽根据调查得知,牙膏市场虽然竞争激烈,但的确存在着相当巨大的潜在市场。卫计委、教委联合签署,从1989年开始,确定每年9月20日为"全国爱牙日",倡导普及刷牙和增进牙齿卫生,并在中小学中推广普及刷牙教育。

　　20多年过去了,刷牙普及率依然没有达到理想标准。国人每年牙刷人均消费量为5支,牙膏200克左右,与发达国家人均500克的消费水平相距甚远。究其原因,是刷牙率不高,其中农村的刷牙普及率低,大部人每天刷牙次数为1次。随着人们物质文化生活水平的提高,人们将越来越重视牙齿健康和个人清洁卫生。因此,牙膏的市场容量还将扩大。

　　请问,根据调查得到的数据,结合公司自身的实际,刘丽应该如何制订市场拓展计划呢?

一、计划的定义

　　古人云"凡事预则立,不预则废""人无远虑,必有近忧"。计划在工作、生产、学习过程中起着重要的作用。计划是机关、团体、企事业单位或个人对将要进行的工作、生产与学习提出预想的目标,并针对目标制定出具体的实施步骤、方法和措施所使用的应用文。计划是一个统称,常见的规划、纲要、设想、安排、打算、意见、方案、要点等都属于计划,但它们在目标远近、时间长短、内容详略方面各有特点。

纲要是长远、宏大的计划,它时间跨度长(一般三年以上)、范围广、内容较为概括,富有鼓动性。设想是一种粗线条、预备性、非正式的,还有待于进一步完善的计划,多数适用时限较长的计划。打算也是一种粗线条的、其想法不太成熟的非正式计划,相对于设想,它的内容范围不大且考虑近期要执行的工作。

二、计划的特点

(一)预见性

对未来时间段任务的预先安排。

(二)针对性

针对具体工作业务。

(三)可行性

避免目标定得过高或者过低,在现实中真正可行。

(四)约束性

在所指范围内具有约束作用。

三、计划的种类

计划可以从不同的角度,按照不同的标准分为不同的种类。
(1) 根据计划性质,分为综合性计划、专题性计划等。
(2) 根据计划内容,分为工作计划、生产计划、学习计划、实验计划等。
(3) 根据计划时间,分为远景规划,年度、季度、月份计划,旬、周计划等。
(4) 根据计划范围,分为单位计划、部门计划、个人计划等。
(5) 根据计划形式,分为条文式计划、表格式计划、条文加表格式计划。

四、计划的结构与写法

计划由标题、正文、结尾三部分组成。

(一)标题

计划的标题一般有三种写法:
(1) 完整式,由计划单位名称、计划时限、计划内容、文种名称四元素组成。如《××公司××××年度营销工作计划》。
(2) 省略式,即视实际需要省略某些标题元素。有的省略时限,如《××公司营销工作计划》;有的省略单位,如《2012年工作计划》;有的省略单位和时限,如《安全生产工计划》，凡省略单位的标题必须在正文后署名。

（3）公文式，即由发文机关名称、事由、文种组成。如《××总公司关于××××年机构改革工作的部署》。若计划尚不成熟或未经批准，则在标题后或正下方注明其成熟度，如"草案""讨论稿"字样，并加上圆括号。

（二）正文

计划正文一般由前言、主体组成。

1. 前言

一般要写以下四方面的内容：

（1）说明制订计划的依据。

（2）概述本单位的基本情况，分析完成计划的主、客观条件。

（3）提出总体任务和要求，明确完成计划指标的意义。

（4）指出制订计划的目的。

2. 主体

一般必须写清以下三方面的内容：

（1）目标任务。即在某一时段内要完成的工作任务，通俗地说就是写清楚"做什么"。

（2）措施。写清楚采取何种办法，利用什么条件，由何单位何人具体负责，如何协调配合以完成任务。措施即是写明"怎么做"。

（3）步骤程序。即写明实现计划分几个步骤或几个阶段，即"何时完成"。

（三）结尾

结尾可以用来明确执行要求、提出希望、发出号召、展望前景等，也可以在条款之后就结束全文，不写专门的结尾部分。计划在结尾之后，还要署明单位名称和制订计划的具体时间，如果以文件的形式下发，还要加盖公章。

五、计划的写作要求

（1）深入调查，集思广益。

（2）内容要明确、具体、可行性强。

（3）计划的内容要突出重点。

（4）语言准确、简明、平实。

××公司新职工培训指导计划

第一章　教育目的与内容

1. 教育目的

对本企业新录用的职工介绍企业的经营方针，传授本企业职工所必备的基本知识和业务技能,提高其基本素质,使之在较短时间内成为符合要求的职工。

2. 教育内容

(1) 明确本企业的生产目的和社会使命。

(2) 明确本企业的历史沿革、现状、在产业中的地位和经营状况。

(3) 了解本企业的机构设置和企业组织。

(4) 掌握本企业的规章制度和厂规厂法。

(5) 掌握本企业各部门的业务范围和经营生产项目。

(6) 了解本企业的经营风格和职工精神风貌。

(7) 了解本企业对职工道德、情操和礼仪的要求。

(8) 通过教育培训考察学员的个人能力和专业特长。

第二章 教育实施要领

1. 教育指导者

(1) 企业主要领导全面负责教育指导工作,其他领导应参与。

(2) 计划的编制和组织实施由总务部或人事部负责。

(3) 企业全体职工都应协助教育培训工作。

2. 培训时间

一般为3个月,根据实际情况可适当延长或缩短。

3. 编班

为便于组织培训,根据学员学历,可分成不同的班组,并指定一名班组长。外出参观或实习时,可根据实际需要,重新编班。

4. 时间安排

集中培训的时间安排为"上午:×时×分到×时×分;下午:×时×分到×时×分"。实习时间同企业工作时间一致。参观时间视情况而定。

5. 教育方法

(1) 专业知识传授采取集中授课的方式。

(2) 实习则采取到实习工厂或企业车间部门实际操作的方式。

(3) 参观。根据教员的布置,实地考察,并由学员提交参观报告。

(4) 培训日记。培训期间,要求学员对培训感想和认识做出记录,以提高学员的观察和记录能力。

(5) 在培训过程中,尽量让学员接触生产实践,尽量提供更多的参考资料和视听教材。

第三章 模拟安置

1. 目的

在新职工教育培训期间,根据企业的组织设置,将学员模拟安排到不同部门,以考察其能力和适应的部门,为正式安排提供依据;同时也使新职工尽快地了解企业情况。

2. 时间

模拟安置时间从培训正式开始起,到正式安排止。以15天为一周期,全体学员轮流更换工作。

第四章 教育培训实施要领

1. 基础理论教育(略)

2. 实习教育(略)

3. 注意事项

（1）对企业的机构设置、规章制度、生产经营管理系统要做重点介绍。

（2）对各部门的职权范围、工作内容等要做详尽介绍。

（3）要让学员清楚地掌握工作性质和责任。

（4）要使学员真正掌握业务知识。

（5）要重点培养学员的责任心和效率意识。

（6）培养学员的礼仪修养，养成礼貌待人的习惯。

（7）使学员意识到校园生活与企业生产的差别，感知到自己新的责任与地位。

（8）培养学员尊重知识、严肃认真的工作态度。

（9）注意培养学员的集体精神和企业意识。

（10）不应把新职工的教育培训任务仅局限于企业领导，要使全体企业职工参与教育培训工作。

2014 年 7 月 5 日

大学生学习计划

大学是一个终点，亦是一个起点。是小学、初中、高中式老师灌输式教育的一个终点，却是我们自主学习的一个起点。而学业是大学生立身之本，具备和拥有好的血液，才会有好的就业，好的职业。

一、树立正确的学习观，确定目标

大一是彷徨阶段，是刚从灌输式教育到自主学习的一个过渡期，此时我们感觉到无所适从，所以我们要做的就是赶快走出"自我迷失"阶段，尽快找到新的目标。首先从思想上升华，树立正确的学习观，大学并非高中老师口中所说的那么好玩，不用学习，不然毕业那一刻也将是我们失业的时刻。"活到老学到老"，我们只有不断充实我们的知识，精神才会永远活跃。所以，首先要认真学习我们的专业知识，其次才是其他的爱好学习。

目标一：过英语四级(大二下或大三)

随着世界经济一体化，英语已越来越为多数人所使用，成为世界的通用语言。为了将来能更好地适应工作和社会生活，我要努力学习英语，将英语口语、书面阅读能力以及写作能力提高，并努力争取在大二下学期拿到英语四级证书。英语四级是我校拿学位证所要求的。学习计划及过程：首先要认真学习课本知识，课外时间多进图书馆，查看四级词汇，重要是在课堂或生活中用心练习口语。

目标二:过全国计算机二级(一次性)

计算机二级亦是我们专业学位证所要求的,所以此项目标也是最基本的目标。实行此计划的第一步便是上课认真学习,但同时上课的时间远远不够我们学习,课余时间便应多去电子预览室,多加练习。在每周周末英语学习之后便可训练。

目标三:学好专业课

学习专业课是我们来大学的首要目的,它会成为我们出入社会存活的技能,所以专业课是我们要全力对待的,总结而言,便是努力学习。

目标四:不挂科

当然,在大学,不挂科也是一个很基本的要求。这便需要我们的每门课程要认真学习,不断努力。

二、养成良好的学习习惯

大一塑造的个性、养成的习惯可能会对我们的一生都有影响,所以大一的时候必须要对自己严格要求。兵法有云:"求上得中,求中得下,求下一无所得。"所以如果大一的时候就自我放松,我们便会成为一无所获者。要多去图书馆,要早睡早起。被窝是青春的坟墓,它会让我们放松从而懒惰,浪费我们的光阴。

以上都是针对我们学位证和学校的学习而言。但前面已说过,大学是自主学习的时候,学校的学习必需但却不是唯一。我们还需要多方面充实自己,完善自己,以最好的状态走向社会。

三、找到自己的乐趣,并大胆把握

大学的时候会有很多的活动,应用心参加并不怕失败。

其一,能够锻炼自己的社交能力,以后出入社会,不论是哪一行业,社交能力都是我们十分必要的能力,因此在大学时我们应抓紧机会多加练习。

其二,通过参加各项活动或比赛能够发现自己的乐趣并使自己的特长更长。

大学以前,我们都是将头埋进我们的课本,来不及审阅自己,发现自己的长处或者选取自己所喜欢的事情,大学便是我们好好对待自己的阶段。好好对待当然不是吃喝玩乐,是将我们真实的自己展示在人们面前而不是只会读书的我们。我的乐趣是演讲和辩论,所以,我不会错过每一次参加演讲和辩论的机会,不论成败,我都会坚持参加。

四、多阅读书籍,增加文学素养

超多的名著阅读也是我们大学甚至是生活所必需的,不论古今还是中外名著,里面都包含了无穷的知识能量,我们能够从中学习知识,也可学习做人。就本人而言,也十分喜欢阅读名著,但由于大学前,没时间也没条件去阅读,所以此刻便会抓紧机会阅读我所热爱的名著。

五、做兼职,增加社会实践能力

大一的时候,我加入了蓝天校园网,是介绍兼职的网站。兼职能够让我们补贴自己的生活费,减轻家庭经济负担,更重要的是能够提高我们的社会实践能力,丰富我们的阅历。让我们能够更快地融入环境融入社会。兼职也锻炼了我们各方面的能力,如交际能力、应酬能力等。所以在大学我会充分利用我的时间,这将会是个不断进步,不断完善自己的过程。

六、关心时事,跟进时代的步伐

在 21 世纪信息更新速度加快的时代,我们新一代大学生已经不能再两耳不闻窗外事,一心只读圣贤书了。我们应时刻关心时事,跟紧时代的脚步,锻炼自己对于外界信息的敏感度,在信息中提取有利的信息资源,使自己能以最快的速度,创立有利于自己的局面。这样才能不被时代的洪流所淘汰,并站在时代的尖端。同时还需随时关心专业方面的动态。

海阔凭鱼跃,天高任鸟飞。大学所赋予大家的时间是相等的,但是每个人所能得到的东西是不一样的,四年后,我们握在手里的究竟是利剑还是无用木剑,这取决于我们自己。要想在四年后,在同辈中脱颖而出,那就要靠自己的努力了,即使自己没有别人聪明,只要努力,笨鸟同样能够先飞。

王 飞
2017 年 1 月 5 日

一、填空题

1. 计划具有_____和_____两个特点。
2. 按写法分,计划可分为_____、_____和_____三种类型。
3. 计划的标题,一般有_____、_____和_____三种写法。

二、写作训练题

试拟制一份本班近期课外活动的计划。

第二节　总　结

情境导入

山东某乡镇人民政府在 2017 年度,把农村工作作为政府工作的重点,抓住扶贫开发机遇,加快城镇建设步伐,加大基础建设力度。全面统筹社会各项事业,深入构建和谐社会。加强社会治安综合治理,维护社会稳定。在全乡干部群众的共同努力下,改善了民生,促进了农民生活水平不断提高,使各项工作取得了实质性进展。

虽然如此,依然存在着一些不容忽视的问题。如农村基础设施薄弱,农业规模化、组织化、品牌化程度不高,农民持续增收难度加大;交通、土地、资金、人才等要素制约突出,投资发展环境有待进一步优化;政府个别部门职能转换不到位,干部思想观念和工作作风有待进一步改善。

根据上面提供的材料,如何写一份合格的工作总结呢?

一、总结的定义

总结是对前一阶段的工作进行回顾检查、分析评价,从中找出成绩与问题、经验与教训,以明确努力方向,指导今后工作的一种文体。总结使用的范围广泛,任何单位或个人在完成一段时间的工作任务后,都要对其进行回顾、检查,以指导今后的工作。

二、总结的特点

(一)理论性

对现象的理性分析,目的在于总结经验,寻找教训,认识规律。

(二)指导性

对本部门或者其他单位部门的工作具有指导作用。

(三)说明性

使用简洁、准确、通俗的语言叙述过去的工作情况。

(四)客观性

对工作中的是非功过得失评价能做到客观公正。

三、总结的种类

总结根据不同的标准,可分为以下几种类型:
(1)按内容分,有工作总结、学习总结、生产总结、思想总结。
(2)按性质分,有综合性总结和专题性总结。
(3)按范围分,有单位总结、部门总结、个人总结等。
(4)按时间分,有年度总结、季度总结、月总结等。

四、总结的结构与写法

总结一般由标题、正文、落款组成。

(一)标题

总结的标题要根据总结的要求和内容而定,总结的标题有以下两种:

1. 公文式标题

一般由单位名称、时间、内容、文种构成。

2. 新闻式标题

此类标题是对总结内容的概括,其作用是突出总结的中心。新闻式标题有两种形式,一种是单标题,用来提示总结的中心;一种是双标题,包括主标题和辅标题。

(二)正文

正文大体包括以下几部分内容。

1. 开头

开头主要介绍工作的基本情况,包括工作时间、工作背景、经过概况、工作结果等。

2. 主体

主体是总结的重点部分,一般包括:

(1)成绩、经验。

成绩是指在实践活动中所取得的物质成果和精神成果。

(2)存在的问题。

主要阐明工作中存在的问题并分析原因,找出工作差距。

(3)今后的努力方向。

这是在总结经验教训的基础上,分析形式,明确方向,确定任务,提出措施,展望未来。这部分可长可短,但必须起到鼓舞斗志、增强信心的积极作用。可以用"今后我们的工作将从以下几个方面入手""今后我们的工作将着重解决以下几个方面的问题"作为本部分的开头。

(三)落款

在正文的右下角写明单位名称或者个人姓名,在落款下面写明总结的具体日期。

五、总结的写作要求

(1)坚持正确的指导思想。

(2)坚持实事求是的态度。

(3)坚持观点和材料的统一。

(4)语言准确、简明。

例文 1

实行"三化"提高工作质量

办公室工作的被动性、从属性、事务性和服务性特点,常常导致办公室在忙、乱、杂中运转。如何从被动中求得主动,提高办事效率、办公质量?现将我们的一些做法介绍出来,以期抛砖引玉。

我们采取"抓住重点,带动一般"的办法,在重点项目上建立健全工作程序、标准和制度,实现工作程序化、标准化和制度化,从被动中求主动。具体来说就是:抓住文件、会议,小车管理和接待协调三大项目,带动其他日常工作,对各项工作都要求绘出程序图,制定出制度和标准,在规定目标的同时,也规定达到目标的方法。

首先,我们根据三个重点项目各自的特点,绘制了《经理办公程序》《行政会议组织程序》《公文审稿工作程序》《客人接待工作程序》《小车安排工作程序》等二十四个工作程序图,制定和完善了《草拟公文工作标准》《秘书日常工作标准》《文稿修改工作标准》《复印文件工作标准》等十二个工作标准和《关于复印文件暂行规定》《关于保密工作的暂行规定》《关于印信使用的暂行规定》等八项工作制度,使各项工作有程序、标准和制度可依。

其次,在严格执行上下功夫。例如,我们要求在办公中严把"四关",即:一把拟办单位关,要求拟办单位草拟文件时不草率;二把文字关,即看是否要行文和以什么形式行文,是否符合党和国家的政策法规,文字表达是否准确、简练、通顺,涉及几个部门时是否协商一致,和本单位前后文件是否有矛盾,体例格式是否规范;三把打字、校对、印刷、装订、分发关;四把文件发出后的催办关。通过严把"四关",使文件的草拟、审核、审批、打印、校对、印刷、装订、分发与催办形成一条龙,从而保证了文件整体质量的提高。再如,在提高会议质量时,我们根据所规定的工作程序、标准和制度,主要抓了会前的准备工作,会中的记录和提醒,会后的记录整理和有关事项的催办和反馈四个环节。会前填写会议议题单,会后下发会议决定通知单或会议纪要,严格控制会议,认真整顿会风,提高了会议质量。

经过几年的实践,我们体会到,实行工作程序化、标准化和制度化,可以使复杂的工作条理化、规范化和责任化,使每个人都明确自己的责任和权限,达到用时少、效率高的目的。

××石化总厂储运公司
2015 年 12 月 28 日

办公室秘书个人年终总结

一年来,在局领导的关怀和同志们的支持帮助下,在全体同志的支持配合下,我服从工作安排,加强学习锻炼,认真履行职责,全面提高完善了自己的思想认识、工作能力和综合素质,较好地完成了各项目标任务。

现将本年度工作做如下总结:

一、在学习中不断提高自己

办公室工作涉及面广,对各方面的能力和知识都要掌握,如不注意加强学习,就可能无法胜任某些工作,所以就必须用理论武装头脑。在平时工作中我积极学习新知识,把政治理论知识、业务知识和其他新鲜知识结合起来,开阔视野,拓宽思路,丰富自己,努力适应新形势、新任务对本职工作的要求。积极提高自身各项业务素质,争取工作的主动性,努力提高工作效率和工作质量。经过不断学习、不断积累,已具备了办公室工作经验,基本能够从容地处理日常工作中出现的各类问题,保证了本岗位各项工作的正常运行。

二、日常工作

办公室是我局的服务中心和运转中心,担负着上情下达、下情上报、各种文件的印发、信息的报送以及后勤服务等。工作中我牢固树立了"办公室无小事"的思想,严格按照"五个一"的标准来要求自己,即接好每一个电话,接待好每一个来办事的人,完成好每一件交办任务,做好每一个记录,处理好每一份文件,力求周全、准确、适度,避免疏漏和差错。只有这样,在相对烦琐的工作中才能端正工作态度,兢兢业业做好本职工作。

一是做好各类会务工作。全力做好各项会议和活动的准备、布置和接待。对每一次会议和集中活动,无论其规模大小、规格高低、会务繁简,都做到了会前充分准备,会中精心组织,会后认真总结,确保万无一失。

二是理顺头绪,做到"事无巨细"。办公室工作比其他部门相对要烦琐,有时候电话通知会议或者领取文件就会打一两个小时,而且重复性很强,具体的工作如:各种文件的印发、信息的接收和报送、会议的筹备及后勤保障等。这就需要我时刻保持"清醒",遇事不慌,分清事情的主次、轻重,理清头绪再做,这样可以保证我在有限的工作时间内完成更多的工作。

三是认真做好统计汇总工作。按要求定期对"领导干部廉政档案管理系统、机关事业单位固定资产管理系统、公共机构能耗统计分析系统"等电脑网络系统进行数据统计汇总及报送,经过统计整理,共向相关部门报送数据20余次。在这些工作中我努力做到一丝不苟,杜绝粗心大意,力求做到凡事都要高标准、严要求,努力减少工作失误。

四是做好后勤工作。各种办公用品的维修和耗材的购买等,确保办公设备能够正常使用,为各项工作的顺利开展提供后勤保障。

五是认真做好文件档案管理。对各种文件及时收发、登记、归档,保证上传下达;把我局业务工作中形成的具有参考价值的文书材料进行整理、分类、归档,做到资料齐全、目录清楚、装订规范、保管有序。

三、工作中存在的不足

以上这些是今年我在办公室工作的体会和收获,但由于我自身还存在很多不足,导致很多工作做得不够理想,比如:对办公室工作了解还不够全面,有些工作思想上存在应付现象;工作主动性不够;办事效率有待提高,事情多的话还存在顾此失彼现象,某些工作在细节上还有待加强,等等。

也许,我并没有做到让领导和同事们真正满意,但我坚信只要努力做到"勤奋"二字,遇到事情尽心努力去做,就一定能够做好。

李　媛
2016年12月26日

思考与练习

一、判断题(正确的在后面的括号内打"√",错误的打"×")

1. 能否找出带有规律性的认识,用以指导今后的工作,是衡量一篇总结质量好坏的标准。(　　)
2. 总结要既报喜,又报忧。(　　)
3. 总结要把感性认识上升到理性认识的高度。(　　)
4. 写总结一般用第三人称。(　　)

5. 写总结一定要按照完成工作的时间先后顺序来写。（　　）
6. 总结的正文在结构安排上只有分布式和纵式两种。（　　）

二、写作训练题

试写一篇入学以来你所在班的班级工作总结。

第三节　调查报告

> **情境导入**
>
> 小王去一家食品公司应聘，经理说："你去当地最大的食品批发市场看看，半个月后写一份市场调研报告交给我，然后再定待遇问题。"如果你是小王，你该怎么做？

一、调查报告的概念

调查报告是对某一情况、某一事件"去粗取精、去伪存真、由此及彼、由表及里"的分析研究，揭示出本质，寻找出规律，总结出经验，最后以书面形式陈述出来。

二、调查报告的类型

调查报告，按其内容和性质划分，大致可分为以下四种类型：

（一）介绍典型经验的调查报告

某一地区、某一单位、某一企业在贯彻落实党和国家的各项方针政策过程中，或在日常的思想政治、经济建设、科学教育等方面取得了突出的成绩，为了把他们的具体做法和成功奥秘反映出来，可以对他们进行专题调查，然后写出调查报告，这种类型就是介绍经验的调查报告。如《关于国有大中型企业推行承包制的情况调查》。

（二）揭露问题的调查报告

针对某一存在的问题展开调查，以揭示这一问题的种种现象和深层原因为主要目的的调查报告。它的主要功能是揭露和批判，探究问题产生的原因，分析问题的症结所在，提供解决问题的思路和方法。如《行政处罚听证制度缺陷问题调研报告》。

（三）反映新生事物的调查报告

针对社会现实中某种新近产生或新近有了长足发展的事物而写的调查报告。在现实社会中，新生事物总是不断涌现的，反映新生事物的调查报告的文体功能，就是全面地报道某一新生事物的背景、情况和特点，分析它的性质和意义，指出它的发展规律和前景。如《关于发展低碳经济问题研究调研报告》。

（四）反映社会情况的调查报告

针对一些社会情况所写的调查报告。这里所说的社会情况，主要是指社会风气、百姓意愿、婚恋、赡养、衣食住行等群众生活各方面的基本情况。这类调查报告虽不直接反映政治、经济等重大问题，但百姓生活也是跟政治、经济密切相关的。另外，这也是群众最为关心的一些问题。如《北京人出游记——北京居民京、津、沪地区旅游消费调查》《中国夫妻过得怎样》等，都属于这种类型的调查报告。

三、调查报告的特点

（一）写实性

调查报告的内容必须真实，作者写作时要力求客观。事实是调查报告的基础，在调查报告中不能夸大，也不能缩小，更不能歪曲事实。作者不能弄虚作假，必须客观地反映调查对象的真实情况，实事求是地分析评价，得出符合客观实际的结论。否则，没有真实性，调查报告也就失去了应有的作用。

（二）针对性

调查报告的目的是直接服务于现实工作。这就需要针对现实中的具体工作或问题进行系统的调查，并将结果形成书面报告，或总结经验，提供情况，或反映问题，查明真相，以引起有关方面的重视，成为决策时的参考依据。因此针对性是调查报告的关键，针对性越强其价值也就越大。

（三）逻辑性

调查报告离不开确凿的事实，但又不是材料的机械堆砌，而是对核实无误的数据和事实进行严密的逻辑论证，探明事物发展变化的原因，预测事物发展变化的趋势，提示本质性和规律性的东西，得出科学的结论。

（四）时效性

调查报告是服务于现实工作情况的，这就决定了它的时效性。尽管不像新闻那样紧迫，但必须针对现实需要，回答的是迫切的、最有现实意义的问题。即便是考查既往的事件，也应该着眼于今天的需要。

四、调查报告的写作方法

调查报告的结构没有固定不变的格式，一般包括标题、正文、署名三部分。

（一）标题

设计好调查报告的标题很重要，好的标题可以概括揭示正文的主要内容，使人阅读方便，唤起读者注意，聚精会神进入阅读状态。

1. 新闻式标题

这种标题十分灵活，有的采用单标题，如《质量比品牌更重要》；有的采用双标题，如《基层民主的新验证——××县村民代表会议制度建设调查》。

2. 公文式标题

这类标题往往重在表现调查报告的主题，一般由调查对象或主要事由＋文种构成，如

《关于大学生睡眠问题的调查报告》。

(二) 正文

调查报告的正文一般由开头、主体、结尾三个部分组成。

1. 开头

开头部分也叫"前言""导语""引言"。开头的写法多种多样,有的对全文做简要说明;有的交代调查的目的、时间、地点、对象、经过、范围等一些要素;有的概括调查对象所取得的成绩、经验、突出主旨;有的会提出一个大家所关心的问题,吸引人们的视线等。不管哪种形式的开头,都要求开门见山,简明扼要,提纲挈领,紧扣主题,给人一个总的印象。如:

(1)《家用轿车市场调查报告》的开头。

随着人们物质生活水平的不断提高,家用轿车已驶入寻常百姓家,成为新的消费热点。据统计,我国的家用轿车 10 年的销售量为……,年增长率为……,而且这一趋势仍在增长。为进一步了解我国家用轿车的消费状况,我们预测与决策社会实践小组特组织此次调查。

(2)《小学生零花钱调查报告》的开头。

现在,我发现有许多小学生总会带一些零花钱到校外的小卖部里去买东西吃或买玩具玩。可是,这些小学生的零花钱是从哪里来的呢?为此,我做了一份调查报告。

(3)《房博会上听民声——住房需求调查问卷分析报告》的开头。

在 2012 年的金九银十,绍兴市第十二届房地产博览会举行之际,搜狐焦点网协同九城公园里针对参加本次房博会的购房者展开了购房置业调查活动,真实地反映了绍兴楼市购房者的生存面貌。

2. 主体

主体部分详细叙述调查报告研究的具体情况、做法和经验,是调查报告的关键部分。但由于调查报告的类型不同,其具体写法也不一样。

反映情况类的调查报告一般从介绍调查到的基本情况(主要特点或成绩)、分析其存在的原因、提出改进的意见和建议三个方面来写。

介绍经验类的调查报告分别从介绍基本情况(主要成绩)、具体做法(采取的主要措施)和取得的主要经验三个方面来写。

揭露问题类的调查报告分别从基本情况(问题发生的过程和事实)、原因分析及产生的后果、应当吸取的教训和整改或处理的意见和建议四个方面来写。

主体部分材料丰富、内容复杂,一般分条列项或以小标题形式进行阐述。但不管用什么结构方式,都要做到观点和材料的统一,要选用最典型的材料说明观点,要恰当地运用事实说明观点,善于运用不同的材料,从对比中说明问题,阐述观点。

3. 结尾

结尾写法相当灵活。可以总结全文主要观点,深化主题;可以提出问题,发人深思;可以展望前景,给人以希望;可以对解决问题的措施和办法提出建议供参考;还可以自然而然,正文讲完,文章结束,戛然而止。总之,结尾要根据实际需要,不可矫揉造作,画蛇添足。

(三) 署名和日期

署名时要注意,如果是单位署名,可将单位名称放在标题中(用公文式标题)或下一行中间位置;如果是个人署名,可署在文尾右下方;如若要在报刊上发表,就应该放在标题下面。日期署在正文末的右下方。

五、调查报告的写作要求

(一) 深入调查,占有材料

深入调查,全面、详尽地占有第一手材料是撰写调查报告的前提,因此,必须首先学习与调查内容有关的党和国家的路线、方针、政策,领会其精神实质,然后拟定其调查提纲,确定调查的目的、对象和要点,安排调查的方法、时间和进度。深入实地、扎扎实实地做调查,充分掌握第一手材料。

(二) 研究材料,提炼观点

研究是从调查到形成报告的关键环节,将调查得到的事实材料,进行去粗取精、去伪存真、由此及彼、由表及里的加工制作,分清主流与支流、本质与现象,辨明真与假、虚与实,找出事物内部的联系与规律,提炼出明确的理论观点。

(三) 合理布局,有叙有议

根据调查报告的类别确定采取何种结构形式,根据调查报告的内容选择何种表现手法。调查报告要用事实说话,要准确地叙述客观事实,把事情的发生、发展和变化过程交代清楚,但叙述仅是手段,不是目的,目的是要通过叙述事实,引出理性认识,得出正确的结论,要在叙述事实的基础上进行,要叙议结合、相辅相成。

(四) 实事求是,讲究方法

调查报告要在对调查所得的全部材料的分析中总结出能揭示事物规律的结论,不论是成绩或者问题,经验或者教训,对策还是建议,都是实事求是的结果。要讲究方法,是指在观点与材料的表述上下功夫,做到观点鲜明、准确,用事实讲话,观点统帅材料,材料证明观点。

2017年火灾事故调查报告

2017年5月25日19时30分许,河南省平顶山市鲁山县康乐园老年公寓发生特别重大火灾事故,造成39人死亡、6人受伤,过火面积745.8 m^2,直接经济损失2 064.5万元。

事故发生后,党中央、国务院高度重视,习近平总书记、李克强总理立即作出重要指示批示,要求全力救治受伤人员,妥善做好遇难者善后和家属安抚工作,并查明事故原因,依法追究事故责任,全面排查各方面的安全隐患,坚决避免类似事故再次发生。张高丽、马凯副总理,杨晶、郭声琨、王勇国务委员也都作出重要批示。公安部、安全监管总局等立即派出工作组赶赴现场,传达贯彻落实党中央和国务院领导同志重要指示批示精神,指导地方做好事故救援和善后处理等工作。

依据《安全生产法》和《生产安全事故报告和调查处理条例》等有关法律法规,经国务院批准,5月27日,成立由安全监管总局副局长孙华山任组长,安全监管总局、公安部、监察部、民政部、全国总工会、河南省人民政府有关负责同志等参加的国务院河南平顶山525特别重大火灾事故调查组(以下简称事故调查组)开展事故调查工作,并邀请最高人民检察院派人员参加。事故调查组聘请公安部火灾事故调查专家组、公安部天津消防研究所、公安部沈阳消防研究所和中国安全生产科学研究院等单位的8位专家参与调查工作。

事故调查组按照"四不放过"和科学严谨、依法依规、实事求是、注重实效的原则,通过现场勘验、查阅资料、调查取证、实验测试、检测鉴定和专家分析论证,查明了事故发生的经过、原因、人员伤亡和直接经济损失等情况,认定了事故性质和责任,提出了对有关责任人员和责任单位的处理建议,并针对事故原因及暴露出的问题,提出了事故防范措施。现将有关情况报告如下:

一、基本情况

(一)事故单位情况

1.单位概况(略)

2.资质情况(略)

(二)主要建筑情况

1.公寓整体布局(略)

2.起火建筑(略)

二、事故发生经过及应急救援情况

(一)事故发生经过(略)

(二)单位组织初起火灾扑救和疏散人员情况(略)

(三)消防队接警出动、灭火救援及搜救情况(略)

(四)当地政府应急处置情况(略)

(五)医疗救治和善后处理情况(略)

三、事故原因和性质

(一)直接原因(略)

(二)间接原因(略)

(三)事故性质(略)

四、对事故有关责任人员及责任单位的处理建议

(一)司法机关已采取措施人员(31人)(略)

(二)建议给予党纪、政纪处分的人员(27人)(略)

(三)其他建议(略)

五、防范措施

（一）落实企业主体责任和政府部门安全监管责任（略）

（二）加强养老机构安全管理（略）

（三）加大对民办养老机构的政策扶持（略）

（四）加强消防安全日常监督检查（略）

（五）严格养老机构等人员密集场所的消防安全整治（略）

（六）进一步加大对违法违规经营和失职渎职行为的查处力度（略）

国务院河南平顶山
525特别重大火灾事故调查组
2017年8月24日

思考与练习

一、填空题

1. 调查报告的结构一般包括_____、_____、_____三部分。

2. 调查报告的特点有_____、_____、_____、_____。

二、判断题（正确的在后面的括号内打"√"，错误的打"×"）

1. 写调查报告有特定目的。要达到其目的，就要"解剖麻雀"——认真分析研究材料，去粗取精、去伪存真、由此及彼、由表及里地做出科学的概括性结论，找出带规律性的东西。（　　）

2. 写作调查报告没有特定目的，从实际情况出发，调查得到了什么样的材料就写什么样的报告。（　　）

3. 调查报告在结构上大多运用层层递进的"总分式"结构。（　　）

4. 调查就是了解情况，写调查报告的最根本任务就是将调查的原始材料如实地向领导汇报。（　　）

5. 调查报告的针对性强，要针对人们普遍关心的事情或者亟待解决的问题而撰写。（　　）

三、写作训练题

写一份调查报告：

A. 从以下题目中选择一题，学生分组拟出一份调查问卷；

B. 根据课堂设计问卷调查表，开展调查活动；

C. 撰写出调查报告。

调查参考题：

（1）本校（本班）同学消费情况调查；

（2）本校（本班）同学课外阅读情况调查；

（3）本校（本班）同学业余爱好调查；

(4) 本校(本班)同学对各门学科的学习兴趣与成绩情况调查;
(5) 对在同学中引起强烈反响的现实问题的调查。

第四节 会议记录

情境导入

入职半年来,李明一直在办公室干一些收拾卫生、分发报纸、接待外来人员等基本的行政事务。一天下午2点,公司要召开临时董事会,可是负责会议记录的秘书小张却因事没有赶到,王经理让李明临时代替小张去负责这次的会议记录。如果你是李明,你能圆满完成这次任务吗?如何完成?

一、会议记录的概念

会议记录是指在会议过程中由专门的记录人员将会议情况和会议内容如实笔录而形成的一种书面材料。

二、会议记录的种类

从反映会议情况和内容的详略程度来分,会议记录主要有以下三种:

(1) 详细的会议记录。即对会议的全过程、会上每个人发言的原话和语态声调等做详细的记录。

(2) 摘要式会议记录。这种记录不是有话必录,只要求将发言人有关会议议题的讲话要点、重要数据和材料记录下来。

(3) 重点式会议记录。这种记录不要求把会议过程和个别发言逐一记录下来,只是提纲挈领地记录会议的主要内容或会议决议。

三、会议记录的特点

会议记录一般具有实录性、客观性和规范性的特点,既不能带有记录者的主观情绪,又必须严格按照记录的规范要求。

(一) 实录性

大多数的会议记录是由记录员在开会过程中同步记录的。一些特别重大的会议,可借助录音先做同步实录,会后再根据录音做笔录,这也是以忠于原话实录为原则的。正因为如此,会议记录才具有资料依据和存档备查的价值。

(二) 客观性

会议记录要求记录员坚持"怎么说就怎么记"的原则,不允许以任何方式在记录过程中掺杂个人的倾向性看法,更不允许做虚假记录,任意歪曲他人发言中原话的基本含义。

(三)规范性

会议记录的规范性主要体现在五个方面:一是应使用机关统一的记录专用笺;二是应按统一的记录格式记录,会议标题、会议组织情况、会议进行情况、尾部四个部分不能有缺漏;三是快速记录时应使用规范的简体字和行书字体,即使字迹潦草也能辨认;四是应使用规范的速记和紧缩记法,并于会后立即译写出来;五是应使用灌注碳素墨水或蓝黑墨水的钢笔做记录。

四、会议记录的写作方法

会议记录有"笔录""录音""录像"等几种操作手法,"录音""录像"只是一种手段,最终还是要将录下的内容还原成文字。"笔录"和"录音""录像"相辅相成,能使记录更准确、更真实、更可靠。

会议记录一般由标题、会议组织情况、会议进行情况、尾部四个部分构成。

(一)标题的写法

(1)由机关、会议名称和文种构成,如"××学院教学会议记录"。

(2)由会议名称和文种构成,如"党组扩大会议记录"。

(3)只用文种作为标题,如"会议记录"。

(二)会议组织情况

会议组织情况包括时间、地点、出席人、缺席人、列席人、主持人、记录员、议题共8项。每项分行依次排列,且需详细清晰。这些内容要在会议主持人宣布开会之前写好。

(三)记录会议的内容

一般包括会议主持人的发言,会议上的报告或传达了什么事情,讨论了什么问题,以及通过的决定等,就是我们常说的会议议题、发言人及发言内容、会议决议。记录时应该注意以下问题:

(1)如果有多个议题,可以在议题前分别加上序号。

(2)记录每个发言人的发言时都要另起一行,写明发言人的姓名,然后加冒号,再记发言内容。

(3)会议决议事项应该分条列出,有表决程序的要记录表决的方式和结果,此项内容一般由主持人加以系统归纳。对于归纳的结果,应逐字逐句记录,与会者无异议时,应随即写上"一致同意"或"一致通过";有持异议者,必须详细记录不同意见;有弃权者,也应如实记录上。

(四)记录的结尾

记录的结尾部分,先另起一行,写明"散会"并注明时间。然后在右下方写明"主持人:(签字)""记录人:(签字)"。

为了方便记录,提高效率,有时用事先印刷好的会议记录表格,其格式如下:

会议记录

会议名称		会议时间	
会议地点		会议主持人	
出席人、列席人			
缺席人			
记录人		审阅签字	
会议议题			
会议内容记录			

五、会议记录写作的注意事项

会议记录速度要快,要求绝对真实。

(一)记录必须以忠实于原话为原则

详细的会议记录甚至要将发言人的语态声调等做详细的实录,因此,它有资料依据和存档备查的价值。

(二)会议记录有严格的规范性

一般体现在:使用机关统一的记录专用笺;按统一格式写,内容不可或缺;快速记录时应使用规范的简化字和行书字体;使用规范的速记和紧缩记法;使用灌注碳素墨水或蓝黑墨水的钢笔做记录。

(三)会议记录与会议纪要不同

会议记录是当时会议的实录;会议纪要是会后用于记载和传达会议情况和议定事项的一种文书,有汇报、传达及通报、交流的作用。

知识链接

会议记录四个要领:

一快,即书写要快;

二要,即择要而记;

三省,即在记录中正确地使用省略法。

(1)使用简称、简化词语和统称;

(2)省略语句和句子中的附加成分、相同成分;

(3)省略比较长的成语、俗语、熟悉词组、句子的后半部分,画一曲线代替。

(4)省略引文。

四代,即用较为简便的写法代替复杂的写法。

(1)用姓代全名;

(2)用易写的同音字代替笔画多难写的字;

(3)用音节少、笔画少好写的同义词、近义词代替音节多、笔画多难写的词;

(4)用阿拉伯数字和国际上通用的发号代替文字。

 **例 文**

宏远公司项目会议记录

时间:2017年3月12日上午9时

地点:公司第一会议室

出席人:各分公司与直属部门的经理

缺席人:第三分公司总经理×××(出差深圳)

主持人:高飞(集团公司副总裁)

记录人:周游(总经理室秘书)

一、主持人讲话:今天主要讨论一下"美廉娱乐城"的兴建立项以及如何开展前期工作的问题。(略)

二、发言

第一分公司李总:该项目的选址应定位在亚运村以北,清河以南……(略)

第二分公司张总:该项目应以体育健身为龙头带动其他餐饮娱乐项目。(略)

市场部刘总:汇报该项目市场调查与预测的结果。(略)

财务部莫总:汇报公司的资金状况。(略)

技术部王总:汇报建筑项目投、招标情况。(略)

策划部梁总:讲述三种关于该项目的前期策划设想,前期的宣传投入应该加大。(略)

财务部莫总:前期宣传投入要慎重,理由有三。(略)

策划部梁总:前期投入一定要加大,因为……(略)

三、决议(一)一致通过该项目的选址定在××地段(举手表决)。

决议(二)一致通过该项目第一期投入人民币×××万元(举手表决)。

决议(三)(略)

四、散会(上午12时)

主持人:高飞(签名)
记录人:周游(签名)

评 析 这是一份格式规范的会议记录,标题由机关+会议名称+文种构成。记录依据会议的程序,紧扣会议主题,分为主持人讲话、集体发言讨论、会议决议三部分,条理清楚,重点突出。记录中对发言者、汇报人不可直呼其名,而以姓氏加职务(职称)代之,如"王××"写作"王总"。会议中如有争议问题,还应该把争议问题的焦点及有关人员的发言争论观点记录下来。会议记录是不容更改的原始凭证,因此会议记录结尾要注意签名,表示对该会议记录的负责。

 **思考与练习**

一、填空题

1.会议记录具有_____、_____和_____三个特点。

2. 会议记录的种类有_____、_____、_____三种。

二、判断题（正确的在后面的括号内打"√"，错误的打"×"）

1. 会议记录和会议纪要一样，也是公文。（　　）
2. 会议记录有时可以公开发表。（　　）

三、简答题

简述会议记录和会议纪要的区别。

第五节　述职报告

情境导入

随着我国干部人事制度改革的进一步深化和公务员制度的实行，工作中的每一个人，不管是工作转正，还是回顾一个月、一个季度、半年工作时，都要进行个人述职报告，工作述职作为考核干部和员工程序中的一个重要环节，越来越显出其重要的意义。

假若毕业后你进入了一家大型企业担任某职务，一年后转正时，领导要求你写一份述职报告，你将如何起草？

一、述职报告的概念

述职报告是领导干部依据自己的职务要求，就一定时期内的任期目标，向选举或任命机构、上级领导机关、主管部门以及本单位的干部群众，汇报自己履行岗位责任情况的书面报告，是干部管理考核专用的一种文体。

述职报告虽以"报告"为名，跟作为党政主要公文的"报告"却不是同类文体，内容、功能和作者身份都有很大不同。

二、述职报告的作用

（一）撰写述职报告是完善干部管理制度的一项重要措施

在岗位职责明确的前提下，要求担任一定职务的领导干部定期撰写述职报告，便于干部管理部门对领导干部的理论水平、道德品质、文化修养、业务能力进行全面细致的考察，以便根据干部自身的发展趋势，有计划有目的地进行选拔、培养、使用干部，减少或避免使用干部中的主观性和盲目性。

（二）述职报告是广大群众评议干部的依据

领导干部在某个岗位上工作一段时间之后，通过述职报告的形式向广大群众汇报履行岗位职责的情况，让群众进行审查和评议，这是领导干部接受群众监督、倾听群众意见的有效方式，有助于密切干部群众的关系，克服官僚主义作风。

（三）撰写述职报告有利于干部的自我提高

领导干部在某个岗位上工作一段时间之后,需要通过述职的方式对自己前一段的工作实践进行回顾,总结以前的工作经验,汲取以前的失败教训,强化自己的职责观念。这对于更好地探索本职工作的规律,促进领导干部自我认识、自我学习、自我提高有着重要的作用。

三、述职报告的内容

（一）岗位职责

述职报告首先要简明扼要地介绍自己的基本情况,如所任职务、任职时间。然后要详细介绍自己的岗位职责范围,即自己分管的工作、任职期间的主要工作目标。

（二）指导思想

领导干部的工作有其目的性和原则性,那就是站在党的立场上,依据党和国家的政策法规去观察事物、分析问题、处理问题、开展工作。没有正确的指导思想,没有对党和国家的方针政策的深入领会,就不可能辨明工作中的是非曲直,看清事物的本质,找出存在的问题,采取正确的方法,从而很好地完成自己的本职工作。

（三）主要工作

这是述职报告最主要的内容。要向组织向群众如实地汇报自己所做的主要工作,工作过程中所取得的成绩以及由此带来的经济和社会效益,工作中出现的失误以及由此造成的损失,都要一一汇报。

（四）经验和教训

对自身的工作实践,要概括出一些规律性的认识,其中包括成功的经验有哪些,今后应该如何发扬;失败的教训有哪些,今后应该如何防止。

四、述职报告的写法

述职报告由标题、称谓、正文、落款四部分构成。

（一）标题

标题有多种写法。可大致概括为公文式标题和新闻式标题两种模式。

1. 公文式标题

（1）由职务、时间、文种构成标题,如《××省教委办公室主任2017年度述职报告》。

（2）由职务和文种构成标题,如《××公司总经理述职报告》。

（3）由时间和文种构成标题,如《2017—2018学年述职报告》。

（4）只用文种名称作标题,如《我的述职报告》或《述职报告》。

2. 新闻式标题

（1）单标题。

体现主要内容,从内容中提取标题,如《思想工作要结合教学工作一起抓》。

（2）双标题。

将内容的侧重点或主旨概括为一句话作正标题，以年度和文种构成副标题，这就形成了双标题，如《全心全意为老干部服务——2017年度述职报告》《努力抓好"菜篮子"和"米袋子"——我的述职报告》。

（二）称谓

写述职报告的对象或呈送的部门，比如"各位领导""董事会""组织人事部"等。

（三）正文

1. 开头

用简明性的语言来概括，表现出自己端正认真的态度，为整篇述职报告打下基调。一般包括三个方面的内容：岗位职责、指导思想、概括评价。

岗位职责包括自己从何时起担任何职，主要负责什么工作；指导思想是说明自己在什么样的思想原则、方针政策指引下进行工作的；概括评价是对自己工作的基本评价。三个方面的内容都要简略地写，一般一个自然段即可。

2. 主体

主体是述职报告的核心部分，即履行岗位职责的情况。主要内容为：自己的工作思路，工作的指导思想及工作的成效与经验，要着重介绍有代表性的典型的工作实绩，概述工作中存在的问题、失误和改正措施以及努力方向。

3. 结尾

结尾部分既要简明，又要表现出述职人谦恭的精神，并注意使用惯用语。通常写"以上报告，请领导和同志们指正""以上是我的述职报告，谢谢各位"等一类的话。

（四）落款

在述职报告的末尾落款处，写述职者的姓名及时间。

五、述职报告的写作要求

（一）实事求是

要讲真话、讲实话、讲心里话，以诚感人。无论称职与否都要与事实相符，要分清功过是非，承担责任要恰如其分，既不争功，也不必揽过。

（二）内容要周详，要重点突出

在全面汇报任职期间所做工作的基础上，要突出任职期间的重大成绩和创造性业绩，以表明自己的称职和事业心。述职报告必须围绕"职责"二字做文章。写作目的不是评功摆好，而是为了说明是否称职。

（三）语言要庄重，变文字为有声语言

在叙事说理过程中，要情理相宜，有适度的感情色彩。

(四)态度要诚恳

写作之前,应对自己进行认真的反思,虚心听取群众的意见,弄清群众的不满和要求,对群众意见较大的问题尤其要如实阐述,以坦诚的胸怀,赢得群众的谅解和支持,接受群众的监督。

六、述职报告与个人总结的区别

(一)行文目的不同

述职报告是群众评议组织、人事部门考核述职干部的重要文字依据,不仅有利于述职者进一步明确职责、总结经验、吸取教训、提高素质、改进工作,还有利于增强民主监督的良好风气。而个人工作总结则是总结出带有规律性的理性认识,借以指导今后的工作,同时,也有助于针对性地克服工作中存在的问题,不断提高自身的工作能力。

(二)回答的问题不同

个人工作总结是对一项或一段时间工作给予的归纳,主要回答的是做了哪些工作,有哪些成绩,取得了哪些经验,存在哪些不足,要吸取什么教训,今后有哪些打算等问题。而述职报告要回答的是有什么职责,履行职责如何,是如何履行职责的,称职与否等问题。

(三)结束语不同

述职报告结束时一般在指出存在的问题后,阐述自己的态度,欢迎大家对自己的述职报告进行评议,常用"以上报告请批评指正""述职至此,谢谢大家""专此报告,请审阅"等字样。而工作总结结束时即在指出存在的问题后,还要写上下一步的工作打算、努力方向及解决问题的措施。

述职报告

各位领导、同志们:

2012年是我受组织的委派,到××县国税局担任局长的第一年。按照组织原则,我应对××县国税工作负全面责任。一年来,我依靠市局和县委、县政府的正确领导,依靠县局"一班人"的密切配合,依靠全局干部的大力支持,在税收工作中努力实践"三个代表",夺取了全县国税系统两个文明建设的双丰收。下面,我从五个方面向领导和同志们述职,请予评议。

一、坚定不移推进"三位一体"改革

我上任后的第一件大事,就是全县国税机构改革。推心置腹地讲,面对改革,我个人可以作出多种选择:迟搞、小搞、不伤筋骨地搞,可求得轻松做官;早搞、大搞、积极主动地搞,国税事业就能抢抓机遇,求得新的发展。但这样做,个人的命运则面临较大的风险。经过慎重抉择，我义无反顾地选择了后者。为了从总体上把握改革大方向，我抓了三件事：

一是摸清实情。我带领人事股、办公室有关同志，深入调查研究，准确把握了县情、局情、人情。

二是制定方案。经过周密筹划，我亲自参与制定了统揽全局改革的10个配套方案，上报市局，得到了认可。这些方案在实践中逐步完善，对全系统的"三位一体"改革起到了指导作用。

三是组织实施。在方案实施过程中，我顶住了方方面面的压力，抓住精简分流、竞争上岗等关键环节，坚定不移地抓落实，推进了改革的整体进程。在改革过程中，自己虽然历经安危、荣辱、成败的考验，但抓住了机遇，赢得了主动，为进一步深化国税改革奠定了基础。

二、坚持不懈抓好各级班子建设（略）

三、精心组织税收业务工作（略）

四、不断创新各项税务管理（略）

五、互融共进抓好勤政廉政建设（略）

回顾一年来的履职经历，我感到既充实，又欣慰。我和同志们一起并肩战斗，不仅增进了了解，沟通了感情，建立了友谊，也获得了许多有益的启示，工作能力也得到了一定的提高。概括起来，有三点启示：

一是靠信念成就事业。我刚到任时，面对陌生的工作环境，确实感到担子重、压力大，但我有一个坚定的信念，就是相信组织上的正确领导，相信班子成员间的团结合作，相信绝大多数干部的正义感和责任感。凭着这种信念，我克服了工作上一个又一个困难，可以说，信念和毅力使我成就了一些事情，而在事业推进的过程中又进一步坚定了信念、磨炼了意志。

二是靠工作统一思想。我深切感到，工作是统一思想的助推器，是协调关系的润滑油，是形成合力的凝结剂。回想我局一年来所作出的一系列重大决策，从机构人事改革中有关政策的制定解释，到事务管理上一些正常的工作分歧，每次大的决策前，方方面面总有一些不同的意见，但我们并没有把精力消耗在无谓的争论上，而是在工作实践中逐步加深认识，增进了解，很快就达成了共识，把各方面的积极性、创造性凝聚到了一起。

三是靠个性谋求共识。在工作实践中，我努力学习，运用马克思主义哲学的基本原理，科学处理共性与个性的关系，在充分尊重个性的基础上，让一些与共性无碍的个性健康发展，同时采取注重正确引导、提倡相互兼容等方式，使个性与共性协调发展，最终将消极因素逐步转化为积极因素，形成推动国税事业健康发展的合力。

以上报告，请领导和同志们评议，欢迎对我的工作多提宝贵意见，并借此机会，向一贯关心、支持和帮助我的各位领导、同志们表示诚挚的谢意。

××县国税局局长 ××
2013年1月5日

思考与练习

一、填空题

1. 述职报告的格式,一般由_____、_____、_____、_____四部分组成。
2. 述职报告的结尾常用_____、_____、_____等结尾语。

二、判断题(正确的在后面的括号内打"√",错误的打"×")

1. 述职报告的写作目的,不是评功摆好,而是为了说明是否称职。(　　)
2. 工作述职报告一般要当众宣读,所以应选择好恰当的称呼。(　　)

三、简答题

简述述职报告与个人总结的区别。

本章小结

事务性文书是党政机关、社会团体、企事业单位处理日常事务时撰写的,用来沟通信息、总结经验、探索问题、指导工作的文书,包括计划、总结、调查报告、会议记录、述职报告等。

工作中拟订计划非常重要,要注意区分不同的计划种类,突出其预见性和可行性,从实际出发,统筹安排,既突出重点,又兼顾全局;总结是单位领导非常重视的文种之一,撰写总结时,要注意对经验、规律的归纳和总结,切忌流水账似的写法;会议记录区别于会议纪要,记录要准确,忠实于发言人,程序与格式要规范;述职报告是特殊的总结形式,要注意区别与个人总结的写法,突出个人的职责履行情况,要将个人德、能、勤、绩与集体的作用区别开来。

第七章

经济类文书

第一节 概述

经济类应用文是国家机关、企事业单位和个人为处理和解决经济业务活动中的事务、沟通有关经济信息而使用的应用文体。它广泛运用于经济活动的各个领域,直接为生产经营管理服务,并将随着社会主义市场经济体制的逐步完善,发挥更加重大的作用。

经济类应用文具有政策性强、服务于提高经济效益、文字数据准确等特点。因此,无论是单位还是个人,都必须很好地运用经济应用文这一工具,以实现对经济活动的组织和指导,从而保证经济活动的正常运行,取得最佳的经济效益。

经济类应用文的种类很多,本章主要介绍合同、招标书与投标书、市场调查报告与市场预测报告、商业广告6种经济类应用文的写作知识。

第二节 合同

情境导入

> 2018年3月30日,在组织有关投标单位现场考察招标项目后,泉城职业学院餐厅餐桌椅采购项目举行开标会。参加开标的有招投标各方代表及法律顾问。
>
> 经过激烈的竞标,泉城五金家具厂以其规范、成熟的运营模式、有吸引力的标底从多家投标单位中胜出。日前,泉城五金家具厂收到来自泉城职业学院的中标通知书。
>
> 你能替他们双方草拟一份格式规范、条理清晰的合同文本吗?

一、合同的概念及特点

根据《中华人民共和国合同法》第一章第二条规定:合同是平等主体的自然人、法人、其他组织之间设立、变更、终止民事权利义务关系的协议。这里的"法人",是指具有一定的组织机构,独立的财产或独立的预算,能够用自己的名义进行经济活动,享有经济权利或承担经济义务,依照法定程序成立的组织。例如,国家机关、企事业单位、社会团体等。

合同的主要特点如下:

(1)法律的强制性。合同依照国家法律规定和社会主义道德准则而签订,它就具有法律的强制性,国家便会以自己的强制力量来监督,保证合同的实现,双方当事人都必须正确地行使自己的权利,全面地履行自己的义务。任何一方不履行合同中规定的条款,即被视为违法行为,必须承担由此而产生的法律责任。如果签订的合同违反法律,国家不仅不予保护,有的还要追究其法律责任,予以法律制裁。

(2)对等性。合同当事人的法律地位平等,一方不得将自己的意志强加给另一方。当事人依法享有自愿订立合同的权利,任何单位和个人不得非法干预。当事人应当遵循公平原则确定各方的权利和义务。

(3)双向性。合同一般都应包括权利与义务互转的双向性,为达到双方各自的目的,双方都必须享有需求对方的权利,也同时应承担保证对方权利实现的义务,且明显表现为甲方的权利就是乙方的义务,反之亦然。

二、合同的种类

(1)按照内容分类,依据《中华人民共和国合同法》规定,常用合同可以分为以下15种,即买卖合同,供用电、水、气、热力合同,赠与合同,借款合同,租赁合同,融资租赁合同,承揽合同,建设工程合同,运输合同,技术合同,保管合同,仓储合同,委托合同,行纪合同,居间合同。

(2)按照格式和写法分类,合同可分为条款式合同、表格式合同和条款加表格式合同。

(3)其他分类。

① 计划与非计划合同。计划合同是依据国家有关计划签订的合同;非计划合同则是当事人根据市场需求和自己的意愿订立的合同。

② 双务合同与单务合同。双务合同是当事人双方相互享有权利和相互负有义务的合同。单务合同是指仅有一方负担给付义务的合同,即合同当事人双方并不互相享有权利和承担义务,而主要由一方承担义务,另一方并不负有相对义务的合同。

③ 诺成合同与实践合同。诺成合同是当事人意思表示一致即可成立的合同。实践合同则要求在当事人意思表示一致的基础上,还必须交付标的物或者其他给付义务的合同。这种合同分类的目的在于确立合同的生效时间。

④ 主合同与从合同。主合同是指不依赖其他合同而独立存在的合同。从合同是以主合同的存在为存在前提的合同。主合同的无效、终止将导致从合同的无效、终止,但从合同的无效、终止不能影响主合同。

三、合同的结构与内容

写作内容包括以下五个部分:

（一）标题

标题一般用来表明合同的性质，明确合同所属的种类。如"建设工程承包合同""果品购销合同"等。

（二）立合同人

即合同当事人的名称或者姓名和住所。准确写出签约双方的全称、全名，并注明双方固定指代，如一般写"甲方""乙方"，如有第三方，可将其称为"丙方"。还可根据合同种类称当事人双方为"卖方""买方""借款方""贷款方"等，但不能使用"我方"和"你方"之类的称谓。

（三）引言（开头）

写明订立合同的目的、根据，是否经过平等、友好协商等。

（四）主体

主体内容由合同当事人各方约定。明确具体地规定当事人双方所承担的法律责任和应享有的权利、合同的份数及保存者等。条款如下：

（1）标的。标的是指合同当事人的权利义务所共同指向的对象，标的可以是货物、货币，也可以是劳务、工程项目等。任何合同都必须有标的，而且要写得具体、明确。比如某种商品种类繁多，型号、规格、牌号各异，如果含糊其词，执行中就会引起纠纷。如果是成套设备，还应标明是否配套。

（2）数量与质量。数量是衡量标的的尺度，它关系到合同所产生的经济效果，必须标明，并按照国家法定计量单位计算。质量是指与标的（物）有关的规格、质地、性能、款式、标准、材质、用途、甚至保质期等。

（3）价款或报酬。价款是当事人一方取得合同标的应该向对方支付的代价。报酬是获得服务方应当支付给对方的代价。要明确标的的总价、单价、货币种类及计算标准，付款方式、程序，结算方式。

（4）履行的期限、地点和方式。履约期限就是合同的有效期限，过时属违约。日期用公元纪年，年月日书写齐全。地点要写具体、准确。履行方式是当事人履约的具体办法，如借贷合同的出资方要以提供一定的货币来履约等。

（5）违约责任。违约责任是指当事人一方不履行合同或者履行合同义务不符合约定的，应当承担继续履行、采取补救措施或者赔偿损失等。

（6）解决争议的办法。

解决合同争议的主要方法有和解、调解、仲裁、诉讼等。当事人各方可以事先约定好彼此发生争议后解决的程序、方法。

（五）结尾

结尾包括当事人单位的全称、法人代表姓名、签名并盖章、有效地址、邮政编码、电子邮箱、电话、电报挂号、开户银行、账号等。

四、合同的写作要求

(一)合同的内容要合法、合理

合同的内容要符合国家的方针、政策、法令,严格按照《中华人民共和国合同法》和其他有关专业法律、法规的规定执行。

(二)条款规定全面完整

即合同所必备的各个构成部分不能缺少,关键条款不能遗漏。一条条款写一项完整的内容。行文具体、严密。

(三)表达简明准确

不使用"最近""基本上""可能""大概""上一年""左右"一类模糊词语。价款与报酬数字必须大写。

 例 文

定制胸牌合同

甲方(供方):_____

乙方(需方):_____

甲乙双方经充分协商,本着"平等自愿、诚实信用"之原则,就乙方向甲方定制员工胸牌的相关事宜达成如下一致协议,共同信守。

一、业务细则

(1)业务形式:乙方向甲方定制胸牌,双方约定材料由____方提供,甲方为乙方提供直接交付成品的服务。

(2)胸牌(规格:尺寸　长　宽　颜色)(附件一);其他要求_____。

(3)定制数量:_____。

二、价格结算

(1)单价及业务总额:单价为RMB_____元(大写:_____元整)/套;上述合同总额为RMB_____元(大写:_____元整)。

(2)付款方式:在签订本合同时,乙方须向甲方支付合同总额之_____作为预付款,甲方开始生产,乙方须在甲方产品送货后3天内将余款全额汇至甲方指定账户。如甲方未按本合同约定及时交货,每延迟一日,按合同金额的1%支付给乙方违约金;如乙方未按本合同约定及时付款,每延迟一日,按合同金额的1%支付给甲方违约金。如遇特殊情况,需要延期交货,甲方应征求乙方的同意,不算违约。

三、交货方式

(1)交货时间:甲方应在本合同签订后____日内向乙方交货。

(2)交货地点:双方约定的交货地点为乙方的所在地。

(3)运输方式及费用:免费送货上门。

四、质量标准

（1）甲方应向乙方提供质量合格的产品，检测标准参照国家、行业标准和双方确定的样品执行。若遇双方出现质量认定争议，以国家相关检测中心的检测报告为准。

（2）若因甲方产品中有部分不合格而严重影响乙方佩戴形象的，甲方应积极进行解决。

（3）在甲方向乙方交货后的十日内，若乙方发现产品有明显的质量瑕疵，甲方须无条件免费将瑕疵品进行返修直至合格为止（注：若因乙方所供面料的质量原因而导致的来料加工成品质量问题，甲方将不承担任何质量责任及损失）。

五、合同履行

（1）甲乙双方若对本合同内容的理解出现分歧时，须以国家行业标准并参照本行业约定俗成的习惯理解本合同各项条款。

（2）本合同如在履行过程中发生争议，双方应协商解决，如协商不成，任何一方均可向乙方所在地的法院起诉。

（3）甲乙双方协商一致后可对本合同进行变更或解除，但双方需对变更或解除的内容以补充协议的方式进行签署，补充协议与本合同具有同等法律效力。

（4）甲乙双方应以诚实信用之原则切实履行本合同所载的各方权利义务，若有违约，违约在先方须向另一方支付违约金，双方约定的违约金支付金额为本合同标的总额的_____%。

六、附则

（1）本合同含附件共_____页，为不可分割部分。本合同一式两份，甲乙双方各执一份。

（2）本合同经双方代表签字盖章后自签订之日起生效，有效期至甲方完全交货后自行终止。

（3）本合同未尽事宜，双方可以另行协商，但须将协商结果以附件形式予以载明。附件与本合同具有同等法律效力。

甲方代表：_____　　　　乙方代表：_____

地址：_____　　　　地址：_____

电话：_____　　　　电话：_____

开户银行：_____　　　　开户银行：_____

账号：_____　　　　账号：_____

思考与练习

一、名词解释

1. 合同　　2. 主合同　　3. 从合同

二、填空题

1. 合同的特点是_____、_____和_____。

2. 按照格式和写法分类,合同可分为_____、_____和_____三种类型。

三、简答题

1. 合同的标题如何写?
2. 合同的立合同人如何写?
3. 合同的引言如何写?
4. 试述合同主体的写作内容。
5. 试述合同写作的注意事项。

四、病文评析题

1. 试指出下面这份合同存在的问题,并提出应如何修改才能符合合同的写作要求。

经济合同

立合同人:××机床厂第一车间(甲方)

××第一建筑公司生产科(乙方)为建筑××机床厂第一车间厂房,经双方协商,订立本合同。

(1)甲方委托乙方建造厂房一座,由乙方全面负责建造。
(2)全部建筑费(包括材料、人工)1 227 000元。
(3)甲方在订立合同后先交一部分建造费,其余在厂房建成后抓紧归还所欠部分。
(4)工期待乙方筹备就绪后立即开始,力争四月中旬开工,争取十二月左右交活。
(5)建筑材料由乙方全面负责筹备。
(6)本合同一式二份,双方各执一份。

立合同人:××化工厂第四车间(公章)　　××第二建筑公司生产科
　　　　主任×××(私章)　　　　　　　　科长×××(私章)
　　　　　　　　　　　　　　　　　　　　二〇一八年三月十一日

2. 下面这份合同存在多处错误,请指出并说明原因或理由,加以改正。

合 同

××商贸公司(甲方)

××衬衫厂(乙方)

甲方向乙方购买衬衫500件,要求新潮、美观。乙方于12月向甲方交货,经验收合格后,甲方即向乙方用转账支票支付所有款项。未尽事宜,由双方协商解决。

本合同一式二份,甲乙双方各执一份。

　　　　××商贸公司(盖章)　　　　　　××衬衫厂(盖章)
　　　　法人代表人:××　　　　　　　　法人代表人:××
　　　　代表人:××　　　　　　　　　　代表人:××
　　　　地址:××　　　　　　　　　　　地址:××

开户行：××　　　　　　　　　　开户行：××
账号：××　　　　　　　　　　　账号：××
电话：××××××　　　　　　　电话：××××××

2017年6月8日

第三节　招标书与投标书

情境导入

2018年3月5日，泉城职业学院委托泉城工程咨询有限公司，根据《中华人民共和国政府采购法》等有关规定，对泉城职业学院餐厅餐桌椅采购项目进行公开招标。

获取招标文件时间为2018年3月6日至2018年3月15日中午12点。每套标书文件售价人民币200元。投标截止时间为2018年3月30日。

获取招标文件的地点：济南市政务中心一楼A区泉城工程咨询有限公司窗口。

开标时间：2018年3月30日上午10时在济南市政务中心一楼A区泉城工程咨询有限公司公开开标。

招标联系人：泉城工程咨询有限公司　刘平平

联系电话：0531-8779×××

联系地址：济南市历城区××路××号

邮政编码：250100

你能根据上述材料以泉城工程咨询有限公司的名义拟写一份招标书，再以泉城贸易有限公司的名义拟一份投标书吗？

一、招标书

（一）招标书的概念及特点

招标书又称招标说明书，是招标人为了征招承包者或合作者而对招标的有关事项和要求做出解释和说明，利用投标者的竞争而达到优选投标人的一种告知性文书。

招标书的特点：

1. 明确性

对招标项目或招标工程的主要目的、基本情况、产品要求、人员素质和具体规定等，要做出明确、清晰的表述，不能含糊其词，模棱两可。

2. 竞争性

即招标单位通过发布招标公告，可以同时招来众多的投标单位，这在客观上促使招标人通过投标单位或个人的投标答辩等竞争手段来"择优录取"，达到降低资金成本的目的，而且对投标单位改善经营管理，提高管理水平和经济效益也有巨大的推动作用。

3. 具体性

招标书在语言表达上要做到实在具体,必须明白、清楚、条理地写明有关招标的做法和步骤,不能抽象笼统,以免影响招标效果。

(二)招标书的种类

招标书有各种不同的分类方法:按时间分类,有长期招标书和短期招标书;按范围分类,有面向企业内部、系统内部的招标书和面向社会的公开招标书,或本地区招标书和外地区招标书,非竞争性招标书和排他性招标书等;按计价方式分类,有固定总价项目招标书、单价不变项目招标书和成本加酬金项目招标书等;按性质和内容分类,有工程建设招标书、大宗商品交易招标书、选聘企业经营者招标书、企业承包招标书、企业租赁招标书、劳务招标书、科研课题招标书、技术引进或转让招标书等。

(三)招标书的结构和写法

招标书的目的是邀请投标人参加投标。招标书的写法比较概括,不必写得很详尽,具体条件另用招标文件说明,发送或出售给投标人。招标书的内容主要包括:招标单位和招标项目名称,招标项目的具体要求,投标资格与方法以及技术、质量、时间等要求,投标开标的时间、地点和应交费用等。

招标书的结构一般由标题、正文两部分组成。

1. 标题

标题通常由招标单位名称、招标项目名称和文种三部分组成,如"××大学公寓用品采买招标通告";也有省略招标项目只写文种的。

2. 正文

正文主要由前言、主体、结尾组成。

前言应写明招标单位的基本情况和招标的目的、原因等,表述时应注意语言简洁、突出重点。

主体一般用条文式,有的也可用表格式。对于招标的条件和要求、投标开标的日期等投标人应知事项,应简要概括,分条列出。商品招标书要求标明商品的名称、数量、规格、价格等。科技项目招标书则要求写清招标原则,项目名称,任务由来,研究开发目标,研究开发内容,经济技术指标,研究开发的进度要求、成果要求、经费要求,承包单位的条件及要求等。

结尾要写明招标单位的名称、地址、电话号码、电报挂号、邮政编码、电子邮箱等,以便于投标者联系。必要时还可写上开户银行及账号。

由于招标项目的不同,招标条件的不同,招标书的写作也不是固定不变的,但一般应遵循上述结构形式。

(四)招标书写作的注意事项

1. 内容合法合理,切实可行

招标书的要求和应知事项要符合国家有关法律、法规、政策规定;技术质量标准要注明国际标准、国家标准、部颁标准或是企业标准;招标方案既要科学、先进,又要适度、可行。

2. 重点明确,内容周密

招标项目(即标的)是招标书的核心内容,对其有关情况、招标范围、具体要求,都要写清楚。如建设项目,应写明工程名称、数量、技术质量要求,甚至建筑材料的要求,等等。该写的一定要写全,尽可能周到,没有空子可钻。

3. 语言表述应简明、准确

无论是定性还是定量说明,都应准确无误,没有歧义,尽可能使用精确语言。

二、投标书

(一)投标书的含义、用途和特点

投标书是投标人按照招标书提出的条件和要求,向招标人提出承包某业务项目的愿望时使用的文书。它要求密封后邮寄或派专人送到招标单位,故又称标函。它是投标单位在充分领会招标文件,进行现场实地考察和调查的基础上所编制的投标文书,是对招标公告提出的要求的响应和承诺,并同时提出具体的标价及有关事项来竞争中标。

投标是一个比实力、比技术、比信誉、比价格、比能力、比策略的竞争过程,也是一个限制与反限制的过程。投标是否成功,因素很多,但与投标书撰写得好坏有着直接的关系。

投标书的特点:

1. 针对性

内容要针对招标书提出的项目、条件和要求而写。

2. 求实性

实事求是地对投标项目进行分析、介绍己方、提出措施和承诺等。

3. 合约性

投标书以追求合作,签署合同为目的。

(二)投标书的种类

根据不同的划分依据,投标书可划分出不同的种类:

(1)按投标的范围可分为国际投标书和国内投标书。

国际招标书和投标书要求两种版本,按国际惯例以英文版本为准。一般是以建设采购方所在地的语言为准。如国外企业进行国际投标,一般是以英语(或当地语言)为准。如果中国企业进行国际投标,投标文件中一般注明,当中英文版本产生差异时以中文版本为准。

(2)按投标的标的物划分,又可分为三大类:货物类投标书、工程类投标书和服务类投标书。

根据具体标的物的不同还可以进一步细分。如工程类进一步可分施工工程、装饰工程、水利工程、道路工程、化学工程等。每一种具体工程的标书内容差异非常大。货物类标书也一样,简单货物如粮食、石油;复杂的货物如机床、计算机网络。标书的差异也非常大。

(3)按投标人员组成情况,可分为企业投标书、全员投标书、合伙投标书和个人投标书。

(4)按性质分,可分为工程建设项目投标书、企业租赁投标书、承包企业投标书、大宗商品交易投标书、聘任经营者投标书、劳务投标书、科研课题投标书、技术引进或转让投标书。

(三)投标书的结构和写法

投标书的内容与招标书相对应,要对招标的条件和要求做出明确的回答和说明。投标书的结构一般由标题与时间、正文、署名三部分组成。

1. 标题与时间

一般写上文种"投标书"即可。也可包括投标形式、投标内容和文种,如"租赁××商场的投标书"。投标的时间可写在标题的右下角,也可写在文末投标人的单位名称下面。

2. 正文

一般可分条列项(也可用表格式)写明投标的愿望、项目名称、数量、技术要求、商品价格和规格、交货日期等。承包经营项目的投标书,其正文一般要阐述对投标项目基本状况的分析,找出优势和存在的问题;提出经营方针;说明承包目标、考核指标以及达到目标的可行性分析和拟采取的措施;对招标者提出的要求、条件的认可程度等。招标项目属于建设施工的,投标文件的内容应当包括拟派出的项目负责人与主要技术人员的简历、业绩和拟用于完成招标项目的机械设备等。

正文部分引用的数据要准确、完整,论述要条理清楚、说明透彻,目标要明确可信,措施要切实可行。

3. 署名

要写清投标人的单位名称、法人代表以及邮政编码、地址、电话号码、传真号码、电报挂号、电子邮箱等,以便联系。

如果是国际投标,则应将投标书译成外文,写明国别、付款方式以及用什么货币付款等。

有的投标书还要由上级业务主管部门和公证监督机关签名盖章。如有必要,还应附上担保单位的担保书,有关图纸、表格等。

(四)投标书写作的注意事项

1. 要实事求是

投标方必须在认真研究招标书的基础上,客观估计自己的技术、经济实力和相应的赔偿能力,经过专家的充分论证后,再决定是否投标,并实事求是地填写标单和撰写投标书,切不可妄加许诺,不可徇私舞弊,弄虚作假,害人害己。因为一旦中标,就要在规定期限内与招标方签订合同,按合同办事。如不实事求是,将给国家、招标单位和本单位造成严重的经济损失,或违约或毁约而承担法律责任。

2. 内容要明确具体

对于投标书的具体内容,如目标、造价、技术、设备、质量等级、安全措施、进度等,都要详细写明,力求具体、明确,一目了然。如果交代不清,笼统含糊,无法使招标单位认可,那是难以中标的。

3. 要讲究时效性

招标单位之所以招标,旨在利用招标人之间的竞争来达到优选买主或承包、租赁、合作的目的。招标都规定了明确的时限,过期不候。所以,投标一定要讲究时效性,要在规定的时限内写好并送出投标书,才有中标的可能。

泉城职业学院
学生公寓空调租赁项目服务招标公告

泉城职业学院为合理使用能源,节约能耗,提高学生生活质量,切实解决学生的空调使用问题。为了合理确定学生公寓空调租赁服务,择优选择合作单位,我校将进行公开招标,欢迎符合条件的企业参加投标。现将有关事宜公告如下:

一、招标单位:泉城职业学院。

二、项目名称:泉城职业学院学生公寓空调租赁服务。

三、招标内容:学生公寓空调租赁项目服务。

四、合作方式:租赁方式。

五、投标资格:

1. 独立法人企业;

2. 具有中华人民共和国工商行政管理机关颁发的有效企业营业执照;

3. 注册资金100万元以上(含);

4. 不接受联合体投标。

六、招标文件的发售时间及地点:

标书费每份200元,于2017年5月12日至2017年5月19日上午8:00至11:30,下午2:30至4:30到泉城职业学院西办公楼第二会议室购买标书。

七、投标截止时间:2017年5月22日下午3:00。

八、投标地点:泉城职业学院西办公楼第二会议室。

九、开标时间:2017年5月22日下午3:00,于投标截止时间前半小时内接收投标文件,逾期送达或未密封将予以拒收。

十、开标地点:泉城职业学院西办公楼第二会议室。

十一、投标保证金:20 000元,于2017年5月22日上午11:30之前交校区财务部。

账号:××××××××
户名:泉城职业学院
开户行:建行××市××区支行

十二、其他事项:

1. 投标人购标书时应提交的资料:

(1) 企业营业执照副本原件及复印件(加盖单位公章);

(2) 税务登记证复印件(加盖单位公章);

(3) 组织机构代码证复印件(加盖单位公章);

(4) 法人代表授权书原件、复印件,投标代理人身份证原件、复印件。

2. 现场踏勘:自行踏勘

3. 联系方式及联系人:

咨询联系人:王老师

报名联系人:刘老师

泉城职业学院
2017 年 5 月 10 日

例文 2

投标书

致:_____

根据贵方为_____项目招标采购货物及服务的投标邀请_____(招标编号),签字代表_____(全名、职务)经正式授权并代表投标人_____(投标方名称、地址)提交下述文件正本一份和副本一式_____份。

1. 开标一览表;

2. 投标价格表;

3. 货物简要说明一览表;

4. 按投标须知第 14、15 条要求提供的全部文件;

5. 资格证明文件;

6. 投标保证金,金额为人民币_____元。

据此函,签字代表宣布同意如下:

1. 所附投标报价表中规定的应提供和交付的货物投标总价为人民币_____元。

2. 投标人将按招标文件的规定履行合同责任和义务。

3. 投标人已详细审查全部招标文件,包括修改文件(如需要修改)以及全部参考资料和有关附件。我们完全理解并同意放弃对这方面有不明及误解的权利。

4. 其投标自开标日期起有效期为_____年_____月_____日。

5. 如果在规定的开标日期后,投标人在投标有效期内撤回投标,其投标保证金将被贵方没收。

6. 投标人同意提供按照贵方要求的与其投标有关的一切数据或资料,完全理解不一定要接受最低价格的投标或收到的任何投标。

7. 与本投标有关的一切正式往来通信请寄:

地址:_____

电话:_____

投标人代表姓名、职务:_____

投标人名称(公章):_____

传真:_____

邮编:_____

全权代表签字

日期:_____年_____月_____日

例文 3

承包学生食堂的投标书

关于承包学生食堂的具体工作实施细则及经营方针、管理措施等,简要汇报如下:

一、经营方针

以服务学生为核心,靠优质的服务,靠不断翻新饭菜品种花样,赢得荣誉;以实惠、卫生、可口、薄利多销为基本原则;听从校方的管理,遵守各项法律、法规和规章制度,按《食品卫生法》,严格操作规程。保证让学校放心,让师生满意。

二、管理措施

1. 严把进货关。坚持杜绝来路不明的各种货源进入食堂。做到分工具体,责任明确,由专人负责进货,定点进货。不合格的菜、肉、鱼、油、佐料等,坚决不要。

2. 严把处理关。进入食堂的蔬菜,在细加工之前,一定要择好洗净,在干净的水池中清洗3遍以上,然后,转入干净的清水中浸泡半个小时以上。在细加工之前,做到生熟食品分开,容器分开,工作区分开,杜绝交叉感染。保证煮熟、煮烂,严格按照食品卫生规定加工食品,保证让学生吃得放心,吃得舒心。

3. 保证做到不合格或霉坏变质的食品不上柜台,剩余饭菜不上柜台,加工失误(过生或过糊)的饭菜不上柜台,天天重复的饭菜不上柜台。

4. 工作人员要讲究仪容仪表。上班期间必须穿戴工作服,并做到衣冠整齐,干净卫生。同时,必须保持个人卫生,勤洗手、勤剪指甲,女的不浓妆艳抹,不留过肩长发,男的不留胡须。

5. 搞好室内卫生,不准有蚊、蝇现象。保证碗、筷餐前消毒,(煮沸和用特定消毒措施处理)做到无水垢、油垢现象。确保卫生安全。

6. 厨房要保持设备整齐划一。工作台、餐具、炊具、地面、墙面按时消毒,干净无异物。冰箱保持干净卫生,分档分类存放食物(生熟分开、肉类、鱼类、海鲜类等分档分类保存)。

7. 工作人员必须听从领导,服从分配,尊敬校方的领导和老师,爱护学生,爱岗敬业,尽职尽责。

8. 严格劳动纪律,不迟到,不早退,态度和蔼。上班期间严禁干私活,严禁接朋会友,严禁带小孩,严禁脱岗、串岗,严禁打闹、吃零食及其他不文明的语言和行为。严禁在公共场所乱扔杂物、烟头,随地吐痰,聚众喝酒等,不得穿着工作服去厕所。

9. 全体工作人员都应熟练掌握消防安全常规常识,严格执行消防安全标准,确保不出问题。要做到人走灯灭,人走水停。注重节约。爱护食堂和学校的一草一木。

三、人员配备及要求

1. 面食人员:6~7人,厨师2人,蔬菜加工员6人。

2. 对所有人员先进行体检,然后按有关规定,定期和不定期体检,如有特殊情况,像重感冒等都要暂停上班。

3. 保证按点、按时开饭,聘请的工作人员数量服从于校方的实际需要。

4. 对工作人员进行思想教育和安全教育,不断提高他们的素质和能力。

5. 对工作人员实行量化考核管理。鼓励他们不断推陈出新,一旦其合理建议被采纳,则视具体情况给予物质奖励。

四、尊重校方的指导意见,加强与校方的交流和沟通

一是定期向校方汇报工作情况,征求校方的意见和建议。

二是定期了解师生对食堂的意见和建议。

三是按时交纳承包费、水电费和其他应交的费用,不拖不欠。

四是设立意见箱,随时听取师生的呼声,接受师生的监督。尽全力满足他们的合理化要求和合理化建议。

投标人:×××
2018年3月10日

一、名词解释

招标书　投标书

二、填空题

1. 招标书又叫_____。

2. 招标书具有_____、_____和_____三个特点。

3. 招标书的正文由_____、_____和_____构成。

4. 投标书具有_____、_____和_____三个特点。

三、判断题(正确的在后面括号内打"√",错误的打"×")

1. 招标书是一种启事。(　　)

2. 招标书也可用公文式标题。(　　)

3. 投标书介绍己方的优势可以适当拔高。(　　)

4. 投标书常用表格文字综合式表述。(　　)

四、简答题

1. 按性质和内容分,招标书主要有哪些类型?
2. 招标书的前言部分写什么内容?
3. 招标书的主体部分写什么内容?
4. 招标书的结尾部分写什么内容?

五、病文评析题

请按照招标书的写作要求,指出下文缺少什么内容。

××公司修建职工公寓大楼招标书

本公司将修建一栋职工公寓大楼,由××市城市建设委员会批准,建筑工程实行公开招标,现将招标有关事项公告如下:

一、工程名称:××公司职工公寓大楼

二、建筑面积:××××m²

三、设计及要求:见附件

四、承包方式:实行全部包工包料

五、索标书时间:投标人请于2018年3月5日前来人索取招标文书,逾期不予办理。

投标人请将投标文书及上级主管部门的有关签证等,密封投寄或派员直接送本公司基建处。收件至2018年3月28日截止。开标日期定于2018年×月×日,在××市公证处公证下启封开标,地点在本公司办公楼第一会议室。

电话:××××××××

联系人:×××

××公司招标办公室
2018年3月1日

六、写作训练题

泉城职业学院需要统一采购学生公寓用品,今年决定采用招投标方式进行交易。请你先以学院采购中心负责人的身份通过相关的调查研究后拟写一份招标书,再以××百货有限公司的名义拟写一份投标书。

第四节　市场调查报告

情境导入

泉城热水器有限公司主要生产家用多功能热水器,现拟于3月下旬对济南、泰安、淄博、潍坊等几个城市进行为期一周的热水器消费终端卖场调查,调查对象主要是有一定文化层次和稳定经济收入的人群。此次调查拟采用调查问卷和面谈提问相结合的方式,有效调查人数按500人计算。样本选取方法从每个城市的不同地点随机选取。通过此次调查,了解目前中高档消费群体对于家用多功能热水器容量、输入功率、使用需求等方面的看法,并对目标消费群体的购买力、购买习惯、购买需求进行分析判断,进而提出对策、建议,为公司调整生产安排服务。

假如你是参加此次市场调查的人员,请撰写一份市场调查报告文案。

一、市场调查报告的概念、作用及特点

市场调查报告是经济调查报告的一个重要种类,它是以科学的方法对市场的供求关系、购销状况以及消费情况等进行深入细致的调查研究后所形成的书面报告。其作用在于帮助企业了解、掌握市场的现状和趋势,增强企业在市场经济大潮中的应变能力和竞争能力,从而有效地促进经营管理水平的提高。

市场调查报告的特点:

与普通调查报告相比,市场调查报告无论从材料的形成还是结构布局方面都存在着明显的共性特征,但它比普通调查报告在内容上更为集中,也更具专门性。

(1)针对性。

市场调查报告是决策机关决策的重要依据之一,必须有的放矢。

(2)真实性。

市场调查报告必须从实际出发,通过对真实材料的客观分析,才能得出正确的结论。

(3)典型性。

主要表现为两点:一是对调查得来的材料进行科学分析,找出反映市场变化的内在规律。二是报告的结论要准确可靠。

(4)时效性。

市场调查报告要及时、迅速、准确地反映、回答现实经济生活中出现的新情况、新问题,突出"快""新"二字。

二、市场调查报告的种类

市场调查报告可以从不同角度进行分类。按其所涉及内容的多少,可分为综合性市场调查报告和专题性市场调查报告;按调查对象的不同,可分为关于市场供求情况的市场调查报告、关于产品情况的市场调查报告、关于消费者情况的市场调查报告、关于销售情况的市场调查报告以及有关市场竞争情况的市场调查报告;按表述手法的不同,可分为陈述型市场调查报告和分析型市场调查报告。

三、研究方法

市场调查报告采用直接调查与间接调查两种研究方法。

（1）直接调查法。通过对主要区域的行业国内外主要厂商、贸易商、下游需求商以及相关机构进行直接的电话交流与深度访谈,获取行业相关产品市场中的原始数据与资料。

（2）间接调查法。充分利用各种资源以及所掌握的历史数据与二手资料,及时获取相关行业的相关信息与动态数据。

四、市场调查报告的结构与写法

从严格意义上说,市场调查报告没有固定不变的格式。不同的市场调查报告写作,主要依据调查的目的、内容、结果以及主要用途来决定。但一般来说,各种市场调查报告在结构上都包括标题、导言、主体和结尾几个部分。

（一）标题

市场调查报告的标题即市场调查的题目。标题必须准确揭示调查报告的主题思想。标题要简单明了、高度概括、题文相符。如《2018年儿童服装消费需求调查报告》《关于洗衣机市场的调查报告》《××啤酒滞销的调查报告》等,这些标题都很简明,能吸引人。

（二）导言

导言是市场调查报告的开头部分,一般说明市场调查的目的和意义,介绍市场调查工作基本概况,包括市场调查的时间、地点、内容和对象以及采用的调查方法、方式。这是比较常见的写法。也有调查报告在导言中先写调查的结论是什么,或直接提出问题等,这种写法能增强读者阅读报告的兴趣。

（三）主体部分

主体部分是根据调查中所获得的资料的性质和内在联系,按照人们认识的规律和习惯安排层次,一般应具备以下内容：

（1）情况部分。这是对调查所得客观事实的描述和说明,一般情况要用简洁的语言介绍,具体情况要详尽地阐明,常以数字、图表、图像加以说明。

（2）预测部分。这部分要通过对调查资料的科学分析研究,预测市场今后的发展变化趋势,对市场前景做出正确的判断,用以指导生产或引导开发新产品。为了使层次清晰,一般采用小标题或序号的形式来分层次。若是反映市场销售情况,揭露市场弊端和介绍营销经验的市场调查报告,这部分内容可略写或不写。

（3）建议和决策部分。根据调查和预测提出相应的建议或决策,即准备采取的行动、措施,这也是市场调查的最终目的。建议或决策应写得切实可行。

（四）结尾

结尾是全文的收束,写法多样,有的展望前景,有的重申观点,有的照应开头。

有的市场调查报告还有附录。附录的内容一般是有关调查的统计图表、有关材料出处、参考文献等。

五、市场调查报告的写作要求

（1）要正确地把握文体性质和表达方式。市场调查报告是一种兼有说明文、记叙文、议论文的一些特点而又不同于它们的一般应用文体。应选用比较全面、系统、完整的事实、数据叙述说明问题，并要用议论的表达方式提出建议或决策。

（2）编写调查报告必须如实、客观地介绍情况。说明计划中提出的问题，正确反映被调查对象的真实面目，事实要准确无误，统计数字要精确，在撰写过程中，要善于用资料说明观点，用观点概括资料，二者相互统一。切忌调查资料与观点相分离。

（3）调查报告要突出市场调查的目的。撰写市场调查报告，必须目的明确，有的放矢，任何市场调查都是为了解决某一问题，或者为了说明某一问题。市场调查报告必须围绕市场调查的目的来进行论述。

（4）调查报告的语言要简明、准确、易懂。调查报告是给人看的，无论是厂长、经理，还是其他一般的读者，他们大多不喜欢冗长、乏味、呆板的语言，也不精通调查的专业术语。因此，撰写调查报告语言要力求简单、准确、通俗易懂。

例 文

菜市场调查报告

城市菜市场是人民群众必需的、涉及千家万户生活、公益性较强的城镇公共配套设施，是实实在在的惠民工程。建设和管理好菜市场，直接关系到市民日常生活的质量，是城市良性发展的重要一环。为加强对菜市场的建设和管理工作，市商务局抽调人员对我市主城区菜市场进行了调查，现将有关情况报告如下：

一、我市城区菜市场的现状及特点

在农副产品供应渠道多元化的进程中，菜市场这种传统的业态仍然显示出独有的优势，市民在购买蔬菜、水产、鸡蛋等商品时，依然首选菜市场，选择率在50%以上。这是因为菜市场经营方式灵活，蔬菜、水产等商品新鲜程度远远高于超市。菜市场设施简单，租金低，劳动力成本低，降低了商品的成本。蔬菜、水产不容易发生像熟肉、豆制品和调味品等商品的假冒伪劣情况，而且根据菜市场的特点和农副产品的自身特点，这种主导地位还将延续下去。

近几年来，我市中心城区不断东扩、南移、西进，规模不断扩大，面貌焕然一新，城市化率超过60%。但是中心城区菜市场年久失修，发展滞后，档次不高，管理水平落后。特别是新城区菜市场缺乏全盘性的规划布局，自发形成的马路市场，占道经营严重，数量少，档次低，结构不合理，辐射面不广，造成群众生活不便，出现了买菜难的问题。目前，主城区具有一定规模的菜市场有21个，经营面积约6万平方米，2008年交易量约1亿吨，交易额约4亿元，菜市场相关从业人员约3万多人。我市中心城区菜市场建设、管理和经营呈现以下几个方面的特点：

(一)投资主体多元化。近几年我市新修建的菜市场基本上是社区和民营资本投资的,打破了过去政府和部门独家建设的局面,形成了政府、部门、社区、民营资本共同投资的格局。我市城区21家菜市场,政府投资建设5家,部门、社区、民营资本投资建设11家,自发形成的骑路市场5家。

(二)经营方式多样化。一是市场业主直接经营。政府和部分民建市场多是这种形式,城区21家市场有9家为业主直接经营方式。二是委托或承包经营。开发商和部门所建市场一部分采取这种形式,城区有7家菜市场实行委托或承包经营。三是社区和个人经营。自发形成的5家骑路市场都是这种形式,社区收卫生费,一些个人收取摊位费,只收费不管理。

(三)市场建设与房产开发一体化。主要表现为房地产开发商新建的市场,大量采取上面建住房或商业用房,下面建菜市场的模式。目前城区有6家住宅混合市场。

二、我市城区菜市场建设和管理中存在的问题

尽管菜市场在城市化过程中发挥了积极的作用,但随着城市规模的不断扩张,市民生活质量的不断提高,菜市场无论是在建设和管理、还是经营和服务上都存在不少问题。

(一)布局不合理,与城市发展不相适应。近年来政府部门退出菜市场建设,由企业来承办市场。由于政府缺少具体的市场规划,对市场建设的宏观调控减弱,造成了我市菜市场布局不合理,与城市发展脱节。我市城区铁路以南有近30个住宅小区迅速建成,居住人口增长至20多万人。但这一区域的菜市场仅有7个,其中有2个还是老市场,1个是临时的骑路市场。由于菜市场利润相对工业品贸易企业和工业生产企业较低,开发商资金不愿投向菜市场。如我市人民路以南帝景翰园、华佳梅苑、发现之旅、相山庭院等较大的小区周围没有一个菜市场,居民被迫到很远的地方或超市购买蔬菜,居民尤其是老年人和低收入人群意见很大。

(二)市场基础设施薄弱,建设水平不高。目前中心城区菜市场,特别是一些老市场普遍存在设施老化,建设水平不高的问题。一是大部分棚式结构的菜市场,因年久未修,棚顶漏雨,铁皮脱落,极易发生安全事故。二是排水系统普遍不畅,下水道时常堵塞,污水横流。三是进出通道设置不合理,人员拥堵现象经常发生。四是摊位建设简陋,大部分为水泥台面,粗糙难清扫,影响美观。五是管线安装混乱,没用统一布置,乱扯乱拉,不但影响环境,而且火灾隐患较大。六是冷冻设施缺乏,夏季极易造成食品变质,给居民消费安全带来极大隐患。七是大部分市场没有配齐消防安全设备,一旦出现意外,人员和财产安全得不到应有的保障。八是绝大部分市场没有停车场地,车辆随意停放,阻塞交通,影响市容。

(三)管理不规范,菜市场发展滞后。一是经营管理多元化,各自为政。目前菜市场投资主体多元化,有政府设立、企业投资、社区开办、民营自办、自然形成等,基本是谁投资谁经营谁管理,没有相关要求,存在各自为政,服务质量低下等情况。二是管理不规范。很多市场开办者还停留在固有的管理模式上,缺乏服务创新理念和品牌意识,只关心市场房屋、摊位的租赁情况及租金的收入情况,对各经营户的商品质量、服务态度、经营情况等并

不太关注，部分市场出现假冒伪劣、有害有毒商品上市，欺行霸市、缺斤少两现象时有发生，使市场信誉降低。三是市场收益率低，开发改造力度小。菜市场带有很大部分公益性质，面对的是广大市民和文化素质偏低的中小经营者，管理难度大、收入少，而现存的城区菜市场大多在建设时缺乏长远规划，设施早已老化甚至报废，而开办方却无力追加投资更改现状，导致市场开发改造能力不够，市场发展滞后。

（四）马路市场猖獗，影响市容市貌。城区骑路市场不但危害交通，而且极大地影响市容市貌，与创建卫生城市的要求不相适应。主要类型有：一是"外溢型"马路市场。市场辐射区域人口增加，原先小的场地经营已不能满足要求，随着人口增加市场不断扩张，占路面积越来越大，主要有春秋巷菜市场、桓谭小区菜市场、桃梨巷菜市场。二是"候鸟型"马路市场。一些经营者为了回避城市管理部门和市民的监督，在一天的某些时段、某些特定的地域临时摆设摊点经营，主要有林业处菜市场、五号工地菜市场。三是"货郎型"马路市场。主要是一些蔬菜、水果零售户1人或几人结伴而行，走巷串户，形成移动式的马路市场，这种市场在我市新建小区门口经常能够看到。

三、加强我市菜市场建设和管理的建议

（一）加强领导，提高认识，切实把菜市场作为民心工程抓紧抓好。菜市场管理是一件能够代表最广大人民根本利益的大事实事，应该从科学发展观和体现"三个代表"思想的高度来认识菜市场工作。菜市场不仅仅是一个经济场所，它一直是社会热点、难点问题的交汇点，具有的社会意义远远高于其经济意义。一段时间以来，绿地、公路建设得到了政府的高度重视，我市的环境、交通状况有了很大的改善，但是菜市场的建设和管理一直滞后于我市的经济发展。目前我市新区高楼林立，小区宽敞漂亮，可是能够安排菜市场建设的地皮几乎已经没有，小区市场建设的落实困难重重，这些都是百姓吃菜难的隐患。如果因为市场的原因造成菜价过高，无疑对低收入人群是雪上加霜，甚至会引起社会的不稳定。市场中出售食品的质量直接关系到人民群众的人身安全，搞好上市商品的管理，也是为群众做的实事。因此，菜市场工作是民心工程，关系到政府在人民心目中的地位，应当引起各级政府的高度重视，切实抓紧抓好。

（二）科学规划，合理布局，建立以批发市场为龙头，中心市场为骨干，社区市场为基础的菜市场网络。要以现有市场为基础，按中心城区发展的要求，分三个级次重新调整城区菜市场布局。农产品批发市场的布局要以中瑞、凤凰山农产品批发基地作为依托，体现大规模和专业化的特色。城市中心菜市场的布局要充分考虑地理位置、人口密度、服务对象和覆盖范围。新城区应适应小区快速发展、人口急剧增加对菜市场的要求，建议在新建小区区域内设置便民快捷的社区菜市场。通过统筹规划、合理布局，使城区菜市场与城镇化进程同步发展，每万户居民拥有菜市场建筑面积不少于3 000平方米。

（三）抓紧改造，加快建设，尽快改造建设一批标准化的菜市场。一要制定改造标准。根据国家商务部有关菜市场建设的技术标准，结合我市实际，尽快制定出台《淮北市菜市场标准化建设和升级改造规范》。二要搞好市场调查，制订改造计划。要联合有关部门，对城区菜市场基础设施、经营状况进行一次全面调查。根据调查情况，进行市场分类，制订分步改造计划。三要出台激励扶持政策。建议尽快出台《淮北市菜市场建设改造政府扶持政策》,市财政每年应安排一定资金,对在改造期限内率先按标准搞好改造的市场业主进行奖励和补助,并落实好临时经营点。对于改造和新建的菜市场,政府应适当减免市场改造、报建所需的有关税费;对新进驻市场的经营户可给予适当减免1~2年的税费支持。四要突出重点扶持。建议市政府把扶持菜市场标准化改造的重点放在商务主管部门所属的菜市场,每年给予50万~80万元的改造扶持资金,以便起到示范和以点带面的作用。五要采取政府投资建设新的菜市场。要把菜市场建设作为惠民工程来抓,采取土地政府划拨,资金政府投入的方式建设新的菜市场,对于开发商已建成和新改造的菜市场,政府出资收购。将新建和标准化改造后的菜市场,交由商务主管部门统一管理,规范经营行为,保障食品安全,方便居民消费。

(四)强化管理,各司其职,构建清洁、安全、有序的菜市场经营秩序。根据新的市场特点探索新的市场监管模式。一是建立、完善政府行政管理—协会行业管理—服务企业管理——经营者自我管理互相衔接、互相融合、多方互动的市场管理体系。政府部门应做好行政管理,发挥政府职能,对市场行为进行规范,对市场中的违法行为予以处罚和纠正,为市场建设和改造升级进行长期科学的规划,指导市场的宏观发展;菜市场应成立行业协会,协会是市场开办单位的社团组织,接受政府的行政指导,协会在加强市场行业自律方面能够发挥重要的作用;随着竞争的加剧,各市场服务企业经营管理的作用将越来越重要,必须提高自身的竞争力,提高企业的管理水平,市场才能生存;市场内经营者是市场管理的最终对象,各市场管理机构应成立经营者的自律组织,发挥经营者的主观能动性,许多管理中的矛盾,管理的重点和难点,通过经营者自律组织就可以得到圆满的解决。二是尽快出台《淮北市社区菜市场管理办法》,促进菜市场建设改造升级,规范菜市场经营服务管理,维护菜市场的交易秩序,保护举办者、经营者和消费者的合法权益。三是建立市场管理的网络机制。市场管理单靠突击整治是不行的,必须建立市场监督管理的长效机制,才能从根本上解决问题。市场内要建立和完善打假扶优维权网络和管理人员监督举报网络,这些网络与各种制度有机结合、运作,充分发挥互动、联动的作用,提高管理工作效率。通过网络和监督举报电话,对市场中存在的管理人员不作为现象、执法部门违规执法、经营者制售假冒伪劣商品等行为都能起到及时监督、纠正和打击的作用。

(引自:https://www.liuxue86.com/a/3340950.html)

一、名词解释

市场调查报告

二、填空题

1.市场调查报告具有_____、_____、_____和_____的特点。

2.市场调查报告的主体部分由_____、_____和_____构成。

三、判断题(正确的在后面的括号内打"√",错误的打"×")

1. 市场调查报告是关于市场发展情况的文书。(   )
2. 市场调查报告要把调查面放宽,才能更全面地掌握市场情况。(   )
3. 市场调查报告的写作也要突出重点。(   )
4. 对自己的观点不利的材料,在市场调查报告中也应附带提及。(   )

四、简答题

1. 市场调查报告的标题通常有哪些写法?
2. 市场调查报告正文的导言一般写什么内容?
3. 市场调查报告正文的主体一般写什么内容?市场调查的方式与方法有哪些?

五、写作训练题

根据市场调查的要求、调查步骤,任选一种调查方法,对济南市今年夏季啤酒货源、品种、销售等情况进行调查,将调查材料合理地处理、安排,写出一篇市场调查报告。

第五节　市场预测报告

情境导入

泉城小天使车业有限公司拟对2016—2017年我国儿童三轮车最新流行趋势进行调查,从款式、功能、用料、质量、色彩、价格等方面对消费的影响着手,在调查的基础上做出科学的预测,以促进公司生产出高品质、多功能、深受消费者喜爱的儿童三轮车,从而进一步提高市场占有率。

假如你参加了该项调查活动,能撰写出高质量的市场预测报告吗?

一、市场预测报告的概念和用途

市场预测报告是根据所调查的商品生产销售情况以及其他相关资料,运用科学分析的方法进行预计测算,推断商品市场走势的书面报告。可为企业经营决策服务,是企业发展规划的基础,利于经营管理。

二、市场预测报告的特点

(1)预见性。即对未来市场发展趋势做出预测判断。

(2)科学性。占有大量的信息资料,是经过科学分析而进行的预测,是对市场客观规律的寻找和发现。

(3)时效性。包括三方面的含义:一是对市场的预测必须及时;二是现在做出的市场预测结果不可能永远不变;三是要及时将预测信息传递给有关单位或部门,及时发挥作用。

三、市场预测报告的种类

按产品划分,可分为单项产品市场预测报告、同类产品市场预测报告、综合市场预测报告等。

按预测的时间划分,可分为长期市场预测报告、中期市场预测报告和短期市场预测报告。

按预测的范围划分,可分为以下两种:一是宏观市场预测报告,即对某一类商品在国内外市场上总需求量做出预测的报告。如电冰箱销量在国内外市场上的走向情况。二是微观市场预测报告,即对某种品牌商品在国内外市场上总需求做出预测的报告。如在国内外冰箱市场中海尔牌冰箱的总需求量的走向情况。

四、市场预测方法

(1)定性预测法。数据资料不多时,凭借预测者的经验和直觉判断,推断预测对象未来市场走向。

(2)定量预测法。根据大量资料、信息,运用统计公式或数学模型,定量分析或图解,预测市场发展走向。

五、市场预测报告的结构和写法

(一)标题

标题一般由预测区域、预测时限、预测对象和文种组成。如《2018年中国手机消费市场形势分析》。

(二)正文

正文由前言、主体、结语组成。

1. 前言

前言又称导言,简要介绍写作动因,说明预测的时间、范围、对象、目的及调查方法等,也可直接提出预测结果。也有的把前言内容放在主体部分写。

2. 主体

主体一般由基本状况、分析及预测、提出建议三部分组成。

(1)基本状况(市场预测的基础)。事物的发展变化是有延续性的,是存在因果相承规律的。用资料数据及图表,说明经济活动的历史、现状。

(2)分析及预测(市场预测报告的核心)。深入、准确地分析预测对象的历史和现状,做出科学推断,指明经济活动发展的规律和趋势,估计预测对象的未来前景。

(3)提出建议(市场预测的目的)。根据预测的结果,提出商品生产和经营的意见。

3. 结语

结语说明或强调某个观点,或写些对未来充满信心的话,也可不写结语。

六、注意事项

（1）注意调查研究，充分占有资料。

即必须以资料数据为依据，事先经过充分调查，广泛搜集掌握相关的资料数据，信息量越大，思维深度和广度也越大，资料范围应包括消费需求及变化信息、商品生产条件和市场行情等。

（2）市场调查和分析预测的方法要科学，材料数据必须真实、准确。既要运用经验的定性分析方法，还要借助数学方法处理。

（3）在写作方式上：文字叙述，结合数字说明、图表说明。

2013年我国传媒行业发展前景分析报告

同很多行业一样，每一个行业的竞争机会都是平等的，但是有心人会更加关注自己感兴趣的行业内最新的就业机会，或者说是竞争压力小，但又能带给自己成就感的空缺职位。其实，在传媒行业中，这样的就业机会也是存在的，而且，传媒企业需求还很迫切。面对这种需求，尽快跳入传媒行业是不是就能快速实现你的梦想？接下来，我们一起看看，在传媒行业中，哪些职位目前最需要人？前景和空间都有多大？这里面有很多职位都在被媒体广泛报道，企业也在极度期盼中。现对2013年我国传媒行业分析如下：

一、最稀缺——传媒经营人才

有学者曾经形象地概括国内媒体十几年来的"三部曲"：20世纪90年代早期出名记者，90年代中期出名编辑，90年代末至今出经营者。这一说法客观地体现了国内传媒从内容采编到报道策划再到经营管理的发展轨迹。时至今日，随着传媒市场化程度的不断加快和国内外传媒竞争的日益加剧，传媒经营管理人才备受重视。

近年来，时代华纳——美国在线、新闻集团、迪斯尼和Tom.Com各路跨国传媒争相向中国进行渗透并取得"落地权"，急需大量既熟悉内地媒体市场、又具有国际化运作经验的本土高级媒体人来扩大市场份额，这加剧了高级复合型经营、管理人才极端稀缺的状况。

在传媒行业，一名优秀的媒体人必须是一位"传媒职业经理人"。发行人、总经理、总编辑、内容总监、发行总监、广告总监、生产总监、人力资源总监以及网络媒体的首席执行官等，均可称为"媒体职业经理人"。他们不仅要具备"职业经理人"的经营头脑和才干，也要具备"职业新闻人"的专业素养和职业道德，既能够在传媒产业领域从事专业性的经营管理工作，也能从中国传媒产业的特殊性出发，实现传媒经济效益和社会效益的最大化。

由于之前传媒市场化程度低导致人才储备严重不足，随着改革日益深入，中国传媒业在几乎毫无准备的情况下被推向了市场。专业的经营型人才和策划人才立刻出现人才空缺，大多数报社、电台、电视台的管理、策划人都是媒体人出身，虽然其中不乏优秀的人才，但是很好的编辑、记者并不代表精通管理。业内人士透露，年薪10万元就能够聘请到高素质的新闻从业人员，但即使愿意花50万元年薪，也未必能够聘请到真正既谙熟新闻行业和传媒市场运作、又懂媒体管理和经营的高级复合型媒体管理人才。

高级传媒营销人才一直受到媒体追捧,优秀营销人才甚至一将难求。据《足球报》负责现场招聘的人员介绍,他们曾持续刊登广告招聘营销人员,开出的待遇也不低,但即使一次面试上百人,最终也难以招到适合报社的人选。曾任传媒英才网运营经理的邓同华分析说,一是由于高级传媒人才流动较少,所需的复合型人才稀缺;二是现在一些"80后"不愿吃苦,不想承担压力,相比之下更愿做办公室文员等工作,造成从起步到成为中坚人才的缺失。但是从长远和自己的发展来看,熟悉传媒、懂市场的人是非常受企业欢迎的,且一直是传媒行业最紧缺的人才。

二、最有发展前景——国际化本土传媒人

几年前,《广州日报》、中国香港《星岛日报》就已经在澳大利亚联合推出了"澳洲版",将扩张的触角伸向了国际传媒巨头、新闻集团老板默多克发迹的澳大利亚,开始了内地传媒集团向海外扩张、争夺在全球传媒业市场"话语权"的前奏。

有业内人士表示,内地传媒业在经历近20年一直保持着两位数的高速增长后,已经成为市场规模达数千亿元、全球最具潜力的传媒市场。虽然眼下大批境外传媒巨头向国内蜂拥,使内地传媒行业感受到了不小的冲击,但随着内地一批具有较强实力、较大规模的传媒集团的不断成长和迅速壮大,内地传媒业距离"走出国门、进军海外"已经不远。所以,在经济全球化、内地传媒业已经逐渐迈出海外扩张步伐的背景下,那些熟悉本土传媒市场,又深谙国际传媒市场运作,具有全球化视野的高级媒体管理、经营人才将迎来最好的发展前景。

三、最受宠——传媒型网络人

随着第四媒体——网络媒体的日益强大,新闻领域逐渐对互联网放开,网络媒体直接或间接获得新闻采访权,网络媒体将引入越来越多的一线记者,新闻类网站记者和网络编辑的人员配备从过去的大约10∶1会逐渐增加到1∶1,门户类站点也将达到大约3∶1、2∶1这样的规模。未来网络对传媒型人才的需求很大,而此类人才缺口较大,未来两年将会供不应求。

基于上述原因,随着Web 2.0概念网站向传统媒体等的转变,另一场人才争夺战会紧接着打响——传媒型人才、产品型人才的供不应求将使得网站向传统媒体挖人。因为Web 2.0概念网站在风光无限的最近一两年里,积累的传媒人才并不多,现在要转型,就得从传统行业挖人,原创编辑挖报社,无线编辑挖互联网,主持人挖电台、电视台,这些方面的人才本来就是资源稀缺,而且培养起来相当不容易,所以争夺是不可避免的。这在互联网大肆发展的今天已经得到了有力的证实。而传统媒体人为了发展转型到网络,已经成了必然的趋势,当然,这也是网络媒体中求之不得的。

所以,为了好的发展前景,为了好的待遇,传统媒体人流向网络后,势必会提高网媒的新闻质量,而与此同时,又给大量的新入行者提供了进入传统媒体的机会。

四、最时尚——数字媒体人才缺口巨大

随着数字电影、数字电视在全国的推广,数字影视制作人才特别是网络流媒体和手机电影等新媒介人才正在逐渐走俏,其发展带来的人才缺口在20万人左右,这对于广大求职者而言,绝对是个好消息。

招聘会现场火爆场面也从另一方面印证了这一事实:江苏国视旅游文化投资有限公司曾打算在一次招聘会上招聘近40人,但在该公司的招聘简章上,对于影视策划和后期制作人员、编导的招聘人数并未做明确的规定,问及原因,该公司的负责人表示:由于公司的发展壮大,对影视制作人员的需求逐年递增;其次,以他们的招聘经验来看,想要招到满意的影视制作人才并不容易,所以他们希望是越多越好,因此才没有规定具体的人数。

通过《2013年我国传媒行业现状分析》这篇文章可以了解到传媒行业的现状分析及市场分析,从以上数据可以看出,目前,我国有2 000多家广播电视播出机构、5 000家影视制作公司以及规模各异的近万家网络媒体公司,需要大量的数字影视制作人员。据业内人士初步估计,未来几年内数字影视制作行业需要的影视人才数量超过70万人,尤其在高层次的编导、策划、制作人才方面存在较大缺口。

与传统媒体人才饱和相比,新媒体的发展如火如荼,人才短缺已成为中国数字媒体产业发展的软肋,尤其是有经验的高端人才储备不足。预计在未来3至5年内,中国数字媒体人才的缺口将达60万人之多。新媒体产业与传统广播电视事业人才最大的不同在于,新媒体产业中的采编人员不仅需要熟谙传统业务,同时还需通晓与之相关的互联网技术、视觉设计等。新媒体人才不是指单纯掌握技术的人,也不是指单纯掌握艺术的人,而是指在掌握信息技术的基础上,具有一定艺术修养和潜质,在先进的技术平台上从事媒体内容创作的人。所以,只有培养掌握多学科知识和技能的复合型人才,才能适应和胜任快速发展中的新媒体。

(选自https://wenku.baidu.com/view/e0637070c77da26924c5b076.html?sxts=1522482235906)

思考与练习

一、名词解释

市场预测报告

二、填空题

1. 市场预测报告具有_____、_____和_____三个特点。

2. 市场预测报告按预测的范围分,有_____和_____两种类型。

3. 市场预测报告的标题一般由_____、_____、_____和文种组成。

三、简答题

1. 试述市场预测的定性预测法和定量预测法。

2. 市场预测报告正文的前言一般写哪些内容?

3. 市场预测报告正文的主体一般写什么内容?

四、阅读分析题

阅读报刊上或网上的市场预测报告,利用本节所学的知识,分析其市场预测方法和正文的写法。

第六节　商业广告

> **情境导入**
>
> 　　泉城爱心农场生产的有机芹菜,在整个种植过程中严格遵循有机食品的生产技术标准,即生产过程中完全不使用农药、化肥、生长调节剂等化学物质。现有近300亩芹菜进入成熟期,但因宣传不够,造成积压。
> 　　有机芹菜有以下特点:
> 　　1.芹菜镇静安神。从芹菜籽中分离出的一种碱性成分,对动物有镇静作用,对人体能起安定作用;芹菜苷或芹菜素口服能对抗可卡因引起的小鼠兴奋,有利于安定情绪,消除烦躁。
> 　　2.芹菜利尿消肿。芹菜含有利尿有效成分,消除体内水钠潴留,利尿消肿。临床上以芹菜水煎有效率达85.7%,可治疗乳糜尿。
> 　　3.芹菜平肝降压。芹菜含酸性的降压成分,对兔、犬静脉注射有明显降压作用;血管灌流可使血管扩张;用主动脉弓灌流法,能对抗烟碱、山梗茶碱引起的升压反应,并可引起降压。临床对于原发性、妊娠性及更年期高血压均有效。
> 　　4.芹菜养血补虚。芹菜含铁量较高,能补充妇女经血的损失,食之能避免皮肤苍白、干燥、面色无华,而且可使目光有神,头发黑亮。
> 　　5.芹菜清热解毒。春季气候干燥,人们往往感到口干舌燥气喘心烦,身体不适,常吃些芹菜有助于清热解毒,去病强身。肝火过旺,皮肤粗糙及经常失眠、头疼的人可适当多吃些。
> 　　6.芹菜也是一种理想的绿色减肥食品。当你嘴巴里咀嚼芹菜的同时,你消耗的热能远大于芹菜给予你的能量。
> 　　7.芹菜防癌抗癌。芹菜是高纤维食物,经肠内消化作用产生一种木质素或肠内脂的物质,这类物质是一种抗氧化剂,高浓度时可抑制肠内细菌产生的致癌物质。还可以加快粪便在肠内的运转时间;减少致癌物与结肠粘膜的接触,达到预防结肠癌的目的。
> 　　8.芹菜醒酒保胃。芹菜属于高纤维食物,可以加快胃部的消化和排除,然后通过芹菜的利尿功能,把胃部的酒精通过尿液排出体外,以此缓解胃部的压力,起到醒酒保胃的效果。
> 　　9.芹菜降血压、镇静、镇痉;健胃、利尿、净血、调经;清热除烦,平肝,利水消肿,凉血止血;主治高血压,头痛,头晕,暴热烦渴,黄疸,水肿,小便热涩不利,妇女月经不调,赤白带下,瘰疬,痄腮等病症。

你能根据有机芹菜的这些特点,为泉城爱心农场制作一则广告,推销有机芹菜吗?

一、商业广告的概念及作用

"广告"有广义和狭义两种含义。广义的广告是"广而知之"的意思。从这个意义上讲包含政府通告、政党、教育、宗教、文化、社会团体等方面的声明、启事。狭义的广告通常是指"商业广告",即由中华人民共和国第十二届全国人民代表大会常务委员会第十四次会议于2015年4月24日修订通过的《中华人民共和国广告法》中所述,广告是商品经营者或者服务提供者通过一定媒介和形式直接或者间接地介绍自己所推销的商品或者服务的信息。

在现代社会里,商业广告十分活跃,其使用之频繁和广泛,可谓"家喻户晓,人人皆知",其作用主要表现在如下三个方面:

第一,促进生产、繁荣市场。商业广告广泛而迅速地为生产厂家、商业企业和经济实体传播和传递着种种商品生产和销售流通的信息,提高了企业的知名度,实现了彼此间的信息交流。它使彼此间互通有无,调剂余缺,疏通和拓宽了产、供、销的渠道,从而增加销售,以销促产、产销两旺,繁荣了市场。

第二,引导和方便公众消费。广告向公众宣传商品知识和供需行情,介绍商品的特点、价格和销售地点,引导人们选购称心如意的商品,避免了因不明有关情况而给购买和消费造成的困难和损失,为公众的消费提供方便。广告向社会传播劳务、服务项目和服务措施方面的信息,为城乡居民解决生活中的难题,满足了人民生活的需要。

第三,有利于精神文明建设。广告所传播的信息,大都具有健康的内容,表达了积极向上的思想感情,运用了精彩动人的语言,采取富于美感的图像和音响,表现真善美的格调和情怀,在指导人们合理消费的同时,还陶冶了人们的情操,美化了环境,给人以美的享受,在潜移默化中使人受到教育。

二、商业广告的类别

商业广告的种类可从以下几个角度来划分:

按地区分,可分为世界性的、全国性的和地方性的三种。按对象分,可分为大众性广告和企业性广告(前者主要指生活资料,后者主要指生产资料)。按表现形式分,可分为全部用文字表达的文字广告,以图像为主配有文字说明的图像广告,以文艺演出形式如相声、舞蹈来介绍商品的文艺广告,以实物、模型等陈列橱窗、画廊来宣传商品的实物广告。这些广告都通过一定的媒介(商品广告的实体,亦称为媒介)来表达。这些介绍商品的媒介有报刊、电视、广播、橱窗、画廊、霓虹灯、音响、路牌、张贴、模型、商标、模特儿、展览、展销,等等。按照广告媒介的不同来分,可分为报纸广告、杂志广告、广播广告、电视广告、户外广告、销售现场广告、交通广告、邮寄广告、馈赠广告、包装广告等十类。采用哪类广告,要根据商品特点、宣传对象等实际情况来确定。

按表达方式和文体特征,大体可划分如下几种:

(一)简介体

这类广告是以叙述为主要表达方法,对企业性质、规模、业务范围、经营项目或商品性能、特征、功用等做出简明扼要的介绍和说明。其特点是朴实简洁,即对所介绍的对象做客观如实的叙述,虽无艺术性的渲染和夸饰,但内容充实、语言平实简洁。多用于报刊或商品的包装图片等。

（二）描写体

这类广告重在对商品整体及各部分的描写和对商品性能、功用的渲染，给人一种由语言文字唤起的鲜明形象。这与简介体广告的平实简朴形成明显对比。

（三）论说体

这类广告以议论为主要表达方式，直接阐述事理，以理服人，而不是以情动人。它针对消费者的心理活动，以论辩的姿态，运用诉诸理智的语言，以充足的证据和雄辩的论证来说服消费者选购所介绍的商品，促使其下决心购买。

（四）说明体

这类广告是以说明为主要表达方式，对商品的各项内容做解释说明的一种广告。它在一定程度上具有商品说明书的特点和性质，以科学地介绍商品的使用价值和有关知识来吸引消费者。它多用于新产品和高科技产品、专业产品上市销售的广告宣传。

（五）证明体

这类广告的特点是，为证明广告宣传属实或介绍得准确可靠，而把国家批准的评比机构的鉴定、奖评情况、荣誉证书或光荣称号放在显著位置，以此吸引和取信于消费者。它常用于名牌产品、精密仪器或保健食品的广告宣传，内容一般是介绍产品荣誉称号、获奖等级和产品牌号，而不再突出说明商品的各种自然属性。

（六）问答体

这类广告是通过两人或多人问答的方式来宣传商品。它针对性强，重在答疑解惑，从各个方面解答商品的有关问题，层层消除消费者的疑虑，同时又避免了文字的单调。

（七）成语体

这类广告巧妙运用成语来招徕顾客。成语流传广泛、语义精辟、文字简练、表现力很强且音节整齐、易读易记，所以用作广告宣传能够雅俗共赏、唤起大众对民族传统文化的联想，从而对该商品产生浓厚的兴趣和深刻印象。

（八）表格体

这类广告按照固定的格式和条款来逐项填写，用于技术性要求较高、文字表述较复杂和数据较繁多的商品。其优点是用表格的形式，把繁多的数据和复杂的内容一目了然地表达清楚。通过对这些数据和项目的了解，消费者可以决定购买与否。这类广告的宣传效果直接与表格的设计和项目的安排相关，例如冷轧钢板的销售，人们关心的是材质、规格和价格，将此三项数据列表合理地标明，便于消费者识读记忆，这就达到预期目的了。

（九）文艺体

把广告宣传的内容编成短小精悍的相声、歌曲、诗歌、故事、小品、数来宝、快板等文艺节目，由演员或播音员在电视台或电台演播。这类广告饶有风趣，带有明显的表演性，既是艺术又是广告，二者融为一体，使人在轻松愉快的艺术享受中产生对某种商品的购买兴趣。

（十）布告体

这是一种张贴和书写于公共场所的广告，主要用文字作书面表达。除用作商品广告外，还用于开业、招聘、展销、租赁、劳务、服务、招生、旅游、演出、交通等。它对文字表达的要求较高，讲求准确恰当、规范得体、既庄重又亲切。

三、商业广告的结构与内容

（一）商业广告的基本内容

广告的基本内容，一是主题的选择，一是表达主题的方式。

广告的主题就是这份广告要向大家说明什么。主题的选择范围大致有两方面：一方面是原料，制造方法，产品效用及产品价值；另一方面是商品本身，商品经历，制造商品所用的材料，制造过程，关于制造者或经销者的经历和声誉，市场供求情况，同类竞争商品的状况，商品售后服务情况，广告宣传对象及对广告宣传品的态度。确定主题时，要根据实际需要，不能面面俱到，要抓住最能吸引读者兴趣的主题。广告主题确定之后，要选择最理想的表现形式。

广告主题的表现形式大体可分为两种：

一种是"晓之以理"。主要表现手段是依靠语言文字。根据人们采取购买行动之前心理活动的特点、程序，对商品进行充分的介绍和宣传，通过陈述、说明作用于人的理智，以促进人们有意识的购买行动。这类广告的特点是常以试验和专家的鉴定，以及事实、数字来证明商品优良。

这种表达方式多用于生产资料、机电产品、交通工具、家用电器、家具、建筑材料，以及不受时间影响并具有实际效用的高档商品的广告等。

广告主题的另一种表现形式是"动之以情"。这种表现形式以向读者的情绪进行诉求、暗示为主，使读者"触景生情"，产生对商品的需求欲，从而在情绪的影响和支配下采取购买行动。这种广告，有的主要靠图画，仅写商品的名称、用途和特长；有的以祈使语气，希望人们立即购买；有的在良好的气氛中，表示商品足以满足人们的要求。情绪诉求广告偏重于视觉形象，常用于宣传化妆品、服装、日常生活用品、食品、书籍等。

具体运用时往往是两种表现形式兼用，不仅晓之以理，而且动之以情，往往会产生出理想的效果。

（二）商业广告文稿的结构

广告的形式灵活多样，没有一成不变的格式。一般说来，广告包括标题、正文和结尾三部分。

1. 标题

它是广告的灵魂，是全文的精确概括。它居于给人第一印象的重要位置，能够诱发消费者阅读正文的兴趣。在目前的广告大战中，众多的广告令人目不暇接。人们往往先看标题，如果有吸引力，引起兴趣，便继续看下去；如果标题平淡无奇，甚至晦涩难懂，人们是不会耐心去揣摩它的。因此标题要力求新颖、醒目、鲜明、精彩，要使人一见钟情。从标题

所使用的表现手法划分,可分为以下几种:

(1) 名称式。直接用厂家或商品名称作标题,使人一目了然。例如:"中国老字号隆祥布店""农夫山泉,有点甜""好空调,格力造"等。这种标题的优点是制作简单,读者也能一目了然。但往往缺乏诱发性,难以引起人们的注意。

(2) 报道式。即采用新闻报道的手法,如"庆'六一'儿童服装大展销"。

(3) 提问式。以发问的口吻引起消费者注意,引导对下文的阅读。如"如何利用网站优化提高网站流量"。

(4) 谐音式。巧用音相同或相近的字组成新的成语,形成新奇的意趣,令人在咀嚼中受到启发,产生购买欲望。如"衣衣(依依)不舍"——服装广告。"有口皆杯(碑)"——酒类广告。"随心所浴(欲)"——热水器广告。

(5) 允诺式。这是对商品的质量、使用价值或售后服务向消费者做出承诺的标题形式。这种标题以承诺的内容和程度来引起消费者的注意,当然所承诺的利益要在商品和服务中兑现。例如"戴上北斗星手表,仪表更帅,保用十年,免费检修"。再如"正宗烟台美早大樱桃,第二件仅需 0.1 元"。

(6) 颂扬式。直接赞扬、夸奖某商品,给人以先入为主的强烈印象。"海鸥表,中国计时之宝"。

2. 正文

这是广告的核心部分,可以根据前面所介绍的十种广告类型,选择合适的表达方式进行设计和撰写。正文的内容一般包括商品最明显的特征、突出的使用价值和所取得的最高荣誉,以及质料、性能、用途、规格;介绍劳务的宗旨、项目、措施、标准,说明对消费者或服务对象应负的责任等。特别是对产品的特点、性能要做突出的宣传,便于顾客选购。目前常见而且宣传效果较好的正文部分有以下几种表现形式。

(1) 陈述体。开门见山、清楚明白、直截了当地介绍商品名称、功能、特点、价格等,为消费者认识和鉴别商品提供必要的知识,适合于新产品的宣传。

(2) 问答体。即广告内容通过问答方式表达出来。多用于技术性、知识性较强的广告内容的表达。

(3) 证书体。突出介绍本产品获得过什么奖,利用人们对政府质量评比的信任,间接赞誉本产品"信得过"。

(4) 诗歌体。凡是用诗词、快板、顺口溜等来做广告词的,叫诗歌体。诗歌体的广告文稿运用简练的语言文字对商品或劳务加以高度概括,这些句子整齐而且往往合辙押韵,读来朗朗上口,听来和谐悦耳。

(5) 告示体。模仿通知形式,分条列述有关事项。如订货会、展销会等常用这种形式。

(6) 幽默体。运用生动的语言和形象,借助文艺演出的形式,如相声、动画、木偶、漫画等,进行商品宣传,生动活泼,引人入胜。

此外,广告因产品或劳务的种类不同、销售对象不同、传播媒介不同等,构成不同的语体风格。如还有论说体、描写体、小说体、戏剧体等。广告的实际制作应根据商品的特性及顾客消费心理等因素去选择最合适的体式。

3. 结尾

一般是为便于消费者购买而做的服务性说明,如某商品销售的时间、地点、价格等,有的还交代生产厂家的名称、地址、电话号码、电报挂号、邮政编码、开户银行和账号、联系方式等。

四、商业广告的写作要求

(一)主题突出,立意新颖

文字广告不仅是一篇普通的介绍性文字,而且要使消费者在一个特定的场合,在短暂的一瞬间留下深刻的印象。因此,构思主题要突出,立意要新颖,出奇制胜,使人耳目一新。

(二)内容求实,文字精确

做广告应对消费者负责,要如实地介绍商品信息,如商品的名称、牌号、质量、性能、价格、销售时间、地点、售后服务等要如实陈述清楚。

(三)形式多样,生动活泼

要遵循人们的认识规律,以感性认识入手,文字要通俗易懂,新颖活泼,少用一般人不懂的专用名词,切忌生涩。

例文 1

"引领智慧生活　回报 10 亿信赖"
海尔全国 42 城启动感恩月

挑战食材"超市"的冰箱、"吞光"的空调、挑战平衡术的洗衣机……12 月 1 日,以"引领智慧生活 回报 10 亿信赖"为主题的"海尔 2018 新品全球首发暨感恩月开幕盛典"在青岛广电大厦启动。会上,海尔冰、洗、空、热、厨等多个品类的新品集中亮相,上演了一场高科技实力 show。

为了感恩全球 10 亿用户的信赖与支持,海尔特别选在 12 月举行"感恩月"活动,集结全球 6 大品牌一年的科技成果共计 52 款新品,在全国 42 城发起一场高品质、全球化的消费盛宴。活动将从 12 月 1 日持续到 12 月 30 日。在整整一个月的时间内,海尔不仅为用户提供高科技产品,还准备了成套服务、智慧管家、以旧换新等服务,向用户奉上高品质的智慧生活新体验。

目前,海尔在全球建立了 10 大研发中心,不仅能第一时间获取全球用户需求,还能迅速响应需求,并给出解决方案。更为重要的是,海尔不仅以百分百的自主品牌布局全球,更着力打造出能柔性满足各个市场的品牌集群。作为中国企业全球化的代表,海尔不仅以海外创牌成为中国在世界上的一张品牌名片,还将全球化的科技实力反哺用户,通过感恩月活动围绕用户的个性化需求特别打造从设计到服务的全套方案以及感恩月专属活动巨惠,为消费者带来一站式品质生活升级体验。

(选自 http://news.163.com/17/1201/19/04JHS91P00018AOP.html)

农夫山泉,有点甜!好水喝出健康来!

——农夫山泉广告词

如果人类不节约水源,保护环境,人类看到的最后一滴水将是自己的眼泪。

——公益广告词

一、名词解释

商业广告

二、填空题

1. 商业广告有_____、_____、_____的作用。

2. 按照表达方式和文体特征,商业广告分为_____、_____、_____、_____、_____、_____、_____、_____、_____。

三、简答题

1. 商业广告主题的选择范围有哪些?

2. 商业广告文案标题的表现手法有哪些?

3. 商业广告文案正文的表现形式有哪些?

四、写作训练题

1. 选择学校的大学生科技节活动或社团文化节活动撰写一则广告文案,向同学们推介这场活动。

2. 完成"情境导入"部分的商业广告文案写作任务。

本章小结

经济类文书在企业的经营活动中发挥着重要作用。本章重点介绍在经济项目运作过程中应知应会的几种典型文案。

合同要遵守《中华人民共和国合同法》的有关条款,不可疏忽大意。法律规定的主要条款能保障合同主体各方的合法权益,在这个框架下再尽量注意各种细节问题。招投标文书要按相应的程序操作,注意保密。市场调查报告属于调研文案,要了解不同内容的市场调查报告的适用范围,掌握市场调查报告的写作方法,培养实事求是、认真踏实的工作作风。市场预测报告也属于项目调研文案,要了解市场预测报告和市场调查报告的联系与区别,掌握市场预测报告的写作方法,养成调查研究的工作习惯。商业广告是一种生动有趣的推动项目取得实际进展的文案,对于树立品牌形象、构建企业文化有重要价值。

第八章

新闻类文书

第一节 概述

新闻类应用文是以报纸、广播、电视、网络为传播媒介的文体,及时报道社会生活中新近发生的有意义的事件,具有传递信息、宣传教育和发动群众的作用。

在写作上,新闻类应用文要求内容真实,其中消息、通讯,特别是消息要有较强的时效性。

新闻报道类的文体种类主要有消息、通讯、特写,专访、专稿,新闻述评、新闻评论、新闻图表等。

本章主要学习消息、通讯与特写的特点与写法,通过学习能够写出内容生动、格式规范的消息、通讯及特写。

第二节 消息

情境导入

为深入学习宣传贯彻党的十九大精神,教育和引导大学生进一步坚定理想信念,山东农业工程学院于2017年11月24日下午2:30在济南校区多功能厅举办了"不忘初心跟党走,牢记使命勇担当"的主题演讲比赛。党委委员、副校长××,组织人事处、党委宣传部(统战部)、学生处(团委)、网络信息中心等综合部门负责人,各学院党、团总支书记及部分学生代表观摩了演讲比赛。选手们围绕党的十九大精神,结合自身的体会,用真诚的语言讴歌党的光辉历程,抒发对党的深情,表达坚定不移跟党走的决心。选手们声情并茂、发自肺腑的演讲紧扣主题、层次清晰,内容充实、观点正确,联系实际、震撼力强,充分展示了大学生紧跟时代、砥砺前行、勇于担当、报效祖国的精神风貌。比赛本着公平、公正、公开的原则,经过评选,评出一等奖两名、二等奖三名、三等奖五名。××副校长最后做了热情洋溢的讲话。他高度评价了本次活动的意义,并要求大家从四个方面继续深入学习党的十九大精神。一是要在学懂弄通做实上下功夫。要读原著、学原文、悟原理,学思践悟,要围绕"进入了新时代""形成了新思想""明

> 确了新矛盾""安排了新目标""实施了新战略",深刻理解、全面把握党的十九大精神。二是要充分领会十九大报告的精神实质、丰富内涵、核心要义、时代特征。三是要联系实际,不忘初心,牢记使命,将广大青年学子自己的青春梦想和伟大的中国梦结合起来,勇于担当,做时代的弄潮儿。四是要树立四个意识,增强四个自信,进行伟大斗争、建设伟大工程、推进伟大事业、实现伟大梦想。

你能根据以上内容撰写一篇消息向学校宣传部投稿吗?

一、消息的概念和特点

（一）消息的概念

消息是指迅速及时地报道社会生活中重要的突发性事件和新近发生的事物、情况等的新闻文体。由于消息在新闻报道中所占数量最大，使用频率最高，故消息通常被人们称为新闻（狭义的新闻）。据统计，美联社和和众社发的新闻稿件中，三分之二是消息。新华社播发的国际、国内新闻中，消息占绝大多数，可见，消息在新闻报道中的地位和作用。

（二）消息的特点

1. 真实性

真实性是消息的最基本特征。不仅事实本身的时间、地点、人物、事件等都必须是真实的，而且具体的细节、背景、数据也不能有一丝的差错。

2. 新鲜性

内容新是消息的核心和生命，传播新的信息是其目的。一般来说，消息所报道的都是新事物、新情况。西方谚语说:"今天的消息是金子,昨天的消息是银子,前天的消息是垃圾。"我国新闻界所说的莫使"鲜鱼"变"死鱼"、变"臭鱼",也是这个意思。此外,有些事实虽不是新事,但却是人们普遍关心的,或是有了新的发展变化,也具有新闻价值。我们写消息,要特别注意新形势、新政策,群众的新情绪、新要求。

3. 重要性

消息越是重要其新闻价值越高。记者对所在地区政治、经济、文化等方面的重大事件都要进行及时的报道。所谓重要，一是对公众利益影响大，二是受公众的普遍关注。

4. 及时性

时间是新闻的第二生命。新闻讲究事实新颖，要想保障事实的新颖，就必须讲究时效，争分夺秒，采写快，发稿迅速。否则，时过境迁，成了旧闻，就起不到新闻特有的作用了。

5. 简练性

即言简意不薄，文短而事不浅，字少而味不淡，讲究内容集中简练。

二、消息的种类

消息形式多样，一般可以分为以下几种:

（一）动态消息

动态消息是对国内外新近发生或正在发展的为群众关注的事件报道。主要包括国际国内重大事态及其发展，各条战线的形势、变化和新事物、新成就、新气象。如中央推出的某项新举措，领导人或著名人物的动态，文体活动，创造发明，工、农、商、运输等行业的情况，都是其表现的内容，有些事件正在发展，可作连续追踪报道，这类消息在报纸上出现最多，它时间性强，一般篇幅较短。有的短到几句话甚至一句话，被称为"简讯"或"一句话新闻"。

（二）社会新闻

社会新闻是指反映社会生活、社会问题的新闻。它实质上也是一种动态消息，但题材相对琐细广泛，偏重于邻里、家庭、婚姻、社会道德、人际关系、珍闻趣事以及社会犯罪、某些涉及面较窄的天灾人祸等。

（三）综合消息

综合消息也称综合新闻，是围绕一个主题，综合反映国内外不同地区或单位相同或类似情况的报道。它的特点是容量大、概括性强，反映的面较广，选取的材料要求有代表性。

（四）经验消息

经验消息以消息的形式，集中报道某些地区或某部门、某单位在某项工作中取得的经验，以带动全局，指导一般，宣传党的路线、方针和政策。经验消息往往要交代情况、叙述做法、总结经验，由事实引出道理，从个别找出规律。写经验消息要注意：一是介绍经验应具体，在什么情况下，采取了什么办法，这办法包括哪几个方面，这几个方面又是怎样在实践中运用的等，都要明白地写出来。二是经验消息要写出效果，证明经验的可行性。这种做法到底是推动了工作的开展，还是提高了产量、质量；是提高了群众的思想觉悟，还是增加了花色品种，都要有所交代。不要只介绍措施方法，却不谈或用极少笔墨谈效果。

（五）人物消息

人物消息是以反映新闻人物事迹和精神境界为主的消息。它透过事迹的记叙展现人物的风采和特点，重在以人率事，因事显人。

（六）述评消息

述评消息是一种边叙边议、评述结合的消息，又称记者述评。这类消息用来反映和评价国内外的重大事件，或从其内在、外在联系上分析其发生的原因及其发展趋势；或纵横解剖揭示其社会意义，帮助读者明辨是非；或总结经验教训发掘本质，带有一定的预见性，以指导现实的工作。

三、消息的内容和结构

消息有其特殊的结构模式，一条完整的典型的消息，一般要具备六个要素，即何时（When）、何地（Where）、何人（Who）、何事（What）、何故（Why）及如何（How），因为前五项的第一个字母是 W,其中何时、何地、何事这三个要素最重要,任何消息都不可缺少。其他要素,在某些简明短小的消息中,根据内容的不同,也允许部分省略。

典型的消息,由标题、导语、主体、背景、结尾组成。

(一)标题

消息的标题要概括、准确、鲜明、引人入胜。消息的标题分为引题(亦称眉题、肩题)、正题(亦称母题、主题)、副题(亦称子题、辅题),引题在正题之上。用以提示事件的指导思想和意义,也可以交代背景、烘托气氛、说明原因,或揭示消息的来源、现实意义,或者指出参加单位、事件发生的时间等。正题概括反映消息的主要事实、中心思想以及意义。副题在正题之下,补充或注释主标题,或披露消息中的某些具体细节。

一条消息的地位往往用标题来显示,用三行以上标题的往往是重大消息。如:

山东省全面展开新旧动能转换重大工程动员大会召开 (引题)

全面深化改革开放 聚焦聚力高质量发展 奋力开创新时代山东发展新局面 (正题)

刘家义讲话 龚正主持 付志方王文涛出席 (副题)

(选自 2018 年 2 月 23 日《大众日报》)

一般消息用两行标题(眉题与主标题或主标题与副标题),如:

习近平主持中央政治局常务委员会会议 (引题)

听取河北雄安新区规划编制情况汇报 (正题)

(选自 2018 年 2 月 23 日《大众日报》)

山东部署 11 项新旧动能转换重点工作 (正题)

围绕十强产业建立智库 年底前"零跑腿"和"只跑一次"事项占九成 (副题)

(选自 2018 年 2 月 27 日《大众日报》)

也有的消息只有一行标题,如:

我省公布 30 个"山东最美绿色乡村"

(选自 2018 年 2 月 28 日《大众日报》)

(二)导语

消息的开头往往用几句话(或一段话)把本消息最重要、最新鲜的内容告诉读者,这就是导语。导语的写作要求,一是要抓住事情的核心,二是要能吸引读者看下去。导语的特点:有时间(when),地点(where),人物(who),事件(what)。我们要学习,一是时间的表述,找最近时间点。二是讲故事的叙述手法。导语写作中的思维过程,通常是以作者的自问自答开始的:(1)什么事情是已经发生的事件中最重要的?(2)什么人参加进去了?——谁干的或谁讲的?(3)是用直接性导语,还是用延缓性导语?(4)有没有什么吸引人的词汇或生动形象的短语要写进导语中?(5)主题是什么?什么样的动词能最有效地吸引读者?这五个问题中,第三个问题涉及导语的类型。那么,导语有哪些类型呢?一类是直接性导语:直接写出事实的核心的导语。多是陈述性的像速记一样地反映事实。另一类是延缓性导语:多用于"软"消息。即所报道的不是正在发展中的、变化中的或突发性的事件。它通常用来设置一种现场或创造某种气氛。多是解释性、说明性的。

导语的形式多种多样,按照导语的表达方式,可分为叙述式、描写式、议论式、提问式、引语式等类型。

1. 叙述式

通过摘要或归纳概括的方法,简明扼要地反映出新闻中最主要、最新鲜的事实,突出新闻要旨,给人以总的印象。

如《济南6天拆除违建11万余平方米》(《大众日报》2018年3月8日)的导语:"记者3月6日从济南市城管局了解到,3月1日至6日,6天时间内济南市集中拆除违法建设11万余平方米,有力地震慑了各类违法建设行为。"

2. 描写式

对消息中的人和事,或现场环境,做简洁形象的描绘,渲染气氛,以达到作者所预期的某种情绪效应。

如"本报讯 几百名身穿军装的学生站在大学城初秋的阳光下,目送一辆辆巴士开上离开小谷围岛的公路。坐在车里的是与他们相处仅仅两个星期的军训教官,但直到这些车都消失在视线里,同学们才陆续走回宿舍。"

3. 提问式

先揭露矛盾,鲜明、尖锐地提出问题,再做简要的回答,引起读者的关注和思考。

如"美国太空探索技术公司22日将该公司卫星互联网项目首批测试卫星送入太空,为搭建由约1.2万颗卫星组成的太空'星链'做准备。1.2万颗卫星大约相当于现役卫星数量的10倍,史上所有发射卫星数量的2倍。人们充满好奇,它有什么用?可能实现吗?"

4. 引语式

即开门见山,用消息报道中人物的语言揭示消息的中心问题或重要事实。引语式导语的运用,应注意讲话人身份的特殊性和讲话的权威性。

如记者写荣毅仁,开篇即是引语:

"我现在不是资本家,你最好把我说成是一个商人。"荣毅仁说,"人们称我为资本家是因为我引进了资本主义的管理方式。"

再如《小山村引项目兴产业,让百姓在乡村振兴中奔向小康》(《大众日报》2018年2月23日)的导语:"农民也有年终奖了!春节前,宁阳县磁窑镇后李村的村民们收到一条好消息,"村广播喇叭通知我们去查下户头,说是苗圃基地那边已经把土地流转费用打到账上了,我得赶紧去看看。"年近六十的毛木香大娘高兴地说道,"都说上班的才有年终奖,我们农民也有年终奖呢!我那两亩地收入四千元,现在拿到手,正好赶集去买年货!""

另外还有号召式、摘要式、评论式、综合式、解释式,等等。

(三)主体

主体是在导语的基础上,引入更多的与主题相关的事实,使之更加详实、具体。这是消息的主干部分。它紧接导语之后,对导语做具体全面的阐述,具体展开事实或进一步突出中心,从而写出导语所概括的内容,表现全篇消息的主题思想。

主体部分结构方式常见的有以下几种:

1. 倒金字塔式

倒金字塔式结构的主要特征是按材料的重要程度排列顺序。最重要的放在开头,最次要的放在最后。

2. 按时间顺序

即按照事件发生的先后顺序安排层次。先介绍怎样开始的,再写后来及结果怎样。

3. 按空间的变换安排层次

这种正文的写法,也称为"分镜头式"写法。西方新闻界有人主张把新闻人物的事例写成多层次、多镜头,一段一个细节,好像电影里的"蒙太奇",画面一个接一个地出现;使读者从不同的角度窥视新闻事实。它的特点是不断地变换空间,一般多用在人物新闻中。

4. 按逻辑顺序写

这种写法就是根据事物之间的内在联系来安排材料,组织层次。

(1) 主次关系。在组织材料时,先写主要的、具有特点的事实,而后安排比较次要的、一般的材料。这样写主次分明、重点突出。

(2) 因果关系。在安排正文材料时,先以事实提出问题,然后再由原因写到结果,即问题的解决。

(3) 总分结构。在导语中先总结出多个新闻事实的本质性的、规律性的东西,然后在导语之后,以并列的形式,逐项列出各项新闻事实。记者在报道组织时间跨度较大,事实较多的综合消息时应注意使用这种结构。

(四) 背景

背景指事件的历史背景、周围环境及与其他方面的联系等。写消息有时要交代背景,目的在于帮助读者深刻理解新闻的内容和价值,起到衬托、深化主题的作用,也就是回答五个"W"中的 Why(为什么)。

背景材料一般分为三类:

1. 对比性材料

有比较才有鉴别,更便于识别优劣。在一部分背景中,往往穿插映衬对照的材料,在事实对比中揭示深刻的思想。有些新闻是报道新成绩、新变化的,进行今昔对比,就能突出"新"字。

2. 说明性材料

介绍新闻事实的有关背景,以说明消息产生的原因、条件和环境等,加深读者对消息内容的理解。

3. 注释性材料

有些消息涉及对党的方针政策的理解,就要在事实的基础上进行分析。有些新闻内容如科技成果、产品性能、冷僻的名词术语等,就要用背景材料来解释,有些介绍人物的消息,也要对人物的出身、性格、经历进行说明。

背景材料在消息中与主体交织在一起,没有固定的位置,可长可短,有的短新闻可以不出现背景材料。

(五)结尾

结尾是消息的收笔。它与导语相呼应,但不能重复。结尾各式各样,有的是对主体的归纳,有的是进行画龙点睛式议论,有的是对新闻事件发展的预测……没有固定格式。

例文1

折翼海天,用生命为航母事业铺路

——没有留下豪言壮语,只有拼尽全力的执着,海军某舰载航空兵部队一级飞行员张超烈士

中国海军网讯(记者徐双喜、陈国全)4.4秒,生死一瞬,他毅然选择"推挡"挽救飞机,放弃了第一时间跳伞。2016年4月27日,海军歼-15舰载机飞行员张超因飞机机械故障,在陆基模拟着舰训练中壮烈牺牲。没有留下豪言壮语,只有拼尽全力的执着,他最终倒在离梦想咫尺之遥的地方——只剩下最后7个飞行架次,他就能飞"上"航母辽宁舰。这一天,年仅29岁的他,来不及给年迈的父母、亲爱的妻子、2岁的女儿留下一句话,便匆匆走了。

"他是我选来的,也是我送走的,他是个天生的优秀飞行员。"海军某舰载航空兵部队部队长戴明盟动情地说。张超,海军少校,一级飞行员,飞过8个机型。他驾驶歼-8巡逻西沙,驾驶歼-11B在南海战备值班。从陆基转为舰基,他的飞行技能有口皆碑。着舰指挥官王亮说:"他最后一个飞行架次表现依旧出色,面对特情,他的处置冷静而准确。"

国之利器,以命铸之。舰载机上舰飞行,喻为"刀尖上的舞蹈",是航母形成战斗力的关键。为国担当,他到舰载航空兵部队报到时与妻子张亚约定:"未来一年别来探亲,等我驾战机从航母上凯旋,再与你相拥!"凭着拼命三郎的劲头,张超和战友克服前所未有的风险和挑战,在一年之内完成歼教-9、歼-15两型战机改装。"他用自身的实践,为海军舰载战斗机飞行员快速成长探索出了一条路。"参谋长张叶说。

"无论何时,他的脸上都挂着灿烂的微笑。"这是张超留给战友最深刻的记忆。篮球场上,满场飞奔、笑声爽朗的是他;饭桌上,讲笑话逗大家乐的是他;训练中,面对风险笑容依旧的是他。最后一次飞行,他还是微笑着登上战机……张超走了,战友们才意识到:这微笑的背后,是如山的坚强。海军某舰载航空兵部队政委赵云峰说:"他用自己的牺牲换来战友们的飞行安全,用年轻的生命为航母事业铺路。"

暴雨如泣,英雄回家。他的老师不愿相信"那个品质淳朴、学习认真的阳光男孩"就这样走了;他的同学不愿相信"那个帅气逼人、有情有义的哥们"就这样走了。妻子张亚喃喃道:"超,醒一醒,你给我买的新裙子,我还没穿给你看呢。"女儿的哭声,让送行的人们泪流满面,却没能叫醒"睡着了的爸爸"。看完飞行事故视频,老父亲抹干眼泪:"崽,你尽力了,跟爸回家吧。"

(来源:中国海军网 作者:记者徐双喜、陈国全 责任编辑:赵泽 2016年7月31日。该消息被评为第二十七届中国新闻奖一等奖)

 例文 2

1 445 种全新病毒科被发现
"RNA 病毒圈"或被重新界定

光明日报北京 11 月 24 日电 记者金振娅 23 日从中国疾病预防控制中心获悉,该中心传染病所研究员张永振的团队在病毒起源和进化的研究中取得重大突破——发现了 1 445 种全新的病毒科,极大丰富了 RNA 病毒的多样性,并从遗传进化的角度揭示了 RNA 病毒发生和进化上的基本规律,其中一些病毒与现有已知病毒的差异性之大,以至于需要重新被定义为新的病毒科。

据张永振介绍,新发现的这些病毒填补了 RNA 病毒进化上的主要空缺,并揭示了一个以宿主转换和共进化为特征的病毒进化史。总的来说,这些数据呈现了一个比目前的分类系统所描绘的亲缘进化关系更复杂且基因组多样性更丰富的病毒圈,从而为病毒的生态和进化研究提供了更坚实的基础。同时,这项突破也改变了病毒学的传统观念,为认识生命的起源进化提供了新的基础。

RNA 病毒是生物病毒的一种。常见的 RNA 病毒中就有公众很熟悉又避之不及的,诸如艾滋病病毒、"非典"病毒、埃博拉病毒、禽流感病毒等。其在病毒复制过程中变异很快,所以很难研制出相应的疫苗。据介绍,全新病毒的发现也揭示病毒基因组具有极其巨大的灵活性,包括频繁的重组、病毒和宿主间的水平基因转移、基因的获得和丢失以及复杂的基因组重排。

"进一步解析新发现病毒与已知病原体间的关系,揭示其传播规律及其对人的致病性将有助于我国新发突发传染病的防控做到'早识别、早预警、精准防控'。未知病毒的检测与筛查体系也有助于提高我国由不明原因引起的传染病临床诊断能力,确认病原体,从而做到针对性治疗。"张永振介绍。

在长达数年的科研攻关中,该团队针对 9 个动物门、超过 220 种无脊椎动物标本进行了宏转录组测序,这种测序是以特定样品中微生物群落的全部 RNA 为研究对象,从转录水平上分析微生物群落中活跃菌种的组成及其相关情况。

据悉,研究成果即将在国际顶尖科学杂志《自然》上发表。鉴于该研究成果的重大生物学意义,《自然》总部决定在论文上线前,于美国东部时间 23 日 13 时召开新闻发布会,向全球介绍这一重大成果。

(《光明日报》2016 年 11 月 24 日。该消息被评为第二十七届中国新闻奖一等奖)

 思考与练习

一、填空题

1. 消息的特点有_____、_____、_____、_____、_____。
2. 消息的种类有_____、_____、_____、_____、_____、_____。

二、根据要求写一篇消息

结合消息写作的要求,选取认为有新闻价值的社会焦点或校园热点问题写一篇消息(不少于500字)。

三、写作训练题

完成"情境导入"中的消息写作任务。

第三节　通讯

情境导入

"感动山工院十大人物"颁奖典礼是山东农业工程学院大学生科技文化节的主要活动之一,学校领导为获奖者颁发了荣誉证书和奖金,学校领导号召全校师生向评选出的"感动山工院十大人物"学习。学生处也在宣传栏宣传了他们的感人事迹。你能根据这些新闻线索深入采访挖掘新闻人物的事迹,撰写一篇通讯吗?

一、通讯的概念及其特点

通讯是运用叙述、描写或议论等多种表现手法,具体、生动、形象地报道现实生活中具有新闻价值的人物与事件的新闻体裁,是一种大容量的深度报道形式。

通讯的特点如下:

(一)新闻性

主要是指通讯报道的真实性和时效性。就真实性而言,通讯和消息的要求相同。就时效性而言,虽然通讯由其内容、题材、表达方式等诸多因素所决定,不如消息报道快捷,但不强调时效性同样会降低乃至失去新闻价值。

(二)生动性

由于通讯可运用多种表达方式,因此,通讯报道较消息更具生动、形象、感人的特点,但通讯仍是以叙述为主,描写、抒情、议论等为辅,所以通讯的生动形象性是相对的,是在一定范围和程度上的。

(三)完整性

通讯要详细而具体地展示事件和人物,因此它要求比较完整地展示事件的始末和人物活动的全过程。

(四)评论性

通讯可以运用夹叙夹议的手法,对人和事进行直接的评论。

二、通讯的种类及写作要点

通讯通常有两种分法。一是按报道内容分,如人物通讯、事件通讯、工作通讯、风貌通讯等。一是按报道形式分,如专访、侧记、特写、速写、散记、采访札记、巡礼、见闻、纪实、记者来信、小故事等。这里只介绍其中常见的几种通讯。

(一)人物通讯

人物通讯是指以特定的新闻人物为报道对象的通讯。这种通讯主要是以详尽的笔墨展现各条战线上涌现出来的先进人物的崇高思想和光辉事迹,充分揭示他们成长的历程和精神境界,为广大群众树立学习的榜样。它既可以写一个人、一个集体,可以记叙人物的一生,为其全面立传,也可以表现先进集体的英雄群像。就报道对象而言,一类是写先进个人和集体,另一类是写处于转变中的人物或有争议的人物,再一类是写反面典型。著名的人物通讯如《县委书记的好榜样》《这个头,带得好——访"冬暖式大棚菜之父"王乐义》等都是属于这一类。人物通讯的写作应注意以下几个问题:

(1)从人物自身特点出发,提炼主题,选择材料。每个人都有自己的生活经历和模式,要把一个人写活,就必须抓住"这个人"与他人的质的差异,把握其个性特征。

(2)要有时代气息,体现时代特征。要使通讯报道的主题体现时代特征,一方面要选取群众关心的、迫切需要解答的重大问题,使人物通讯具有强烈的现实性和针对性。另一方面要考察人物本身具有哪些最能体现时代特征的精神。

(3)把人物放在矛盾中写。通过激烈的矛盾冲突写人是重要的表现手法。沧海横流方显出英雄本色。任何先进人物的成长、造就,以及他们创造的不朽业绩,开创出的新的局面、路子,没有一帆风顺、轻而易举的,大多经过了许多周折、磨难、历险,才获得成功。人物也正是在这些"磨炼"中显露出头角的。

(4)通过刻画人物的言行和气质,表现其内在性格与精神境界。个性化的语言,对刻画人物形象,挖掘其思想内涵,有着重要作用。

(5)要抓住有特色的细节,写好关键性情节。写好人物通讯,细节的描绘、情节的展开也是重要的。有了细节和情节,才会有故事性和趣味性,才会有生动的人物形象。

(二)事件通讯

事件通讯是反映具有典型意义的新闻事件的通讯体裁。事件通讯通常亦分为三种。一是以赞颂为题材,反映重大事件中体现的时代精神、社会风尚,人们的思想境界和道德水准等,以起到宣传、鼓舞和引导作用。二是以批评、揭露为题材,以期达到矫枉扶正的目的。三是介于赞颂与批评、揭露之间,即揭示现实生活中存在的问题、矛盾、热点,并加以评说,以活跃和启迪人们的思维。

要准确写出某一事件发生的缘由、开端、发展、高潮和结果的全过程,让读者了解事件的来龙去脉。在写作中,要处理好写人与叙事的关系,即以叙事为主,写人为辅,写人为写事服务。事件通讯的结构较为灵活,可以顺叙,可以倒叙,也可以运用插叙和补叙。在表达方式上,除了叙述之外,还可以综合运用描写、议论等手法,以增强文章的生动性和形象性。

(三)工作通讯

工作通讯是反映当前实际工作中的经验或问题的通讯。工作通讯的写作应注意以下

几个问题:

(1) 选材准确,有现实针对性。是否有现实针对性,决定着一篇通讯的生命力。好的工作通讯必须是反映实际工作中比较重要的具有普遍意义的问题。对题材抓得准确与否主要取决于作者对大政方针和实际工作的掌握和了解情况。

(2) 要有超前意识,早抓问题、早指导。由于工作通讯是在工作研究基础上产生的,它所分析、研究、概括出的规律性认识是具有政策性和指导意义的,因此,写工作通讯要有超前意识,尽早抓住问题,尽早指导。

(3) 找出规律,分析评论。发现并搜集典型的事实材料,是写好工作通讯的前提。但拥有了材料还要对材料进行分析研究,找出有普遍性的东西来,并在通讯中分析评论。由个别到一般,由现象到本质,这样才能把经验讲透。作者提倡什么,反对什么,读者从中要获取什么,学习什么,才能一目了然。所以,工作通讯最忌只"摆现象",写成流水账一类的东西。

(4) 要注意文笔的生动活泼。写工作通讯要考虑传播效果,要考虑受众的兴趣和接受能力,在题材本身缺乏趣味性的情况下,必须运用多种表达方式,将工作通讯写活。

(四) 风貌通讯

风貌通讯是反映某地区或某单位发展变化或地方风情特色等的通讯,也叫概貌通讯。主要反映一个地区、一条战线的新气象、新面貌,报道重大工程、展览会等的风姿或内容,赞颂革命历史文物或名胜古迹。报纸上常有巡礼、散记、见闻录、纪行、侧记等的出现,这些大都属于风貌通讯。写风貌通讯要注意以下几个问题:

(1) 抓住特征。着力写"变"。风貌通讯既然是写事物发展过程中的新变化、新面貌,就要善于写出动中之变。以作者亲眼所见、亲耳所闻的事实,娓娓动听地给读者做介绍。

(2) 以情动人。风貌通讯就要让受众的思想和情感随着作者的见闻观感一起律动。

(3) 要有一定的知识储备。写风貌通讯往往涉及历史、地理、民俗等多方面的知识。因此,有一定的知识储备,也是写好风貌通讯的重要条件。

三、通讯与消息的区别

(1) 篇幅长短上的区别。这是从形式上,从一般的意义上来看的。消息一般用简明扼要的文字,概括地报道事实,篇幅较短;而通讯则要求较为具体、详尽、细致地展示人物或事件的面貌,在一般情况下篇幅较长。

(2) 从反映的内容来看,消息以报道事件为主,通讯以写人为主;即使是写事件的通讯,也不能离开人孤立地去写事件,因为人总是事件中最活跃的主要因素。

(3) 从时间上看,消息的时间性极强,通讯则没有那么严格。

(4) 从写作上看,消息一般以叙述为主,通讯则以叙述和描写为主,特别是描写用得很多,并穿插议论、抒情等写作方法。当然,经验性的工作通讯例外。

(5) 写作的思维方法不同。消息以逻辑思维为主(目前处于探索阶段的散文式的消息除外),形象思维为辅;通讯则以形象思维为主,逻辑思维为辅。

 例文 1

别了,白家庄矿

——记两对父子矿工的煤炭情

12月21日凌晨4时,太原白家庄矿的祁彬茂从睡梦中醒来。他已不用早早起身赶往煤矿,但多年养成的习惯他一时还改不了。

上午8时,在白家庄矿300公里之外,柳林赵家庄矿的张彦和同事们陆续升井,换衣吃饭。当天是冬至,母亲专门给他捎来了饺子。

上午10时,天上飘起了雪花。祁彬茂走出白家庄矿二号井副井旁的检身房透透气。煤矿关闭后,53岁的他留下来看护停产的二号井。

白家庄矿的矿工,有的留下,像祁彬茂一样站最后一班岗,为工友们守护曾经相依为命的老矿井;有的转岗,像张彦一样奔赴新的工作岗位,融入中国煤炭火热的事业当中。

张彦和祁彬茂们都在以自己的方式告别白家庄矿,告别负重前行的过去,迎接充满希望的未来。

别了,白家庄矿。

今年10月,山西焦煤西山煤电白家庄矿,这座拥有82年历史的老矿,在全国煤炭去产能的大潮中第一批关闭,退出产能100万吨,圆满谢幕。2016年,在山西,像白家庄矿这样关闭的煤矿共有25座,退出产能2 325万吨,居全国第一。

白家庄矿共有两口挖煤的井,一个叫南坑,一个叫二号井。

南坑是白家庄矿的主力井口,始建于1953年1月。坑口上方红色的"五角星""红旗"带有鲜明的时代特征,至今依然熠熠生辉,记录着时代的荣光。如今,南坑的5层办公大楼已人去楼空。南坑副井入口已用砖和水泥封死,墙面上张贴着告示:"井筒名称:南坑副斜井;关闭时间:2016年10月"。

在二号井副井处,青灰色的墙体、巷道口两旁的说明牌、井口右侧的检身房……每一处缝隙里都嵌着黑色的煤屑,无声地诉说着这些年的辛劳和付出。

"以前,这里坐人的小车一辆接着一辆。现在,拆得就剩下这一个铁杆了。"站在井口,顺着老矿工祁彬茂手指着的方向望去,是黑黢黢的巷道,深不见底。巷道宽7米多,上有钢梁,下有轨道。曾经,采煤工人坐车沿着巷道斜面向下700多米,再步行前往各个作业面,那里纵横交错,是黑色的煤的世界。

站在坑口,有风从巷道深处劲烈吹来,带着历史的呼啸,涌向外面的广阔天地。

别了,白家庄矿。

时间回到1962年,张彦的父亲张保艾19岁来到白家庄矿,当起一名采煤工人。

"那时候是人工采煤,打眼放炮挖煤全靠一双手,工人下井一黑夜,眼都不能眯一下。"回忆当年,张保艾老人感慨万千,"20世纪70年代提倡高采高产,目标是'突破百万吨'。本来是3班倒,经常是一个班延长四五个小时,我们义务加班,家属也跟着下井帮忙。采出来的煤日夜不停地运出去,支援国家建设。"

今年73岁的张保艾,身材高大,精神矍铄,靠挖煤艰难地养大了张彦兄弟4人。张彦和父亲同为一线采煤工人。父一辈、子一辈,这样的情形在白家庄矿并不少见。"儿子当采煤队长,干活可拼命了,我们老两口心疼他。"张保艾老人对大儿子的工作非常支持。他知道,干活拼命是煤矿工人的一贯作风。

今年3月23日,在下井27个年头之后,张彦转岗到赵家庄矿上班。"离开生活工作了几十年的地方,真是舍不得啊。我们那帮老兄弟各奔东西,说分就分了,有去马兰矿的、有去斜沟矿的、有去官地矿的,我们105人转到了赵家庄矿。出发前,领导嘱咐我们注意安全,继续好好采煤。"张彦觉得除了离家远点、生活有些单调外,工作环境和收入变化不大,"这是大势所趋,有国家号召,有政策支持,我们没有一个人下岗,都端上了新饭碗。"

截至12月底,白家庄矿已经分流安置职工1 500余人,大部分人以对外劳务输出的方式,奔向新的工作岗位。山西有106万煤矿职工,2016年分流的共有20 166人。未来,在供给侧结构性改革和煤炭去产能的进程中,分流的煤矿职工人数将达到11.8万人。

张保艾在白家庄矿干了31年,一说到煤矿关闭,他就很激动,眼含泪花:"我离开的时候,矿还在;到儿子张彦离开的时候,矿已经没了。和人一样,矿也有个生,有个死啊。现在,矿也关了,老张、小张也都走了。"

别了,白家庄矿。

"头顶的那盏矿灯哟,在漆黑的巷道中,像太阳一样神圣;脚下的那片乌金哟,通过他们的劳动,让人们感受到温暖的冬;像黑色的煤一样,投入祖国的熔炉中,发光发热,让人看到你心的火红。"

歌谣唱不尽煤矿工人对煤炭的热爱,唱不尽煤矿工人对家乡的深情,也唱不尽山西煤炭对全国发展的贡献。

中华人民共和国成立以来,山西共挖了140亿吨煤炭,其中外调出省占到70%。在中国1/60的土地上,山西生产了全国1/4的煤炭。晋煤外运,山西为全国提供了源源不断的能源。地上,运煤火车开向四面八方;地下,同一时间山西40万矿工正在挖煤。

"我们父子三代都在白家庄矿上班。我父亲在井下挖了40多年煤,我干了37年,我儿子刚刚工作3年。"祁彬茂个子不高,脸庞黝黑,笑容朴实,他指指坐在身边的小祁——祁杰。父子俩笑眯眯的,话都不多。

因为煤矿关闭,祁杰已经从井下的通风岗转到机关的劳资科工作。"以后可能还要转到新岗位,但我还年轻,我相信未来,我相信会越来越好!"祁杰说。

白家庄矿从历史中走来,历经82年风雨洗礼,又转身走进历史的记忆深处。

别了,白家庄矿!但是,它永远不会被忘记,它的离开正是为了中国更美好的未来。

祁彬茂还有两年退休,年纪大了,他受到企业照顾,并没有转岗到其他单位。他尽心守护着完成历史使命的矿井,因为"二号井主井关闭了,副井规划为'第二批国家矿山公园',以后人们可以来参观、游玩,了解井下的煤炭世界。"祁师傅充满希望地说,"道路拓宽,绿化造林,拆迁改造……以后这里一定会大变样。"

(该文被评为第二十七届中国新闻奖一等奖。来源:《山西日报》2016年12月28日)

赵振东:一个麦种17年育出 测硬度3次咬坏门牙

人物名片

赵振东,男,1942年9月出生,研究员,山东省农科院作物研究所首席专家,山东省政府参事。

赵振东从事小麦研究工作30年,在优质高产与超高产广适品种选育方面取得重要突破,带领团队先后育成济南17号、济麦19号、济麦20号和济麦22号等大面积主栽品种,连续十年来年均种植面积2 300万亩以上,截至2012年夏收,全国累计推广3.15亿亩,实现小麦增产216.7亿斤。

赵振东获国家科技进步二等奖3项,2008年获得何梁何利基金科学与技术进步奖,2009年获得中华农业英才奖。其带领的小麦遗传育种团队荣获国际农业研究磋商组织亚太科技奖,被省委、省政府评为优秀创新团队,山东省政府记集体一等功。

11月23日,赵振东获得2012年度山东省科技最高奖。

大众网济南11月27日讯(记者 姜晖 通讯员 王祥峰 安静)"从前在学校的时候,懂事晚,也不懂谈恋爱,时间就用来看书。那时候看完了整整一部《资治通鉴》。"一边说着,赵振东一边张开双臂兴奋地比画着,"还读完了世界上第一本章回体小说,你知道是什么吗?"11月26日,大众网记者采访刚刚获得山东省科技最高奖的省农科院作物研究所首席专家赵振东,而聊天的话题也从他的读书经历开始。

谈生活:

熟读世界首本章回体小说,哲学对任何行业都有用

头发微白的赵振东虽然戴着固定假牙的牙套,却始终面带笑容,说话时不断地打着手势:"世界上第一本章回体小说是日本的《源氏物语》,成书于我国五代时期,里面引注最多的就是白居易的诗。"记者连称惭愧,坦陈与日本相关的书只在大学里读过与自己的专业传播学有关的《菊与刀》。

一听此言,赵振东站起来俯身激动地挥动着手臂:"哎呀,你学传播做记者的,应当读一下但丁的书。我在大学里读了他的《神曲》和《十日谈》,读了他的书你才能了解西方的宗教与哲学。哲学对任何行业都是非常重要的,你看我们平时讲育种工作,其实育种的过程就是淘汰的过程,在不断地多点穿梭选育中淘汰那些产量低的、抗性弱的、适应性弱的,十几年淘汰下来才最终育成我们亩产789.9公斤的济麦22号。"赵振东说,做记者也要懂一点哲学,懂得哲学就会看到更多理解更多。

谈及刚刚获得的山东省科技最高奖,他低调地表示:"这个奖不仅是授给我个人的,也是授给我们团队的,是授给我们全省农业科技战线工作者的。"

谈团队：

感恩受益于前辈育种家，薪火传承全心提携照顾后辈

"在山东省种子站那里，我对山东全省的种子情况有了一个了解，这段经历是很宝贵的。"赵振东说，他1983年研究生毕业后，进入山东省种子站工作，一年后调入农科院作物研究所，受到了老一辈育种家的关心与帮助。

"陆懋曾老师这一代老一辈育种家在条件非常艰苦的环境下，从济南2号到济南3号，最终培育出兼具广适性与稳定性的泰山1号，推广3.5亿亩，一直种到了北京城。到现在我们的小麦品种累计推广3.15亿亩，终于敢说接上了前辈的班。"

赵振东接班后，非常重视学科建设和人才培养，对于年轻人"扶上马，送一程"。目前他的团队里有6个人享受国务院特殊津贴，其中最年轻的还不到40岁。

在努力打造一流科研创新团队的同时，赵振东还非常关心同事的生活。作物所玉米小麦室主任刘建军说："20世纪80年代的时候，生活条件非常困难，我母亲来看病没钱住院，是赵老师管吃管喝管住，还帮着看了病。赵老师对待我们这些下属真是如同自己的孩子，对待我们的家人就像自己的亲人一样。"

谈工作：

冬来夏往穿梭选育投身麦田，测试硬度3次咬坏门牙

小麦育种科研条件复杂、周期很长，平均育成一个品种需要10年，兼具超高产、稳产、多抗、广适特色的济麦22号更是经历了17年的多点穿梭选育。

"为了测试品种的广适性，从山东省最冷的德州到最热的菏泽，我们都进行了穿梭选育。老百姓把麦子种下，到冬天就回家不用管了，我们育种的不能掉以轻心，还得跑去田里看冻麦的情况：有的不受冻，有的受冻后很快恢复，有的受冻后就坏了。"赵振东说完，农科院作物所所长张正接着说："那时候冬天寒潮刚过，地里又湿又冷，赵老师去地里挨个苗看，干得累了就往地上一坐休息。你别看他刚才走过来时腿脚挺利索，其实他有严重的关节炎，冬天夏天都戴着护膝的。"对于这些年来赵振东带领团队育种的艰苦，张正是看在眼里记在心上。

有一件事，刘建军至今记忆犹新："2001年的时候我们的考种室条件还很差，没有风扇也没有窗子，里面非常闷热，那时候59岁的赵老师把上衣一脱，光着膀子就上前进行考种工作，对我们的触动真是非常大。"

赵振东一摆手说："通风差根本算不上事儿，那时候最困难的是什么？要测量麦子硬度却没有仪器。怎么办呢？靠咬啊！你看我这牙。"赵振东嘴一张指了指门牙接着说，"亚里士多德说'优秀是一种习惯'，对于我们这些育种工作者来说，咬麦子也是一种习惯，于是到1992年我的门牙就咬坏了，镶上了新牙，然后再咬再坏，到现在已经镶了三次了。"

谈未来：

培育新品种向骆驼学习，让小麦不仅仅靠叶子进行光合作用

在记者问及未来有什么打算时，赵振东说，获得山东省科技最高奖体现了党和政府对农业的重视，"现在人口越来越多，地越来越少，我们育种家要不断地选育更高产量的品种来满足国家粮食安全与农民增产需要，这个奖授给我是奖励，更是鞭策，我真是'压力山大'啊。"

在记者进一步问及未来的增产方向在哪里时,赵振东介绍说:几十年来育种家都把目光放在小麦的叶子上,让叶子长得更快更好,光合作用就会进行得更充分,产量就更高。到现在济麦22号在小麦真正长的那段时间有4片叶子在进行光合作用,比一般小麦多一片,可以说叶子上的工作做到了一个极限。说到这里,赵振东话锋一转:"你知道骆驼为什么抗旱吗?"

记者说可能是因为骆驼可以把水分储存在驼峰里?"不对!骆驼喝水后储水并不强,它抗旱因为它能用肺吸收空气中微量的水分。所以我们培育新品种要向骆驼学习,让小麦不再仅仅靠叶子进行光合作用,它全身都是绿的,所以茎和穗都可以参与到光合作用中来,为它的生长提供养分。"赵振东又站起来挥动着手臂说,"所以我说育种是个集成的工作,大家都要多读书,不管什么知识都能用得上。"

思考与练习

一、名词解释
通讯
二、填空题
1. 通讯的特点有_____、_____、_____、_____。
2. 通讯按报道内容分为_____、_____、_____、_____。
三、简答题
消息与通讯的区别有哪些?
四、写作训练题
采访校园的新闻人物,撰写一篇人物通讯。

第四节　新闻特写

一、新闻特写的概念及其特点

新闻特写是截取新闻事实的横断面,即抓住富有典型意义的某个空间和时间,通过一个片段、一个场面、一个镜头,对事件或人物、景物做出形象化的报道的一种有现场感的生动活泼的新闻体裁。是以描写为主要表现手段,截取新闻事实中某个最能反映其特点或本质的片段、剖面或细节,做形象化的再现与放大的一种新闻体裁。

新闻特写的特点:
(1)生动而集中地再现场景与人物。
(2)渲染与烘托气氛,形成视觉—神经—情感—思维的感应过程。
(3)透视全局。

二、新闻特写的种类

(1)事件特写:摄取与再现重大事件的关键性场面。

(2)场面特写:新闻事件中精彩场面的再现。
(3)人物特写:再现人物的某种行为,绘声、绘色,有强烈动感。
(4)景物特写:对于有特殊意义或有价值的罕见景物的描写。
(5)工作特写:对于某一工作场面的生动再现。
(6)杂记性特写:各种具有特写价值的新闻现场的生动再现。

三、新闻特写的写作

(1)选准一个"镜头"(包括选准一个片段、一个情节),加以"放大"。
(2)要抓住人物和事物的特点。
(3)要抓生动的形象,捕捉人物、事物的动态、动势。
(4)要抓有感情色彩的东西。情能感人,要善于把人的喜怒惊思忧悲恐的感情恰到好处地表达出来,让情融于事中,使情满而不溢。
(5)要抓取新闻事件的高潮部分。
(6)要运用较多的描绘手法,把已逝的情景写得栩栩如生,但必须严格遵守新闻真实性的原则,不能夸张、虚构,更不能合理想象。

新闻特写主要有事件特写和人物特写,事件特写以写事为主,人物特写以写人为主。描写是新闻特写的主要表现手法,截取新闻事件或人物的一个片段、一个场面、一个情景、一个镜头,运用文学笔法进行描写,使读者如临其境、如闻其声、如见其人,具有强烈的感染力。但必须遵守新闻真实性的原则,如实描绘真人真事,细节也必须是真实的。要以现场观察为描绘的基础,像新闻摄影一样拍摄现场真实情景,捕捉典型瞬间的生动形象,使作品具有强烈的现场感。写作上要求集中、突出,忌面面俱到。

四、新闻特写的写作要求

新闻特写的写作要求准确,要把握其"新"字的属性和本质,努力在"闻"字上挖潜力,不断在"特"字上下功夫,刻苦在"写"字上做文章,是新闻记者和广大业余新闻报道员应努力掌握的最基本的新闻特写的写法,也是原则。

"新"。新是新闻的基本属性,更是新闻特写的特性和本质。所谓"新",在新闻特写上应体现所写内容是新近发生的故事,也就是新闻时效性强的事件,不是旧闻和陈年老账。

"闻"。闻就是故事、事件、事情,就是内容。没有故事,新闻特写就如同无源之水、无本之木。要有事件的特色。要报道出现场所见所闻的新人新事。新闻特写要有生动的故事性。讲故事,已经成为当下新闻写作的常用技巧之一。因为受篇幅简短所限,一篇新闻特写往往精选一两个典型故事,用十分精当的语言叙述出来,辅以设置悬念、制造矛盾冲突和抖包袱等故事表现手法,在增加报道趣味性的同时,不断深化或衬托新闻主题并强化新闻传播效果。

"特"。写好新闻特写,首先要有强烈的现场感。新闻特写最大的"特",在于用生动的细节描写和鲜活的人物对话来再现新闻现场,让受众身临其境,进而达到对报道聚焦的新闻事实感同身受,蕴含的思想观点在思想上、情感上形成强烈共鸣的传播效果。记者让受众"走进"新闻现场,在强化了新闻特写现场感的同时,也增强了报道的贴近性。特写就是要对报道的某些局部做突出的、重点的描绘,而不是面面俱到的泛泛之笔。从时间上来说,局部化意味着对生活做片段的截取。它不是去展示事件发展的前前后后,而是选取那种最具包孕性的片段,动中取静,以静写动,让人们通过一个典型的镜头、一个画面,获得对其前前后后经过的了解。这种片段,通常是能反映事物特征的片段或事件发展的高潮部分。从空间上来说,局部化意味着选取那些最有特征、最富表现力的细节。

"写"。新闻特写由于借鉴了影视手法,将对象镜头化,所以能产生很强的可视性,人们常把它称为"视觉新闻"。通过描绘,让读者将文字的内容转换为可视的画面。新闻特写一定来自新闻现场,记者通过将现场目击、亲身感受付诸笔下,再现大喜大悲的新闻场景,使受众如临其境,产生视觉、听觉、触觉、味觉、嗅觉等感官冲击和心灵感应,从而获得鲜明而深刻的印象。写的现场感,首先是来自记者的现场观察。一般新闻报道的材料来源,主要是由记者访问得到的,而特写的采访则特别强调记者的现场观察,强调第一手材料的获取。没有现场观察,记者是无法写出特写来的。所以,在不少的特写中,我们都可以感受到记者观察活动的存在。

因为特写这一体裁要求既要再现新闻事实,又要生动形象,所以特写的叙述性语言要简洁,形象的描述性语言要生动,对所要表达的人或事要合理地安排素材,语言既不能"浓妆艳抹",也不能过于直白。在写作中要注意以下几个方面:

(1) 抓画面,就是用生动的形象说话。

写新闻特写,首先要能"叙事如画",就是要善于挑选有意义而且富于形象的材料,用活生生的形象说话。有些新闻如果用消息的写法就不能充分地展现现场的活跃气氛,而用特写的形式就能把精彩的场面活生生地摆在读者面前。

(2) 写反映事件特征和高潮的片段。

要写出事件的特色,吸引读者,还必须紧紧围绕事件的特征运笔,对那些能反映事件特征的场面或片段进行突出的描写,注意不要事无巨细地面面俱到。

(3) 要有富有特征的细节描写。

新闻特写要有声有色地反映出现场的情景和气氛,不能靠堆砌形容词来表现,而应该通过对人物活动的描述来实现。有人的活动,就会有言谈举止,音容笑貌,就会有传神的细节,生动的镜头。把这些细节、镜头描述好,就会使特写显得有声有色,给人以身临其境的感觉。

(4) 善于判断,选择适用体裁。

新闻特写固然感染力强,能吸引读者,但并不是任何新闻题材都要用这种体裁来反映。有的题材值得用特写来表现,而且表现的效果很好,而有的题材没有感染力和生动的形象,没有典型的有特色的事件和人物活动的情节,或者新闻价值主要并不体现在外部形象上,就不适用于这种体裁了。所以,我们在学习了各种体裁后还要判断,自己获得的新闻题材用哪种体裁表现最好,该用消息就写消息,该用通讯就写通讯,该用特写就写特写。

例 文

一场别开生面的考试

3月12日下午3点,一场别开生面的考试在湖南省吉首市政府五楼会议室举行。能容纳500多人的会议室里,端坐着全市49名乡镇党委书记、乡镇长,他们将通过闭卷考试获得任职"科技资格"。

主考官:分管农业的市委副书记宋友达和副市长胡德敏。

主监考:市委组织部部长。

考试时间:120分钟。

考试题目:农业综合技术测验题,涉及本地主要农作物、林果业及养殖业等方面的实用技术。

担任考务工作的高级农艺师郭老师对笔者说:"试题虽有一定的深度和难度,但大部分是培训过的知识。"

3点15分,考生开始答卷。考场上格外肃静,只听见沙沙的答卷声。担任监考员的市委组织部两位副部长,目光不停地扫视着,有两名考生刚一交头接耳,便被提出警告。4点过后,便有考生交卷,郭老师浏览几份试卷后告诉笔者,考得好的能得90多分。

考试结束后,笔者在考场采访了宋副书记和胡副市长,他们说,市委、市政府采取考"科技资格"的办法,"逼"乡镇领导带头学农业技术,以提高他们的科技素质和带领群众科技致富的实际本领。市委组织部部长告诉笔者:"市委、市政府将张榜公布这次考试成绩,并奖励成绩优秀者;对考试成绩不及格的,限期补考,再不及格者,将采取一定的组织措施。没有'科技资格',就不能胜任乡镇领导。这样的考试,今后我们每年都要进行。"

思考与练习

一、名词解释

新闻特写

二、填空题

1. 新闻特写的特点有_____、_____、_____。

2. 新闻特写的种类分为_____、_____、_____、_____、_____。

三、简答题

1. 新闻特写的写作要求有哪些?

2. 新闻特写要注意什么?

四、写作训练题

采访校园的新闻人物,撰写一篇新闻特写。

本章小结

本章主要培养学生掌握新闻宣传的能力。

撰写消息、通讯、新闻特写,适用于向报纸、电视、广播、网络等媒体提供有价值的新闻素材和线索,以及向主管部门上报信息稿件等。这有利于扩大本组织的现实影响力,是当代学生应该掌握的技术和技能。

第九章 科技类文书

第一节 概述

科学技术是人类认识自然、改造自然的知识和经验的结晶。科技应用文是以科学研究、科技成果和科技事务为反映对象的、具有实用价值和一定惯用格式的应用文体。在科学技术高速发展的现代社会,科学技术的发展成为推动社会进步的重要因素。科技应用文所具有的科学性、规范性和创造性的特点,决定青年学生必须学习和掌握科技应用文写作的相关知识,使科技应用文在科技工作中发挥重要作用。

科技应用文的种类很多,常见的分类方法有以下两种:一是按照科学技术的不同学科、专业领域,可分为物理类、农用类、工程技术类、人文社会科学类等;二是按照科技应用文的性质、内容、使用范围及写作特点的不同,可分为科技论文类(如毕业论文、科技论文)、科技报告类(如实验报告、实习报告)、科技说明类(如工程设计说明书、产品说明书)、知识产权类(如专利申请书、商标注册申请书)、科技成果鉴定与奖励类(如科技成果鉴定书、自然科学奖申报书)。本章主要介绍科技论文类(如科技论文、毕业论文)的写作。

通过本章的学习,了解科技类文书、学术论文的含义、种类和特点;掌握科技论文的写作环节、结构与写法,通过练习,能写出规范的科技论文。

第二节 毕业论文

情境导入

小王和小李分别是某某学院会计专业和食品工程专业的学生,临近毕业,他们开始准备撰写毕业论文,可是他们对论文的了解非常少,不知道如何写论文。在老师的指导下,小王确立了选题,可是感觉资料太少,写不出多少内容;小李需要整日做实验、处理数据,感觉枯燥乏味,眼看别人都已经动笔写了,而他的实验还没完成,他有些着急。

大学生在写论文,尤其是毕业论文时,都会遇到各种各样的问题,如何才能解决这些问题,写出符合要求的论文呢?

完成学业是大学生在校就读期间的头等大事,不仅要完成各项科目的学习,还要写好毕业论文。

一、毕业论文的含义

毕业论文是高等学校毕业生提交的有一定学术价值和学术水平的文章。它是大学生从基础理论知识的学习到从事科学技术研究与创新活动的最初尝试,是对大学生在校期间所学各种基础课和专业课的一次总的测试、全面的考核。目的在于培养和锻炼学生综合运用所学知识和技能,理论联系实际、独立分析解决实际问题的能力及科学研究的能力。

毕业论文是学术论文的一种,但由于是大学生在学习期间所写,又有特殊性。

二、毕业论文的作用

毕业论文是学业成绩考核和评定的一种重要方式,是教学科研的一个重要环节。毕业论文是学生总结在校期间的学习成果,培养学生综合地、创造性地运用所学的全部专业知识和技能解决复杂问题的能力,并对他们进行科学研究的基本训练。

在毕业论文的写作过程中,学生可以熟悉科学研究和论文写作的基本环节、程序和方法,了解专业发展情况,初步确定科研方向,掌握查阅文献资料的基本方法,为今后从事科研工作及专业工作打下良好的基础。

通过毕业论文的写作,大学生能够充分展示自己的成绩和才华,有利于学校和用人单位发现人才。

三、毕业论文的特点

(一)学术性

毕业论文是以学术研究为基础的,学术研究是一种科学研究。科学研究要用科学的态度、科学的方法,得出科学的结论。科学性是学术的灵魂。

(二)创新性

学术研究是一种创造性的劳动。创新性是学术的生命,直接决定学术研究、学术论文的价值和意义。创新性是衡量学术论文价值的根本标准。

毕业论文内容应有所发现、有所发明、有所创造、有所前进,而不是重复、模仿、抄袭前人的工作。

具体表现在:填补空白的新发现新发明,在继承基础上发展完善创新,在众说纷纭中提出独立见解,推翻前人定论,对已有资料做创造性综合。

(三)专业性

毕业论文是在专业研究的基础上写作的,是对某一学科的某一具体问题的探讨,具有专业性。

具体表现在:选题具有很强的专业性,通常以自己所从事的专业发展进程中的问题为研究对象;内容富有明显的专业性,与一般的议论文区别开来;语言专业术语化,与科学普及读物明显区别开来;作者修养的专业化,要求作者具备专业基础知识和系统的研究。

四、毕业论文写作的环节

(一)选题

选题,即选定研究的课题,选定研究的具体内容和对象,解决"研究什么"的问题。所谓"题好文一半",体现了选题论文写作的重要意义。选题恰当与否,直接关系到科研成果的大小、进展速度甚至成效,直接影响论文写作的成败。

1. 选题的原则

(1)需要性原则。选题要考虑社会需要,考虑课题的价值,可以是理论价值,也可以是应用价值,最重要的是创新价值。

(2)兴趣原则。俗话说"兴趣是最好的老师",在选题的时候,考虑自己的兴趣爱好,选择感兴趣的课题。平时注意兴趣的培养、激发和强化。

(3)可行性原则。选题时,根据自己的主客观条件和实际情况,选择力所能及、切实可行的课题。

(4)具体化原则。选题时,应该从小处着眼,具体明确,"小题大做"。

2. 选题的途径

(1)从发现问题开始。科学研究的一般规律是提出问题、分析问题、解决问题。选题的过程,就是一个发现问题、提出问题的过程。

(2)通过观察、阅读、思考、讨论发现问题。观察人生、观察生活、观察自然科学和社会科学现象及发展动态,观察实验的每一个环节和细节,做个有心人。阅读各种理论书籍和资料。参加各种形式的讨论,在讨论中活跃思维、激发灵感。最重要的是要不断地思考,提高思考的广度和深度,在思考中发现问题、提出问题。

(3)要学会"小题大做"。从小处着眼,从具体的问题着手。

3. 选题的思路

(1)选择零散的小问题。

(2)选择冷门、边缘问题。

(3)选择学科交叉的问题。

(4)推翻前人的理论或修正前人的理论。

(5)探讨有争议的问题。

(二)搜集材料

毕业论文的写作中,搜集材料是非常重要的环节。要获取各种类型和途径的资料,对材料进行整理归纳。

1. 搜集资料的原则

(1)围绕论题搜集资料。一般来说,集中搜集资料包括以下几个方面:首先,了解和掌握前人对本课题的已有研究成果;其次,相关学科的发展为本研究课题所提供的信息;再次,了解和掌握本课题研究的最新成果。这三个方面我们可以概括为纵向资料、横向资料和最新资料。

(2) 广泛而重点地搜集资料。搜集资料要在充分占有的前提下突出重点,也就是要处理好多与精的关系。

(3) 持之以恒地搜集资料。围绕课题搜集资料绝非朝夕之功,而是一个日积月累、持之以恒的漫长的过程。

2. 搜集资料的途径和方法

课题研究工作的资料有两个来源:

(1) 直接资料。获得直接材料的方法:调查、观察、实验。

(2) 间接资料。获得间接资料的方法:检索图书、期刊目录,如中国知识基础设施工程网(CNKI 数据库 http://www.cnki.net)、万方数据资源系统(http://www.wanfangdata.com.cn 或 http://www.chinainfo.gov.cn)、中文科技期刊数据库(http://cqvip.com);查阅索引;使用工具书;查找文摘;搜索网页。

3. 资料的记录和整理

资料的记录方法有做卡片、记笔记、剪贴资料、复印、电脑扫描、下载复制等。资料的整理工作主要有分类、筛选、鉴别、比较、提炼和综合归纳。

(三) 毕业论文的撰写

1. 拟定写作提纲

提纲能帮助毕业论文作者理清思路,树立全局观念,它是毕业论文的设计图,体现的是毕业论文写作的基本构思和文章的骨架,起着安排材料、形成毕业论文结构的作用。

一般来说,一篇毕业论文的提纲应包括下列项目:

- 论文的题目。
- 论文的基本论点。
- 论文的内容提要。
- 大的部分或大的层次的要点。
- 段的要点。
- 段内层次的意思。
- 材料。

2. 毕业论文的基本构成要素

(1) 绪论。

绪论又称前言、引言、引论、导言、缘由等。它是学术论文正文的起始部分,这一部分的写作一般包括下列内容:

- 说明课题研究的目的、理由和意义。
- 提出问题,表明作者的见解和观点。
- 说明作者论证时将要使用的方法。
- 概括介绍论文的内容或提示论文的结论。
- 对课题研究状况的简要回顾。

（2）本论。

本论是毕业论文的主体,作者的研究成果要在这一部分里进行详细阐述,论文的全部观点和材料、分析和论证都将在这一部分里体现出来。因此,毕业论文的本论部分是具体体现作者学术水平的部分,要全力将这一部分写好。

毕业论文的主体部分一般包括下列内容:

- 立论及其依据。
- 理论分析,对调查、实验结果的分析、讨论和计算结果的比较。
- 图、表的分析和说明。
- 论证方法与步骤,实验设施与实验方法。

（3）结论。

结论是毕业论文正文的最后部分,是围绕本论所做的结语,是文章的结尾。结论部分一般包括下列内容:

- 作者对课题研究得出的答案,或者是对文章主旨的强调。
- 作者对课题提出的探讨性意见。
- 作者对课题研究尚未解决的问题提出某种设想,或对与本文有关系的其他课题做出必要的交代。

3. 毕业论文的逻辑结构

毕业论文作为议论文的一种,基本上是按照提出问题、分析问题、解决问题的思路来安排文章的逻辑结构的,但在具体的结构形式上并没有一定之规,常见的结构形式有以下几种:总分式、分总式、总分总式、散述式、推进式。本论部分的逻辑结构一般采用并列式、递进式、混合式。

4. 毕业论文的风格色彩

（1）学术精神和理论色彩是毕业论文的生命。

（2）严谨、简练、朴实、庄重是毕业论文的语言风格。

（3）诚恳、谦虚是毕业论文应有的态度。

5. 毕业论文的修改润色

论文修改润色的内容如下:

- 订正论点。
- 修改论据。
- 调整结构。
- 推敲语言。
- 规范格式。

五、毕业论文的结构和写法

根据中华人民共和国 1987 年 5 月公布的国家标准 GB 7713—87《科学技术报告、学位论文和学术论文的编写格式》和 GB 7714—87《文后参考文献著录规则》的规定,科技论文由前置、主体、附录、结尾四大部分组成,其中最基本的有:题名、作者署名、摘要、关键词、目次页、引言(或绪论)、正文、结论、致谢、参考文献和附录。

前置部分包括:题名、作者署名、摘要、关键词、目次页。

主体部分包括:引言(或绪论)、正文、结论、致谢、参考文献。

附录部分包括:比正文部分更详细的补充信息、罕见的珍贵资料、某些重要的原始数据、数学推导、计算程序、图表等。

各高等院校根据实际情况,对毕业论文制定了相关的格式标准,学生根据其规定进行写作。

(一)题名

题名又称题目、标题、文题,是以最恰当、最简明的词语反映报告、论文中最重要的特定内容的逻辑组合。

题名的具体要求:

(1)题名应能准确表达论文的中心内容,恰如其分地反映研究的范围和达到的深度,避免使用笼统的、泛指性强和华而不实的词语。把论文的主题明白无误地告诉读者,起到画龙点睛的作用。

(2)题名所用每一词语必须考虑到有助于选定关键词和编制题录、索引等二次文献可以提供检索的特定实用信息。

(3)题名应该避免使用不常见的缩略词、首字母缩写字、字符、代号和公式等。

(4)题名一般不宜超过20字。

(5)报告、论文用作国际交流的,应有外文(多用英文)题名。外文题名一般不宜超过10个实词。

(6)下列情况可以有副题名:

➢ 题名语意未尽,用副题名补充说明报告论文中的特定内容。

➢ 报告、论文分册出版,或是一系列工作分几篇报道,或是分阶段的研究结果,各用不同副题名区别其特定内容。

➢ 其他有必要用副题名作为引申或说明者。

(二)作者署名

1. 论文署名的作用和意义

(1)表示作者对该作品具有著作权,其本人和劳动成果应得到社会的承认和尊重。

(2)作者应负完全的责任。

(3)表示作者有同读者联系的意愿,读者若需向作者询问、质疑或请教,可以直接与作者联系。

2. 署名的原则与方法

(1)作者是论文的撰写者,直接参与了全部或部分主要工作,对该项研究做出实质性贡献,并能对论文的内容和学术问题负责者。由多位作者完成的作品,第一作者应是直接贡献者和直接创作者。除了特别声明外,第一作者就是第一权利人、第一责任人和第一义务人。按贡献大小排列名次。

（2）至于参加部分工作的合作者、按研究计划分工负责具体小项的工作者、某一项测试的承担者，以及接受委托进行分析检验和观察的辅助人员等，均不列入。这些人可以作为参加工作的人员一一列入致谢部分，或排于脚注。

（3）如责任者姓名有必要附注汉语拼音时，必须遵照国家规定，即姓在名前，名连成一词，不加连字符，不缩写。

（4）作者姓名的下一行要写明作者完成研究工作的单位或所在的工作单位的全称（不要用简称），所在省市名及邮政编码，单位名称与省市名之间用逗号","分隔，以便读者在需要时可与作者联系和按地区、机构统计文章的分布。

（5）个人作者和多位作者中的第一作者的有关信息包括：作者姓名、出生年、性别、籍贯、职称、学位、简历以及研究方向（任选）。可以注于篇首页的脚注处。

（三）摘要

1. 摘要的含义及作用

摘要是论文的内容不加注释和评论的简短陈述。论文一般均应有摘要，为了国际交流，还应有外文（多用英文）摘要。

摘要的作用主要有：

（1）让读者尽快了解论文的主要内容，以补充题名的不足。科技文献数量大，读者不可能一拿到文章就通读。读者是否需要通读某篇论文，从题名上进行判断后，主要的就是根据摘要来决定。所以，摘要担负着吸引读者和介绍文章主要内容的作用。

（2）为科技情报人员和计算机检索提供方便。论文发表后，文摘杂志对摘要可以不做修改或稍做修改而直接选用，从而可避免由他人编写摘要可能产生的误解、欠缺和错误，这就为科技文献的检索和利用提供了极大的方便。

2. 摘要的分类

按摘要的不同功能来划分，可分为：

（1）报道性摘要。报道性摘要即资料性摘要或情报性摘要。它用来报道论文所反映的作者的主要研究成果，向读者提供论文中的全部创新内容和尽可能多的定量或定性信息。尤其适用于实验研究和专题研究类论文，多为学术性期刊所采用。篇幅以200～300字为宜。

（2）指示性摘要。指示性摘要即概述性摘要或简介性摘要。它只简单地介绍论文的论题，或者概括地表述研究的目的，仅使读者对论文的主要内容有一个概括的了解。篇幅以50～100字为宜。

（3）报道—指示性摘要。报道—指示性摘要是以报道性摘要的形式表述论文中价值最高的那部分内容，其余部分则以指示性摘要形式表达。篇幅以100～200字为宜。

3. 摘要的内容

摘要中有数据、有结论，是一篇完整的短文。摘要一般应说明研究工作的目的、实验方法、结果和最终结论等，而重点是结果和结论。例如：

题名：谷物和种子的热特性研究

摘要：(A)研究了小麦、水稻、玉米等8种谷粒和种子的热特性,研制了热特性测定装置。(B)用混合法测定比热容,用瞬态热流法测定热扩散率,并用计算法求出热导率。(C)研究结果表明,谷粒和种子的比热容与含水量呈线性关系,热扩散率与含水量呈非线性关系;装料方式相同时,容积密度与含水量呈非线性关系,热导率随密度增加而略有下降。

用短短的134个字即表述了研究工作的目的(A)、方法(B)、结果和结论(C)。可见在行文方式上,无需机械地用"本文的目的是……""所用的方法是……"和"结果是……"这样的语句格式。

4.摘要的写作要求

(1)学术论文的摘要一般置于题名和作者之后、正文之前。

(2)摘要的撰写要使用第三人称。注重文体的客观性,不做注解和评价,不分段。除了实在无变通办法可用以外,摘要中不用图、表、化学结构式、非公知公用的符号和术语。

(3)中文摘要一般不宜超过200～300字;外文摘要不宜超过250个实词。如遇特殊需要,字数可以略多。

(四)关键词

关键词是为了文献标引工作从论文中选取出来用以表示全文主题内容信息款目的单词或术语。关键词也叫索引词,主要为了图书情报工作者编写索引,也为了读者通过关键词查阅需要的论文。

每篇论文选取3～8个词作为关键词,不考虑语法上的结构,简单地排列在摘要的左下方。前几个从论文标题中选,后几个从论文内容中选。如有可能,尽量用《汉语主题词表》等词表提供的规范词。增加关键词数目,可以提高文章的引用率。为了国际交流,应标注与中文对应的英文关键词。

选择关键词应注意:使用较定型的名词,多是单词或词组,原型而非缩略语。除专用名词外,关键词应是词典中能查到的词,不能自造。尽可能不用英文缩写;化学分子式不能作为关键词。无价值的词语不能作为关键词,如应用、观察、调查、分析、研究等。

(五)目次页(目录)

长篇报告、论文可以有目次页,短文无需目次页。

目次页由报告或论文的篇、章、条、附录、题录等的序号、名称和页码组成,另页排在序之后。

整套报告、论文分卷编制时,每一分卷均应有全部报告、论文内容的目次页。

(六)引言(或绪论)

引言又称前言、导言、绪论、序论、导语等,属于论文的引论部分,主要回答"为什么研究这个课题"。这一问题简要说明研究工作的目的、范围、相关领域的前人工作及知识空白、理论基础和分析、研究设想、研究方法和实验设计、预期结果和意义等。应言简意赅,不要与摘要雷同,不要成为摘要的注释。不要取代正文推导基本公式,不要过多评价本文的学术价值或重复人云亦云的客套话。一般教科书中有的知识,在引言中不必赘述。

比较短的论文可以只用小段文字起着引言的效用。

学位论文需要反映出作者确已掌握了坚实的基础理论和系统的专门知识,具有开阔的科学视野,对研究方案做了充分论证,因此,有关历史回顾和前人工作的综合评述以及理论分析等,可以单独成章,用足够的文字叙述。

（七）正文

论文的正文属于论文的本论,是核心部分,占主要篇幅,可以包括:调查对象、实验和观测方法、仪器设备、材料原料、实验和观测结果、计算方法和编程原理、数据资料、经过加工整理的图表、形成的论点和导出的结论等。

由于研究工作涉及的学科、选题、研究方法、工作进程、结果表达方式等有很大的差异,对正文内容不能做统一的规定。但是,必须实事求是,客观真切,准确完备,合乎逻辑,层次分明,简练可读。

具体有以下几点:论点明确,论据充分,论证合理;事实准确,数据准确,计算准确,语言准确;内容丰富,文字简练,避免重复、烦琐;条理清楚,逻辑性强,表达形式与内容相适应;不泄密,对需保密的资料应做技术处理。

正文写作时尤其要注意:抓住基本观点,即以作者的基本观点为轴线,用材料说明观点,形成材料与观点的统一;注重准确性,即科学性。绝不能弄虚作假,更不能粗心大意。

（八）结论

1. 含义

论文的结论又称结束语、结语,是论文最终的、总体的结论,它是在理论分析和实验验证的基础上,通过严密的逻辑推理而得出的富有创造性、指导性、经验性的结果描述。它又以自身的条理性、明确性、客观性反映了论文或研究成果的价值。结论与引言相呼应,但不是重复,也不是正文中各段小结的简单重复。如果不可能导出应有的结论,也可以没有结论而进行必要的讨论。

2. 要求

准确、完整、明确、精练。

3. 内容要点

（1）本研究结果说明了什么问题,得出了什么规律性的东西,解决了什么理论或实际问题。

（2）对前人有关本问题的看法做了哪些检验,哪些研究与本研究结果一致,哪些不一致,作者做了哪些修正、补充、发展或否定。

（3）本研究的不足之处或遗留的问题。

（4）可以在结论或讨论中提出建议、研究设想、仪器设备改进意见等。建议部分可以单独用一个标题,也可以包含在结论段,例如作为结论的最后一条。如无建议,也不必勉强杜撰。

(九)致谢

现代科学技术研究往往不是一个人能单独完成的,而需要他人的合作与帮助,因此,当研究成果以论文的形式发表时,作者应当对他人的劳动给予充分肯定,并对他们表示感谢。态度要虔诚,文字要简明。单独成段,在正文后对下列方面致谢:

➢ 国家科学基金、资助研究工作的奖学金基金、合同单位、资助或支持的企业、组织或个人。
➢ 协助完成研究工作和提供便利条件的组织或个人。
➢ 在研究工作中提出建议和提供帮助的人。
➢ 给予转载和引用权的资料、图片、文献、研究思想和设想的所有者。
➢ 其他应感谢的组织或个人。

(十)参考文献

所谓"参考文献",是指"文后参考文献",为撰写和编辑论著而引用的有关图书资料。按规定,在科技论文中,凡是引用前人(包括作者自己过去)已发表的文献中的观点、数据和材料等,都要对它们在文中出现的地方以表明,并在文末(致谢后)列出参考文献表。这项工作称为参考文献著录。

著录参考文献时只著录最必要、最新的文献;只著录公开发表的文献;著录要采用规范化格式。

1. 文内标准格式

对引用的文献,按它们在论文中出现的先后用阿拉伯数字连续编码,将序号置于方括号内,并视其具体情况把序号作为上角标,或者作为语句的组成部分。

2. 文后参考文献表的编写格式

采用顺序编码制时,在文后参考文献中,各条文献按在论文中的文献序号顺序排列,项目应完整,内容应准确,各个项目的次序和著录符号应符合规定。

论文中参考文献的著录方法有多种,按照中华人民共和国国家标准 GB 7714—87《文后参考文献著录规则》的规定执行。

3. 参考文献类型和标志代码

普通图书[M],会议录[C],汇编[G],报纸[N],期刊[J],学位论文[D],报告[R],标准[S],专利[P],论文集中的析出文献[A],数据库[DB],计算机程序[CP],电子公告[EB]。

4. 参考文献条目的编排格式及示例

(1)专著、论文集、学位论文、报告。

[序号]主要责任者.文献题名[文献类型标识].出版地:出版者,出版年.起止页码(任选).

例如:[1]刘国钧,陈绍业,王凤翥.图书馆目录[M].北京:高等教育出版社,1957.15—18.

(2)期刊文章。

[序号]主要责任者.文献题名[J].刊名,年,卷(期):起止页码.

例如：[1] 何龄修. 读顾城《南明史》[J]. 中国史研究, 1998, (3): 167—173.

（3）论文集中的析出文献。

[序号] 析出文献主要责任者. 析出文献题名 [A]. 原文献主要责任者（可选）原文献题名 [C]. 出版地: 出版者, 出版年: 起止页码.

例如：[7] 钟文发. 非线性规划在可燃毒物配置中的应用 [A]. 赵炜. 运筹学的理论与应用——中国运筹学会第五届大会论文集 [C]. 西安: 西安电子科技大学出版社, 1996: 468.

（4）报纸文章。

[序号] 主要责任者. 文献题名 [N]. 报纸名, 出版日期（版次）.

例如：[8] 谢希德. 创造学习的新思路 [N]. 人民日报, 1998-12-25（10）.

（5）电子文献。

文献类型/载体类型标识：[J/OL] 网上期刊、[EB/OL] 网上电子公告、[M/CD] 光盘图书、[DB/OL] 网上数据库、[DB/MT] 磁带数据库。

[序号] 主要责任者. 电子文献题名 [电子文献及载体类型标识]. 电子文献的出版或获得地址, 发表更新日期/引用日期.

例如：[12] 王明亮. 关于中国学术期刊标准化数据库系统工程的进展 [EB/OL], 1998-08-16/1998-10-01.

[8] 万锦. 中国大学学报文摘（1983—1993）. 英文版 [DB/CD]. 北京: 中国大百科全书出版社, 1996.

（十一）附录

附录是论文的补充项目，并非每篇论文所必备。为了体现整篇论文材料上的完整性，一些不宜放入正文中的内容可编入附录中。例如某些原件、数据、图表及说明等。

例 文

基于质量安全的山东省济南市水产品的物流模式及优化分析

经济管理学院 13 级物流工程专业　王文旭

摘要：现如今我们的生活中，越来越多的水产品走上了餐桌，甚至离海较远的内陆，也吃上了新鲜的水产品，水产品物流在其中发挥着重要的作用。由于水产品物流的发展，一些水产品物流的质量安全问题、运作模式不科学等问题层出不穷。所以，带着水产品运输过程中的质量控制和保障、流通中各个环节以及基础设施等一系列问题，选取山东省的省会济南市作为研究对象，采取了问卷调查、阅读文献、实地走访的方式，对济南市水产品市场的卫生状况、食品安全及物流运作方式进行调查分析。发现了水产品市场卫生状况差，物流操作不够规范，基础设施不足以及信息化水平不高等不良现状。对于这些问题在本文中都进行了阐述，而且对这些问题提出了可行性的建议，比如增加基础设施建设，制定

一定的行业规范,对水产品市场及水产品物流环节中的安全问题进行监控,提高水产品物流信息化水平等,希望能改善济南水产品物流不完善的现状。

关键词:水产品物流　质量安全　物流模式

Logistics model and optimization analysis of aquatic
products in Ji'nan city based on quality and safety in Shandong

Abstract: Now our life, more and more water products on the table, even far away from the inland sea, also eat fresh aquatic products, aquatic products logistics which play an important role, because of the development of aquatic products logistics, quality and safety, some problems emerge in an endless stream of aquatic product logistics operation mode scientific problems. Therefore, a series of problems with quality control and assurance, each circulation link in the transportation of aquatic products and infrastructure, the provincial capital of Ji'nan city in Shandong province were selected as the research object, adopt the questionnaire, reading literature, field visits, investigation and analysis of health status of Ji'nan aquatic products market food safety and logistics operation mode. It is found that the aquatic products market is poor in sanitation, the operation of the logistics is not standardized, the infrastructure is inadequate and the level of informatization is not high enough. For these problems in this paper are discussed, and put forward the feasible suggestions on these problems, such as increasing infrastructure construction, determine certain industry standards, to monitor the safety of aquatic products and aquatic products logistics market, improve the aquatic products logistics information level, hoping to improve the current situation of Ji'nan water product logistics is not perfect.

Key words: Aquatic product logistics　Quality and safety　Logistics mode

引言

家家户户的饭桌上有新鲜的水产品已然不是什么新鲜的事情了,而且水产品有着和蔬菜水果等与众不同的特性和特点,由于它对保鲜度要求极高,而且高鲜度是受人们欢迎的,喜欢吃水产品是因为那种新鲜的滋味和锁住的营养,正是如此,水产品一步步登上我们的餐桌为大众所接受所喜爱。我们可以思考一下,它是怎样一步步走上我们的餐桌进入我们的胃的,怎么才能保住这个鲜度的。冷链物流在其中发挥了不可替代的作用。新鲜的水产品都是靠着冷链物流来锁住它的质量和美味的,运用低温保存的方式对这类容易腐烂的生鲜食物进行保存。我国是世界上较为重要的水产品生产地之一,随着人们生活水平的提高,消费需求日益旺盛,每个人消费水产品的数量与日俱增,由此对水产品的运输以及物流提出了更高的要求。但现在物流模式落后、技术相对落后、物流效率低下、食品安全问题等层出不穷,给正在起步的水产品物流带来了前所未有的巨大挑战。

1　研究背景及对象

1.1　水产品物流介绍

水产品物流多是依靠冷链物流来运输,冷链物流是一个完整的系统,过程中采取了制冷的温度调节方式,让容易腐烂的生鲜食物在其从生产运输到储存直至销售的整个过程中一直处于低温状态来进行保鲜,减少了因为运输储存过程的时间流逝造成的损耗或腐烂,保证产品原本的模样、品质和效果,现如今冷链物流应用非常广泛,就像是日常的水果、蔬菜、肉类及奶制品等,其中应用最广泛、最普遍就是水产品。但各种类型的水产品运输模式较为落后,不容乐观,而且各种问题层出不穷,严重影响水产品物流的发展。

1.2 水产品物流概念

水产品物流即水产品冷链物流,也称作低温物流,根据水产品的特性和特点,为了保持水产品其自带的品质从而采用低温技术让其从生产捕捞到消费自始至终都处于低温保鲜状态。水产品的冷链物流是指水产品在采购、加工、储存、运输直至销售消费每个环节,处于其要求的低温环境中,从而保证水产品在质量、口感、品质等在转移运输过程中不受损耗。因为水产品具有易腐性,在普通温度下极容易被氧化,从而发生变质而不能食用,细菌等一类微生物的滋生繁衍较快,所以环境温度是其重要的影响因素。因此要想保障水产品的品质和质量安全,就必须发展好水产品冷链物流,从原产地收购就得按照一定的规范来操作,最后到消费必须全都处在一个适当的低温环境中。保障水产品的质量、品质以及口感不受损失,减少过程中引发不必要的损耗,防止水产品的变质和损害,是水产品冷链物流的控制目标及服务宗旨。

1.3 水产品物流特点

水产品物流是物流当中的一种特殊的运作形式,是为了适应现在社会经济发展应运而生的一个较为新型的物流方式。它与传统的物流相比,对能力、技术、资金和管理方式都有着严格的要求以及较高的标准。所以冷链物流不仅具有物流的所有特性,还有其存在的原因。

(1)对象的特定性。

冷链物流和传统的常温物流是不一样的,它的对象是对保鲜程度要求极高或者有特定要求的产品。冷链物流的对象被分成四类:肉类、果蔬类、速冻食品类以及水产品。由于物流服务的对象不同,从而采取了不同的物流运输运作方式。

(2)技术保障是前提。

鲜活性是生鲜产品的一个特点,所以导致了它保存的难度增高,而且很容易腐烂变质,为了保证生鲜产品原来的品质以及质量安全,全过程的冷链是现如今的一个趋势。有了完备的冷链技术,全过程冷链也将成为可能,信息技术的应用、冷藏所需的低温技术、保鲜的特殊包装工艺、仓库独特的加工技术等,保护了水产品从采集捕捞到销售全过程的温度调控和保障,这是缺一不可的。

(3)对设备的要求高。

要想让生鲜类产品始终处于一个低温环境下,不仅需要先进技术来支撑,冷链低温设备也是不可缺少的,车辆运输过程中需要去调控温度制冷降温,销售过程中需要降温冷冻,可能还需要各种设备设施,参与到各个环节中去。

(4)品质保证是灵魂。

水产品物流的目的和出发点是提高和保护水产品的自身价值,从而实现水产品在时间空间上的不断增值,由此保证水产品的自身品质是水产品物流的唯一目的,也是它的最终目的,一切的设备跟技术都是为此而服务的。想要最好的品质,不仅需要对各个环节进行严格把控和监督,还要对接口进行严格把关,技术和规范的操作都要跟上去。所以质量控制及监督比一般的物流难度大得多。

(5) 物流主体协调配合。

先进的水产品冷链技术以及设备将大大增加物流全过程的成本,有关水产品冷链的投资是不敢想象的而且费用是昂贵的。需要一定的规章制度来做好各个环节间的协调和衔接,而且与其他行业协作共同发展,各个主体相互帮扶、相互合作,保证信息流畅、过程清晰透明,从而节约成本,减少过程中的风险,只有统筹协调才可以。

1.4 中国的水产品物流现状

中国的水产品物流基础设备相当匮乏,设备老化严重,冷库容量远远不能够满足需求,而且区域发展不够平衡。中国的冷库容量仅为美国的一半、印度的3/5、日本的1/4,由此可见,冷库容量在中国消费需求强劲的形势下略显单薄。从运输设备上,据不完全统计,中国目前的运输列车仅有6 000多辆,被记录的冷藏汽车只有3万多辆,然而美国有16万辆,日本有12万辆,差距叫人汗颜。从技术上来看,中国在低温下对水产品操作以及包装还远远不够科学,规范的操作还没有普及起来,没有完全条件能保证所有的操作都能在低温下进行。与发达国家相比较,中国还尚未建立带有自己特色的水产品信息共享平台。

2 济南市地理位置简介及水产品市场分布

2.1 研究对象的选取

济南市是山东省省会,人口密集,是环渤海南边的一个重要的中心城市。由于人口众多,商场、水产品市场分布广而且密,据不完全统计,泉城每隔一百米都会有便利店,每隔几百米就有超市,由于商厦带动起来的经济圈数不胜数,比如西市场的华联商厦等。对蔬菜、水果、肉蛋禽类消费量很大,所以研究济南市是一个明智的选择。2016年12月,国务院将济南列为国家级新型城镇化综合试点地区,济南如同正在修建的地铁一样,正在迅猛地发展着,向前努力迈进。

2.2 济南市主要水产品市场的分布位置

济南海鲜大市场,位于济南市市中区小梁庄277号,交通四通八达,挨着各个公路网,而且车流量并不密集,不容易发生堵车等特殊情况。地理位置优越,建在社区旁的一个大空地里,面积大,地势较为平坦,适合建造大市场。2006年投资三亿元进行了改造,分为地下一层,地上三层,部门四层的结构,建筑面积10万平方米。先后获得"全国三十强市场""济南市政府菜篮子工程""济南市先进市场"等各类荣誉称号。有着先进的制冰厂,设备完善的大型冷库,车位众多的大型停产场,还有着完善可靠的污水、污物处理系统,为经营者和消费者提供了一个安全卫生、方便快捷、功能齐全的水产品交易场所,有商铺600余间,档位500多个。

济南维尔康肉类水产批发市场,农业部特别指定肉类水产批发市场,在海内外享有很高的声誉,其规模位居全国前列。配有完备的物流中心和先进的电子结算中心、严格的市场监控系统中心等。市场功能较为完善,客户服务评价很高,配备的设施设备齐全,冷库冷藏能力位居全国首位。

3 调查的反馈情况及结论

3.1 调查结果

(1) 实地考察结果。

调查者在1月16日~1月20日春节前夕以及5月15日~5月19日夏季来临前对济南市的维尔康肉类水产批发市场以及济南海鲜大市场进行了实地调查,因为这两个时间段对水产品的需求量大且安全性要求高。对进出的三轮车数量、泡沫箱的使用次数以及实时环境进行记录。因为三轮车运输、泡沫箱加冰储存是一种不科学的运输方式,这样会使温度发生波动,而且不利于水产品的储存及运输,所以需要进行统计才能发现现在水产品市场的不规范行为。所处的水产品市场环境直接关系到水产品的安全,所以需要进行记录。调查结果见表3-1:

表3-1 水产品市场三轮车数量、泡沫箱使用次数、市场环境统计表

日期	1.16	1.17	1.18	1.19	1.20
三轮车数量	16	11	9	10	12
所见泡沫箱次数	7	9	17	11	9
水产品市场环境	人流较多 一般	人流较多 差	人流较少 一般	人流较多 一般	人流较多 差
日期	5.15	5.16	5.17	5.18	5.19
三轮车数量	9	7	9	11	15
所见泡沫箱次数	15	17	11	21	21
水产品市场环境	人流一般 差	人流较少 差	人流较少 差	人流较少 差	人流一般 差

(2) 问卷调查结果。

在济南海鲜大市场、维尔康水产品市场以及西市场的华联商厦以调查问卷的形式进行了初步的调查(调查问卷详细情况见本文附件),现将调查结果反馈如下:

对100个人进行了问卷调查,调查男性人数为51人,女性人数为49人,基本持平。年龄25岁以下的有3人,25—35岁的有30人,36—55岁的有32人,55岁以上的有35人,年龄人群多集中在经常去市场采购物品的居家人群,对水产品有一定的需求。对于水产品的采购,84人选择在水产品市场采购,其余的16人选择在网络等其他途径采购。对现在市场上水产品的态度:30人十分满意,63人感觉一般,7人感觉不满意。对现在水产品问题是否感到担忧:26人非常担忧,70人一般担忧,4人不担忧。

对水产品最关注的是:新鲜程度27人,价格40人,口味10人,安全23人,看图3-1更为直观。

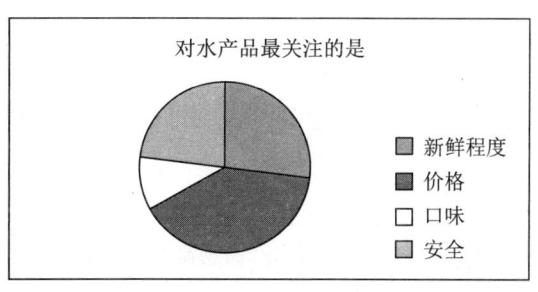

图3-1 对水产品的关注情况

对水产品的不安全因素认为存在哪个环节:认为养殖的22人,认为生产加工的6人,认为物流运输的43人,认为销售的29人。如图3-2所示:

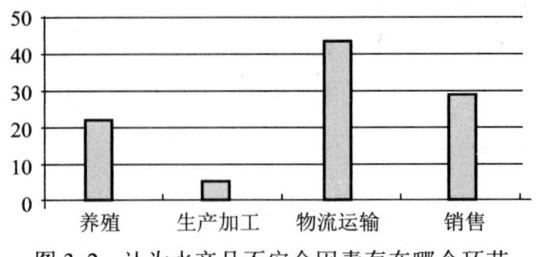

图3-2 认为水产品不安全因素存在哪个环节

对于政府对水产品的安全控制是否满意:3人满意,21人不满意,76人不了解。如图3-3所示:

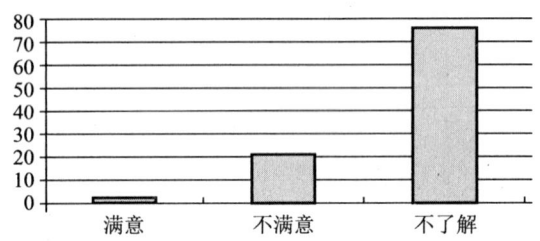

图3-3 对政府水产品的安全控制是否满意

对水产品的发展有什么要求:0人认为水产品品种需要增加,37人认为水产品运输物流技术需要增强,降低成本,51人认为水产品质量安全需要提高,12人认为水产品市场需要加强管理,如图3-4所示:

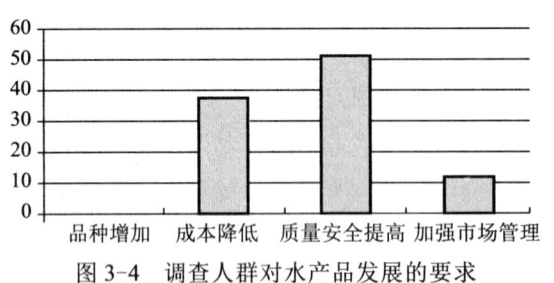

图3-4 调查人群对水产品发展的要求

对水产品物流的了解程度:2人了解,37人略知一二,61人不了解。如图3-5所示:

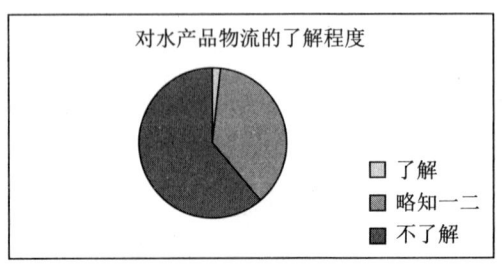

图3-5 调查人群对水产品物流的了解的程度

觉得水产品物流对水产品的质量安全影响大小:78人感觉影响很大,16人感觉影响一般,6人感觉没影响。如图3-6所示：

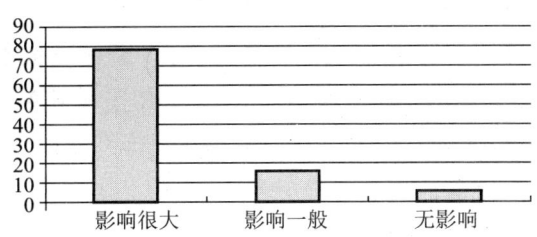

图3-6　调查人群认为水产品物流对水产品的质量安全影响大小

3.2　调查总结及反思

通过对水产品市场的三轮车使用数量、泡沫箱使用次数以及市场环境进行记录,发现从批发到消费者手中的"最后一公里"水产品物流过于简陋,运输手段不够科学,三轮车运输、泡沫箱运输都会使温度波动造成水产品的质量安全发生问题,而且用此运输方式的不是少数,造成了安全质量问题不容小视,而且水产品市场的环境不尽人意会给水产品卫生安全带来很大的隐患。

通过调查问卷的反馈,不难看出水产品物流对水产品的影响。在人群中都认为作用很大,但水产品物流在人们的认识中并不清晰而且很多人并不怎么了解真实的水产品物流。政府在水产品安全控制这个方面并没有太多的调控和干预,但质量安全的水产品是人们迫切需求的。安全、新鲜、品质好的水产品是现在人群需要的,虽然对现在市场上的水产品安全问题持较为乐观的态度,但还急需解决群众的担忧。水产品市场的脏乱差是社会上发现的一类重要现象,水产品物流运作过程中很多操作不规范、不科学以及不卫生现象是频繁发生的,所以需要对以上发现的问题进行有效地解决才能将济南的水产品物流优化。

4　济南水产品物流面临的问题

4.1　水产品物流的设备问题

走访了济南海鲜大市场以及维尔康市场,不难发现,很多环节设备并没有跟上,很多商户在商场采购后放在普通车厢内不再进行低温储存,而且还有不少直接放在三轮车上阳光直射,导致了冷链环节脱节甚至没有了温度控制。而且有不少商家为了节约成本,对于温度控制把控不严格、不仔细,从而导致操作不规范,影响品质。

先进的、智能化的冷库较少是一个较大的缺点,济南很多的水产品市场都没有什么冷库可言,冷库建设数量也太少,或者有的甚至常年不修整,无法稳定地使用。设计的标准低下、工艺流程不合格而且智能化自动化程度太低。在配送运输阶段,配送车辆配送设备简易甚至没有,从而造成了一定的损耗,比如现在流行的泡沫箱加冰袋组合,远远达不到冷链运输要求,所以设备问题严重。

4.2　信息技术的问题

济南的水产品市场还普遍存在着不科学的管理方式及方法,很多还靠着土办法、看经验来进行,很多市场在冷藏、储存、运输、配送等增值服务中缺少覆盖全过程的监测中心及数据平台,对货物的储存时间、温度等都采取人工记录和纸张记录,货物运输仅仅拥有

GPS定位或者行车记录仪等简单仪器,并无数据支持,实习性差,无法提前预警,出现问题后责任不明晰,证据也难取得。

很少有企业或者商家运用信息技术去调节温度,多数都是依靠感觉或者看一部分水产品的状况来进行评定,这样不但会影响水产品质量而且对消费者也是抱有一个不负责任的态度,所以这种情况急需解决。

4.3 水产品物流运输面临的质量安全问题

冷链物流的对象都是易腐烂,对温度、保鲜、湿度要求极高的产品,并且从生产或者捕捞时就需要在需求的低温环境下进行,所要求的低温环境都应在全过程中,中间环节如果出现了间断或者温度失衡,就容易出现质量下降,所以与冷藏的时间和温度的控制具有一定的相关性,任何事物都有一个变化的过程,冷链中的食品也不例外,质变是积累的过程,质量下降一定程度也就失去了自身应有的价值从而被舍弃。在低温环境下越久,温度越低,就能暂缓质量的下降,食品安全的保质期限也会获得相应的延长。而且微生物在食品保质期间发挥着极大的作用,它左右着食品质量的发展。

(1) 储存温度的影响。

不难看到济南的很多水产品市场都对温度把控不严,很多冷库都是摆设,或者凭借自身经验自己把控温度,对水产品的温度把控不严格,各种水产品所需温度不同,所需要的储存方式也不同,所以在这种形式下,微生物滋生严重,有些是微生物能较快繁衍的环境,导致食品腐烂并没有大幅度的缓解。通常情况下在低温环境中,很多微生物无法生存,从而无法进行活动,无法影响水产品的质量,但温度不把控好,让它们有了漏洞可以钻。

(2) 运输环节中温度波动的影响。

在运输环节中温度波动影响过于严重是现在面临的极大问题。在济南水产品市场调查期间,很多货物从冷库中出来,温度变化较大,外边温度快30℃,中间环节并没有任何的保障措施,直接暴露在高温、高晒下,微生物滋生严重,而且从冷库的低温度中放到冰袋泡沫箱中,温度严重不均衡,无法控制,所以微生物增多。而且温度波动导致水产品结冻的反复性,从融化到再结冻,导致品质和口感都受到了一定的损害。

(3) 水产品包装运输材料的影响。

水产品的包装运输材料对质量安全起到重要的保障保护作用,选择包装材料时,因考虑未来的储存时间、物品的特征特性、所处环境等,能抵抗各种因素的干扰从而隔绝各类不利因素导致的情况。而且还要考虑到柔韧性和舒适性,给予其一定的空间让它不受挤压等超强度、超硬度的损害。济南的水产品市场对于包装并不多见,基本就是裸露的水产品装车,很多水产品的部位损坏甚至脱落或者变形等都影响着质量安全。

(4) 防腐处理的影响。

在济南水产品市场使用较多的就是盐化,用盐对水产品进行防腐,极大地改变了水产品的口感,但可以低成本地进行保护。但不少商家利用低质量、低价格的盐进行保鲜,甚至用化工原料保鲜不是少数,影响着质量安全。

(5) 网点覆盖。

在济南的冷链物流网点很少,多数是从市场直接运到销售网点,中间没有任何网点,直接到消费者手中,水产品有一些直接放在屋里等着出售,温度得不到保障,质量安全问题严重,得不到一定的保障。

(6) 专业素质及卫生条件。

专业素质及卫生条件差是现在社会有目共睹的,很多水产品市场苍蝇漫天,物流运输过程中苍蝇跟着车跑,物流装卸过程中直接扔在地上等各种安全情况层出不穷,就像济南海鲜大市场地下一楼水产品批发区,味道重,环境不卫生等情况频发,安全卫生隐患较为严重,很多水产品装卸管理人员操作不规范,没有专业素质,水产品极易受到污染。清洁的卫生条件是防止水产品变质的有效途径,在每个环节都保持水产品的卫生环境良好,这样才能防止水产品被污染变质。

4.4 政府的扶持以及帮助力度不够

在调查问卷的反馈情况中,不少的群众对政府针对水产品物流的政策以及对水产品物流过程的安全问题并不是太了解,有些甚至不知道,还是个盲区,所以政府对水产品物流的政策以及对水产品物流安全问题的普及和宣传还是远远不够的。翻阅一下网上的历年政策,并没有对水产品物流的规定和方针,最晚追溯到2013和2014年,所以颁布规定和方针来指导水产品物流的发展是迫切需要。对于水产品物流运输过程中和水产品市场的食品安全以及卫生问题,都没有看到政府有效的监督以及宣传,这些环节都需要政府的大力监督和扶持,水产品物流需要政府的帮助才能健康成长。

5 针对济南当前问题给予的解决建议

5.1 加强基础设施建设

目前,水产品大多都在露天而不是在冷库和保温场所,基本上还是在没有冷链保驾护航的情况,目前冷链设施的直接原因是冷链设备严重不足。运输落后,运输效率低,冷库容量不足,功能不足,设备陈旧,规模较小。鼓励企业全方位的发展,在运输、储存、加工包装等方面加大设备投入,确保冷链物流的实施。作为中国水产品流通的一个重要组成部分,通过水产品批发市场,确保设备应用到冷链物流中去,去升级的批发市场,从单一交易功能的批发市场转型,提高物流能力,根据水产品运输、存储的基本功能,按实际需要处理、包装、流通加工、配送、信息处理等有机结合,从供应到接收的物流效率提高,建立成本低的水产品冷库,配备冷藏车,以确保水产品冷链物流设施有效增加。

5.2 增强水产品物流信息化建设

当前的水产品物流信息化严重缺乏,水产品物流需要信息化来支撑,所以加强水产品信息化建设,将水产品物流中的温度控制集中在一起,整体控制,大数据管理,这样更加科学,而且对水产品物流车辆的信息进行录入,实时地进行监控以及定位,并且将水产品的环节对接纳入物流信息系统中进行监督监管,只有进行水产品信息化,运用大数据、信息化、集约化进行统一监管,才能使水产品物流健康茁壮发展。

5.3 加强水产品物流中安全问题的把控

制定一定的规定对水产品物流中的食品安全进行评定,在每个环节都进行安全监督和控制。而且要对水产品市场进行一定的卫生监督和监测,对水产品物流的从业人员进行培训,让他们掌握必要的操作方式以及需要注意的卫生安全,这样才能让水产品在物流运作中更加安全。取缔和杜绝水产品运输中的冰加泡沫箱这种老套的运输方式,增加物流投入和车辆投入,让水产品在到达消费者的"最后一公里"也安然无恙。对于水产品物流中的水产品温度不稳定、衔接环节的温度改变做好积极的准备以及应对措施,防止温度变化幅度过大致使水产品受到一定的损坏和损失。并且对水产品运输过程中的包装材料加大投入,这样才能减少其硬性损失。增加水产品的供应网点,只有增多物流网点,这样才能让水产品走的路少,意外等特殊情况也随之减少。

发展一些专业的水产品物流企业。目前,我国水产品的运输配送业务主要是由生产商和经销商完成,第三方冷链物流企业的发展较为滞后。冷链物流企业主要以中小企业为主,大多具有实力弱、经营规模小,服务标准不统一等一系列缺点,随着资源与产业的整合,推动形成大型冷链物流企业能力尚未具备。运输、物流、传统资源都等待整合,拓宽专业的物流服务水平,增强水产品加工企业、批发市场等的服务,加快升级和支持合作的步伐,支持水产品冷链服务共同配送中先进的物流模式的使用,同时,政府需要给予专业的冷链物流企业政策和资金支持。

5.4 政府方面的帮助

(1)政府加大对水产物流的投资。

发展水产物流,需要良好的基础设施和外部环境作为支撑。首先,政府应不断加大对其投入,加快绿色通道的建设,降低水产品运输损失率。其次,制定一定的法律政策,鼓励当前物流企业去投资基础设施,促进水产品的保鲜储存、冷链的运输和标准化加工的逐步实现。最后,政府应统筹规划筹备水上贸易环境,重点去提升批发市场、交易大厅的卫生质量以及环境,改善行业环境,支持发展现代技术设备,加大投资力度。

(2)政府制定发展水产品物流的优惠政策。

加大政府扶持力度,建立和完善合理的产业优惠政策,从而弥补市场缺陷,合理有效地配置社会资源,保护产业茁壮健康地成长,并且发挥其优势,增强市场的适应能力。发展水产品加工业,作为深化渔业产业结构调整的方式,进一步提高渔业的产值,从而增加渔民整体收入,加快现代城镇化的发展和改造。积极规划指导,促进产业调整以及保护和支持水产养殖、捕鱼、加工、仓储、配送一体化发展。

(3)建立健全的水产品物流行业法律法规。

水产品物流的健康发展迫切需要一系列的法律法规来规范以及保障。首先,应统一规划制定相关的法律、法规,以此保护水产市场秩序的正常运行,推进建立和完善水产品市场的信用体系,打造一个公平、公开的竞争环境,合理规划对流动的水产品物流资源的整合和规范监管,加强水产品物流的服务水平。其次,应出台相关法律法规去逐步实施水产品安全质量的追溯体系。通过法律法规来规范和约束渔民、中介组织和水产企业的营销行为,保护当事人及消费者的合法权益。

附件

1. 您的性别?(   )

A. 男   B. 女

2. 您的年龄？（   ）

A. 25 岁以下　　　　B. 25—35 岁　　　　C. 36—55 岁　　　　D. 55 岁以上

3. 您的水产品购买途径？（   ）

A. 水产品市场　　　B. 网络购买　　　　C. 其他

4. 您对现在市场上的水产品的态度？（   ）

A. 十分满意　　　　B. 一般　　　　　　C. 不满意

5. 你购买水产品最关注的是什么？（   ）

A. 新鲜程度　　　　B. 价格　　　　　　C. 口味　　　　　　D. 安全

6. 你认为水产品不安全的因素出现在哪个环节？（   ）

A. 养殖　　　　　　B. 生产加工　　　　C. 物流运输　　　　D. 销售

7. 你对现在水产品安全问题是否感到担忧？（   ）

A. 非常担忧　　　　B. 一般担忧　　　　C. 不担忧

8. 对于政府对水产品安全的控制是否满意？（   ）

A. 满意　　　　　　B. 不满意　　　　　C. 不了解

9. 你对水产品的发展有什么要求？（   ）

A. 品种增加　　　　B. 技术增加,价格降低

C. 质量安全提高　　D. 加强市场管理

10. 你对水产品物流了解吗？（   ）

A. 了解　　　　　　B. 略知一二　　　　C. 不知道

11. 你觉得水产品物流对水产品质量安全影响大吗？（   ）

A. 影响很大　　　　B. 影响一般　　　　C. 没影响

第三节　实习报告

一、实习报告的含义

实习报告是学生接受专业教育后,到实习单位进行实践锻炼,对专业学习情况、收获体会和有关专业问题进行分析总结而向学校提交的专业文书。

实习报告需要对实习中见到的各种现象加以综合、分析和概括,用简练流畅的文字表达出来。写实习报告是对实习内容的系统化,是巩固和提高的过程。

二、实习报告的作用

（一）学生可以理性地检视自己专业学习的水准

实习作为一种实践活动,是理论联系实际,应用和巩固所学知识的一个重要环节,是培养大学生实践能力的一个重要手段,也是检验大学生专业学习水准的一个重要手段。在实习过程中会遇到各种问题,大学生需要通过自己专业学习的知识解决问题,最终有所体会和收获。

（二）学校可以通过实习报告了解专业设置和建设的相关情况

学生将实习的情况及体会反馈给学校，学校可以根据学生的实习报告，了解专业课程设计、知识结构、专业设置是否适应社会的需要。

三、实习报告的特点

（一）专业性

实习报告反映了学生在所学专业领域实习的实际情况，体现了学生所学专业知识的运用情况，检视了学生专业学习的水准。

（二）检视性

实习报告需要回顾学生自己的实习过程和内容，进行总结检视，找出不足与经验，梳理收获与体会，检视自己所学的专业知识与技能是否与实习的内容相结合。

四、实习报告的种类

按照内容划分，实习报告可分为生产实习报告、课程实习报告和毕业实习报告等。

五、实习报告的内容与结构写法

实习报告要有鲜明的主题、确切的依据、严密的逻辑性，报告要简明扼要，可以图文并茂。

（一）标题

（1）公文式标题，如《关于在香格里拉工作的实习报告》。

（2）实习地点和文种构成，如《××集团股份有限公司实习报告》。

（3）直接写，如《毕业实习报告》《实习报告》。

（4）文章式，一种单标题形式，标题表明主题，如《酒店是大课堂，实践长真知识》；一种正副标题式，正标题概括实习报告的主题，副标题表明实习单位和文种，如《质量是企业的命根子——××集团股份有限公司实习报告》。

（二）正文

一般来说，实习报告的正文写法会有些差异，但基本内容结构和写法都包括以下几个方面。

1. 前言

以实习时间、地点、任务作为引子，或把实习过程的感受、结果，用高度概括的语言概括出来以引出报告的内容。一般包括实习的缘由、实习的单位、时间、背景，交代实习目的，也可顺便介绍实习生本人的情况和单位的概况，比如成立的时间、企业的隶属关系、企业的人员状况、企业的性质、企业的经营范围、企业的机构设置等情况。

常用"现将此次实习的有关情况报告如下"或"现将实习的收获及有关内容报告如下"过渡到正文。

2. 主体

（1）实习内容、实习过程。实习内容要求写得具体而明确，是整个实习报告重要的组成部分，是产生实习收获和体会的基础。实习过程做简要交代即可。

这部分可以根据学校要求和自己想要报告的内容，例如：实习单位所分配的工作内容、部门工作程序、工作方法，学校里学到的理论、方式方法变成实践的行为，观察体验在学校没有接触过的东西，他们是以什么样的面目、方式方法，以怎样的形态或面貌出现的，有针对性地对实习单位进行考察，通过对记录资料的整理而撰写。

（2）实习收获。具体内容包括完成了哪些实习任务、实习结果如何、取得了哪些成绩、对自己今后的学习和工作有何启发等，并对本次实习活动进行评价。

应该结合实习的具体情况，工作的主要内容、岗位工作程序等，着重写自己的认识，特别要写出自己的体会，思考后的理性认识。比如通过实习活动是否加深了自己对课本所学知识的理解，是否做到了理论和实践的结合。

（3）实习体会。具体包括自己的专业技能存在什么问题，今后的努力方向，对所学专业有何思考和认识，对专业课程设计和知识结构方面的建议等。

根据观察总结进行相关思考，对工作中发现的问题进行说明，总结出值得推广的经验和应该改进的内容，最好能够提出自己的改进意见。

3. 结尾

一般是对实习指导教师和实习单位的鸣谢。

六、实习报告的注意事项

（1）注重资料的收集。

从开始实习的那天起就要注意广泛收集资料，并以各种形式记录下来（如写工作日记等）。丰富的资料是写好实习报告的基础。主要收集以下资料：

① 在社会实践工作中党的路线方针政策是如何在工作中贯彻执行的。比如单位组织学习，内容是什么、什么学习方式、学习后的效果如何，对自己和同志们的思想是否有提高。

② 专业知识在工作中如何灵活运用。比如文秘专业的学生可以直接将秘书实务、应用写作等科目中的问题带到实践中去，在实践中寻求理论与实践的结合点等。

③ 观察周围同事是如何处理问题、解决矛盾的。实习是观察体验社会生活，将学习到的理论转化为实践技能的过程，所以既要体验还要观察。从同事、前辈的言行中去学习，观察别人的成绩和缺点，以此作为自己行为的参照。观察别人来启发自己也是实习的一种收获。

④ 实习单位的工作作风如何。单位的工作作风对将来开展工作、发展自己，提高自己有什么启发；某些同事的工作作风、办事效率哪些值得你学习、哪些要引以为戒，对工作对事业会有怎样的影响。

⑤ 实习单位的部门职能发挥如何。对不同职能部门的工作作风、履行职能的情况有什么看法和认识。

（2）注重专业知识和技能在实习中的运用。

（3）注意对材料的概况总结，内容必须写自己的实习经历，通过自己的组织加工写出来，不要抄袭和凭空杜撰。

例 文

会计电算化专业实习报告

一、引言

实习是每一个学生必须拥有的一段经历，它使我们在实践中了解社会，让我们学到了很多在课堂上根本就学不到的知识，也打开了视野，增长了见识，为我们以后进一步走向社会打下坚实的基础。做好会计工作不仅要学好书本里的各种会计知识，而且也要认真积极地参与各种会计实习，让理论和实践有机务实地结合在一起，只有这样才能成为一名高质量的会计专业人才。为此，根据学习计划安排，我于今年12月份专门到一家已实施了会计电算化的单位——××××实业有限公司进行了为期一个月的实习。

××××实业有限公司主要从事电线电缆的生产和销售业务，公司的规模较大，关于财务的分工也比较细。在此次实习中，我的指导老师是一位姓赵的师傅，实习岗位是财务会计，有些时候还会做些杂务，比如打扫卫生和撕贴纸，这些并没有谁要求我去做，但是必须自觉地去做，而且要尽自己的努力做到最好。

此次实习的主要目的是初步掌握会计的各项基本工作，尝试把学校里学习的会计电算化专业的相关理论运用到实习过程中，熟悉会计工作的方法和程序步骤，培养人际交往与社交能力，为成为财务会计做准备。

二、实习内容

（一）根据经济业务填制原始凭证和记账凭证

1. 原始凭证：是指直接记录经济业务、明确经济责任、具有法律效力并作为记账原始依据的证明文件，其主要作用是证明经济业务的发生和完成情况。填写原始凭证的内容为原始凭证的名称、填制凭证的日期、编号、经济业务的基本内容、填制单位及有关人员的签章。

2. 记账凭证：是登记账簿的直接依据，在实行计算机处理账务后，电子账簿的准确和完整性完全依赖于记账凭证，操作中根据无误的原始凭证填制记账凭证。填制记账凭证的内容有凭证类别、凭证编号、制单日期、科目内容等。

（二）根据会计凭证登记日记账

日记账一般分为现金日记账和银行存款日记账，它们都由凭证文件生成。计算机账务处理中，日记账由计算机自动登记，日记账的主要作用是用于输出现金与银行存款日记账供出纳员核对现金收支和结存使用。要输出现金日记账和银行存款日记账，要求系统初始化时，现金会计科目和银行存款会计科目必须选择"日记账"标记，即表明该科目要登记日记账。

（三）根据记账凭证及所附的原始凭证登记明细账

明细分类账簿亦称明细账，它是根据明细分类账户开设账页进行明细分类登记的一种账簿，输入记账凭证后操作计算机则自动登记明细账。

（四）根据记账凭证编科目汇总表

科目汇总表也由凭证文件生成，其编制方法为对用户输入需汇总的起止日期则计算机自动生成相应时间段的科目汇总表。

（五）根据科目汇总表登记总账

根据得出的科目汇总表操作计算机，计算机生成对应的总账。

（六）对账（编试算平衡表）

对账是对账簿数据进行核对，以检查记账是否正确，以及账簿是否平衡。它主要是通过核对总账与明细账、总账与辅助账数据来完成账账核对。一般来说计算机记账后，只要记账凭证录入正确，计算机自动记账后各种账簿应该是正确的、平衡的，但由于非法操作，计算机病毒或其他原因有可能会造成某些数据被破坏，因此引起账账不符，为保证账证相符，应经常进行对账，每月至少一次，一般在月末结账前进行。

三、实习结果

通过此次实习，不仅培养了我的实际动手能力，增加了实际的操作经验，缩短了抽象的课本知识与实际工作的距离，对实际的财务工作有了一个新的认识，让我认识到了传统手工会计和会计电算化的共同之处和不同之处。

（一）共同点

1. 无论是传统手工会计还是电算化会计，其最终目标仍是为了加强经营管理，提供会计信息，参与经济决策，提高经济效益。

2. 传统手工会计和电算化会计都遵守会计法规，会计法规是会计工作的重要依据。

3. 传统手工会计和电算化会计都遵循基本的会计理论与会计方法及会计准则。

4. 传统手工会计和电算化会计基本功能相同，基本功能为信息的采集与记录、信息的存储、信息的加工处理、信息的传输、信息的输出。

5. 保存会计档案。

6. 编制会计报表。

（二）不同点

1. 运算工具不同。传统手工会计运算工具是算盘或电子计算器等，计算过程每运算一次要重复一次，由于不能存储运算结果，人只有输入原始数据才能得到所希望的信息。

2. 信息载体不同。传统手工会计所有信息都以纸张为载体，占用空间大，不易保管，查找困难。电算化会计除了必要的会计凭证之外，均可用磁盘、磁带做信息载体，它占用空间小，保管容易，查找方便。

3. 账簿规则不同。传统手工会计规定日记账、总账要用订本式账册，明细账要用活页式账册；账簿记录的错误要用画线法和红字法更正；账页中的空行、空页要用红线画消。电算化会计不采用传统手工会计中的一套改错方案，凡是登记过账的数据，不得更改（当然还是要辅以技术控制),即使有错,只能采用输入"更改凭证"加以改正,以留下改动痕迹。对需要打印的账页的空行、空页可以用手工处理。

4. 账务的处理程序(会计核算形式)不同。传统手工会计处理账务的程序有4种,但都避免不了重复转抄与计算的根本弱点,伴之而来的是人员与环节的增多和差错的增多。成熟的电算化会计的账务处理程序用同一模式来处理不同企业的会计业务,成本核算程序以软件固化形式在计算机里,从会计凭证到会计报表的过程都由计算机处理完成,而任何要求的输出都能得到满足。

5. 会计工作组织体制不同。传统手工会计的会计组织工作以会计事物的不同性质作为制定的主要依据;电算化会计组织体制以数据的不同形态作为制定的主要依据。

6. 人员结构不同。传统手工会计中的人员均是会计专业人员,其中的权威应是会计师;电算化会计中的人员由会计专业人员,电子计算机软件、硬件及操作人员组成。其中权威应为掌握电算化会计中级的会计师。

7. 内部控制不同。传统手工会计对会计凭证的正确性,一般从摘要内容、数量、单价、金额、会计科目等项目来审核;对账户的正确性一般从三套账的相互核对来验证;还通过账证相符、账账相符、账实相符等内部控制方式来保证数据的正确,堵塞漏洞。电算化会计由于账务处理程序和会计工作组体制的变化,除原始数据的收集、审核、编码由原会计人员进行外,其余的处理都由计算机部门负责。内部控制方式部分被计算机技术替代,由手工控制转为人机控制。

以上种种区别,集于一点,就是由于电算化会计数据处理方式的改变,引起了传统手工会计各个方面的变化,这一变化将使得系统功能更为加强,系统结构更为合理,系统管理更为完善。

四、实习体会

下面是我通过这次会计实习,领悟到的很多书本上所不能学到的会计的特点和积累,以及题外的很多道理。

以前,我总以为自己的会计理论知识较扎实,正如所有工作一样,掌握了规律,照葫芦画瓢准没错,那么,当一名出色的会计人员,应该没问题了。现在才发现,会计其实更讲究的是它的实际操作性和实践性。离开操作和实践,其他一切都为零!

其次,就是会计的连通性、逻辑性和规范性。每一笔业务的发生,都要根据其原始凭证——登记入记账凭证、明细账、日记账、三栏式账、多栏式账、总账等可能连通起来的账户,这为其一。会计的每一笔账务都有依有据,而且是逐一按时间顺序登记下来的,极具逻辑性,这为其二。在会计的实践中,漏账、错账的更正,都不允许随意添改,不容弄虚作假。每一个程序、步骤都得以会计制度为前提、为基础,体现了会计的规范性,这为其三。

会计本来就是烦琐的工作。在实习期间,我曾觉得整天要对着那枯燥无味的账目和数字而心生烦闷、厌倦,以致登账登得错漏百出。愈错愈烦,愈烦愈错,这只会导致"雪上加霜"。反之,只要你用心地做,反而会左右逢源,越做越觉乐趣,越做越起劲。梁启超说过:"凡职业都具有趣味的,只要你肯干下去,趣味自然会发生。"因此,做账切忌粗心大意,马虎了事,心浮气躁。做任何事都一样,需要有恒心、细心和毅力,那才会到达成功的彼岸!

在这次会计实习中,我可谓受益匪浅。仅仅的一个月实习,我将受益终生。

(资料来源:大学生实习报告在线)

第四节　实验报告

一、实验报告的含义和作用

在科学研究活动中,人们为了检验某种科学理论或假设,进行创造发明和解决实际问题往往都要进行实验,通过观察、分析、综合、判断,如实地将实验过程和结果记录下来,写成文章,这就是实验报告。

很多高校的专业学习都包含实验课程的学习,实验课程旨在系统强化学生基本实验技能的训练,培养学生的独立实验能力、自主获取知识的能力及创新意识。而实验报告则完整地记录了实验的全过程,包括对实验结果的分析和总结。

实验报告不仅有助于学生理解和掌握实验目的、原理、方法和技能,还能通过观察、分析实验现象和结果,初步培养和训练学生的逻辑思维能力、综合分析能力和文字表达能力,是科技论文写作的基础。

二、实验报告的特点

(1)结果的确证性。

实验报告所记录的实验结果,可重复得到,能够经得住验证。

(2)内容的纪实性。

实验报告如实记录实验的过程和结果,常用图片和表格帮助说明。

(3)格式的固定性。

在长期的使用中,实验报告形成了比较固定的格式,很多高校和科研单位有专用的实验报告单。

三、实验报告的种类

(1)创新型实验报告。

(2)检验型实验报告。

四、实验报告的结构写法

(1)实验名称。

要用最简练的语言反映实验的内容。如验证某现象、定律、原理等,可写成"验证×××""分析×××"。

(2)所属课程名称。

(3)署名。

学生姓名、学号、专业班级及小组成员或合作者。

（4）实验日期和地点（年、月、日）。

实验日期和地点应明确具体。

（5）实验目的。

实验目的要明确，在理论上，验证定理、公式、算法，并使实验者获得深刻和系统的理解；在实践上，掌握使用实验设备的技能技巧和程序的调试方法。一般需说明是验证型实验还是设计型实验，是创新型实验还是综合型实验。

（6）实验内容。

这是实验报告极其重要的内容。要抓住重点，可以从理论和实践两个方面考虑。这部分要写明依据何种原理、定律、算法或操作方法进行实验。详细理论计算过程。

（7）实验设备与材料。

实验用的设备和材料，如软件、硬件环境，实验器材的具体名称、规格、数量等。

（8）实验步骤及方法。

只写主要操作步骤，不要照抄实习指导，要简明扼要。还应该画出实验流程图（实验装置的结构示意图），再配以相应的文字说明，这样既可以节省许多文字说明，又能使实验报告简明扼要，清楚明白。

（9）实验结果。

包括实验现象的描述、实验数据的处理等。原始资料应附在本次实验主要操作者的实验报告上，同组的合作者要复制原始资料。

对于实验结果的表述，一般有三种方法：

① 文字叙述。根据实验目的将原始资料系统化、条理化，用准确的专业术语客观地描述实验现象和结果，要有时间顺序以及各项指标在时间上的关系。

② 图表。用表格或坐标图的方式使实验结果突出、清晰，便于相互比较，尤其适合于分组较多，且各组观察指标一致的实验，使组间异同一目了然。每一图表应有表目和计量单位，应说明一定的中心问题。

③ 曲线图。应用记录仪器描记出的曲线图，这些指标的变化趋势形象生动、直观明了。

在实验报告中，可任选其中一种或几种方法并用，以获得最佳效果。

（10）讨论。

根据相关的理论知识对所得到的实验结果进行解释和分析。如果所得到的实验结果和预期的结果一致，那么它可以验证什么理论？实验结果有什么意义？说明了什么问题？这些是实验报告应该讨论的。但是，不能用已知的理论或生活经验硬套在实验结果上，更不能因为所得到的实验结果与预期的结果或理论不符而随意取舍甚至修改实验结果，这时应该分析其异常的可能原因。如果本次实验失败了，应找出失败的原因及以后实验应注意的事项。不要简单地复述课本上的理论而缺乏自己主动思考的内容。

另外，也可以写一些本次实验的心得以及提出一些问题或建议等。

（11）结论。

结论不是具体实验结果的再次罗列,也不是对今后研究的展望,而是针对这一实验所能验证的概念、原则或理论的简明总结,是从实验结果中归纳出的一般性、概括性的判断,要简练、准确、严谨、客观。

(12)参考资料。

详细列举在实验中所用到的参考资料。

(13)鸣谢(可略)。

在实验中受到他人的帮助,在报告中以简单语言感谢。

五、实验报告的写作要求

(1)认真做好实验。

(2)过程及结论应实事求是。

(3)逻辑严密,用语准确。

实验报告

课程名称:食品装备与工厂设计实验

指导老师:丁甜

实验名称:真空冷冻干燥机的使用

实验类型:定性实验

一、实验目的和要求

了解掌握真空冷冻干燥机的干燥原理及物料冻干过程中经历的不同阶段及其特点。

二、实验内容和原理

干燥是保持物质不致腐败变质的方法之一。干燥的方法有许多,如晒干、煮干、烘干、喷雾干燥和真空干燥等。但这些干燥方法都是在0℃以上或更高的温度下进行。干燥所得的产品,一般体积缩小、质地变硬,有些物质发生了氧化,一些易挥发的成分大部分会损失掉,有些热敏性的物质,如蛋白质、维生素会发生变性。微生物会失去生物活力,干燥后的物质不易在水中溶解等。因此干燥后的产品与干燥前相比在性状上有很大的差别。

冷冻干燥法不同于以上的干燥方法,冷冻干燥就是把含有大量水分的物质,预先进行降温冻结成固体,然后在真空条件下使水蒸气直接升华出来,而物质本身留在冻结时的冰架中。由于其具有一系列普通干燥不具备的优点,目前在医药工业、食品工业、科研和其他部门得到广泛的应用。

三、实验材料与试剂

新鲜果蔬:黄瓜、苹果、梨,一次性纸杯,保鲜膜,刀,砧板。

四、实验器材与仪器

CHRIST ALPHA 1-4冷冻干燥仪。

五、操作方法和实验步骤

1. 将三种水果洗净后切成薄片。

2. 将切片后的水果放入一次性纸杯,上方包裹保鲜膜,用剪刀在保鲜膜上戳洞,如图1所示,便于水的蒸发。

3. 将纸杯放入 −80℃ 的冰箱,1h 后取出。

4. 将纸杯放在冷冻干燥机的托盘上,如图2所示,打开仪器,进行干燥,2～3天后取出。

 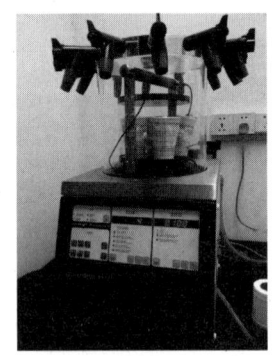

图1 戳孔后水果　　图2 戳孔后水果置于干燥仪上

仪器具体操作步骤如下:

1. 系统准备。

检查系统是否清洁和干燥,真空泵与冷冻机是否连接,接通电源,检查排气口、冷冻管的密封性。

2. 加样。

样品需要预冷到至少 −40℃,可以在深低温冰箱(−70℃)或者液氮(−196℃)中进行。本实验使用 −70℃ 的低温冰箱。打开密封管开关,搬开冷冻舱,将样品置于冷冻舱里的隔板上,附上戳孔的保鲜膜。关闭密封管开关。

3. 冷冻。

打开冷冻开关,等待 20～30 分钟,直到冷冻舱的温度低于 −40℃。

4. 抽真空。

打开真空泵开关,等待 10～15 分钟,直到系统压力低于 100 millitorr。

5. 监控过程。

确保系统参数(冷冻温度、真空压力)在正常范围内;

定期检查冷冻舱中的结冰情况,决定是否要除霜;

观察样品是否干燥完全,一般干燥过程需要 24～72 小时,视具体样品通过目测而定。

6. 关闭系统。

关闭总开关,接上排气管或打开密封管开关以解除真空状态。

关闭真空开关,关闭冷冻开关,取出样品。

7. 系统维护。

除霜:冷冻舱下面的压缩舱内如果有霜,则接上排水管,然后用少量热水(不能超过压缩舱容积的一半)促进冰霜的融化。不能通过敲击冰块来除霜。

除湿:压缩舱、冷冻舱、真空泵压缩机以及垫圈等表面的水雾均需擦干。

清洁:压缩舱、冷冻舱可以用温和的去污剂或苏打水来清洗,然后干燥并撤去排水管,并重新密封排水孔。

泵油:定期检查油位,排除油雾。品尝并记录冷冻干燥后水果的特点,并与新鲜水果相比较。

六、实验数据记录和处理

经过两天的真空冷冻干燥,我们取出了水果片并进行观察、品尝。水果片如图3～图8所示。

图3　　　　　　图4　　　　　　图5

图6　　　　　　图7　　　　　　图8

将冻干水果与原水果就不同指标进行对比,分析见表1。

表1

	外观	气味	质地	味道
冻干后水果品质变化	形状与冻干前基本保持一致,不同果蔬皱缩程度不同	气味较之前更浓郁	口感像海绵,质地很蓬松,略微脆	口味加重,梨和苹果变甜,黄瓜变咸

七、实验结果与分析

1. 真空冷冻干燥得到的水果在外观和气味香气上改变程度不大,但是外观上,不同水果有不同程度的皱缩,其中黄瓜等含水量较高且结构不是那么硬挺的果蔬皱缩最为明显;气味上,各种果蔬气味都变得更加浓郁,黄瓜的清新味道,苹果、梨的果香味,都有加重。

2. 由于水分的大量脱去,使各种风味物质相应地浓缩,口味会加重且质地变硬变脆,产生了类似海绵的蓬松感。

八、讨论与心得

1. 这个实验中,由于机械设备和操作的简易性,造成了僧多粥少的情况,很多同学无事可做,所以希望下次实验可以安排得更合理,我们也可以更积极地参与实验。

2. 实验设备为 CHRIST ALPHA 1-4 冷冻干燥仪,其操作的注意事项如下:

(1) 记得检查右侧红色放水阀处于关闭状态(除霜时打开),以及箱体后侧的放气阀关闭。

(2) 设备使用后需要除霜,不能通过敲击冰块来除霜。

(3) 设备使用多次后需要定期对真空泵进行换油。

3. 本次试验为机械冷冻干燥,其优点如下:

(1) 在低温下进行,对许多热敏性的物质特别适用。

(2) 挥发性成分损失很小,适合一些化学产品、药品和食品干燥。

(3) 冻干过程中微生物的生长和酶的作用无法进行,因此能保持原来的性状。

(4) 由于在冻结的状态下进行干燥,因此体积几乎不变,保持了原来的结构,不会发生浓缩现象。

(5) 干燥后的物质疏松多孔,呈海绵状,加水后溶解迅速而完全,能立即复原。

(6) 冻干环境低氧,易氧化的物质得到了保护。

(7) 干燥能排除 95%~99% 以上的水分,干燥后产品能长期保存不变质。

思考与练习

一、判断题(正确的在后面括号内打"√",错误的打"×")

1. 学术论文是否具有创新性就是看它是否"首次提出""首次发现"具有重大价值的创造性研究成果。(   )

2. 选题恰当与否,直接关系到科研成果的大小、进展速度甚至成效,直接影响论文写作的成败。(   )

3. 选题要从社会需要出发,不能考虑个人的兴趣。(   )

4. 题名中不能用标点符号。(   )

5. 学术论文署名可以是笔名,也可署真实姓名。(   )

6. 关键词不是论文的组成部分,可以放在文末。(   )

7. 论文中的关键词越多越好。(   )

8. 引言是文章的引子,要求言简意赅,直奔主题。(   )

9. 论文的正文是论文的核心。(   )

10. 论文可以没有结论。(   )

二、选择题

1. 科研文书必须(   ),能经得起重复和实践的检验。

A. 真实可信   B. 遵循国家标准   C. 体现专业   D. 有实用性

2. （　　）是衡量学术论文价值的根本标准。
A. 学术性　　　B. 规范性　　　C. 创新性　　　D. 专业性
3. 以下论文中，（　　）不属于考核性论文。
A. 毕业论文　　B. 期刊论文　　C. 硕士论文　　D. 博士论文
4. 以下关于选题思路的说法，（　　）是错误的。
A. 可以选择零散的小问题
B. 可以选择冷门、边缘问题
C. 可以选择学科交叉的问题
D. 不能探讨有争议的问题
5. （　　）不是论文写作中获取直接材料的方法。
A. 调查　　　　B. 观察　　　　C. 实验　　　　D. 查阅图书
6. 题名一般不超过（　　）字。
A. 10　　　　　B. 15　　　　　C. 20　　　　　D. 30
7. 论文署名按照（　　）排名
A. 姓氏笔画　　B. 贡献大小　　C. 职称大小　　D. 年龄大小
8. 摘要的撰写要使用（　　）。
A. 第一人称　　B. 第二人称　　C. 第三人称　　D. 本文

三、简答题

1. 什么是学术论文？学术论文有哪些特点？
2. 学术论文的修改从哪几个方面入手？

四、写作训练题

请结合所学专业知识和写作知识，写一篇论文。

本章小结

本章系统介绍了科研文书和毕业论文、实习报告、实验报告的相关知识，结合国家标准，详述了毕业论文的通用结构内容，介绍了实习报告和实验报告常用的结构写法，各高校对毕业论文、实习报告及实验报告有自己的管理办法和细则，学生需要按照要求写作。

第十章

日常应用文书

　　日常应用文是应用文的重要组成部分,在人们实际学习、工作和生活中使用频率很高,是人们用来表达礼节、交流思想和处理事务的文书。它与人们的联系非常紧密,常见的有条据、各类启事和各种信函类文书。

　　本章主要介绍礼仪类信函和各种求职类文书,具体包括邀请函和请柬、申请书、求职信、个人简历等几种日常应用文的写作知识,要求学习者能够掌握各个文种的文体特点、写作格式和写作要求,在日常生活中,规范、自如地使用本章中所学的各个文种。

第一节　邀请函和请柬

情境导入

　　李明在一家服装公司上班,这家公司准备举办一场新季度产品发布会,想邀请同行业的公司和媒体前来参加,需要采用哪一种应用文体来邀请呢?在运用这种文体的时候,需要写清楚哪些内容呢?

　　李明经过深思熟虑,确定了以下几方面的内容。

　　第一,要结合自己公司产品和当今潮流,来确定该服装发布会的主题名称。

　　第二,要包含发布会的时间、地点和联络人的联系方式。如果发布会地点不是很有名,则要尽可能标明详解路线,公交站名和自驾车能否停车等。

　　第三,发布会的大概流程,主要强调新品的展示和商机。

　　第四,确认来宾是否能出席的回复确认方式,如短信、电邮、电话、回执等,主要是便于评估发布会的规模安排,防止到场来宾过多而礼品和座椅不足或者安排场面过大而冷场的情况。

一、邀请函和请柬的定义

　　邀请函和请柬是单位、团体或个人邀请有关单位或人员出席重要会议、典礼或重要活动所使用的礼仪信函或信柬。

　　请柬又称为请帖、柬帖,是为了邀请参加某项活动而发出的礼仪性书信。凡是召开各种会议,举行各种典礼、仪式和活动,均可以使用请柬。

邀请函属于告知函的一种,常常在国际交往和日常公务活动中使用。

相比之下,邀请函的信息量比请柬大,使用范围也比请柬广。请柬更加随意化、人性化一些,可以签署单位主要领导的名字;邀请函则更正式,需要加盖公章。

二、邀请函和请柬的特点

(一)确指性

确指性是指邀请函和请柬的发送对象是特定的单位或个人。

(二)礼仪性

礼仪性是指邀请函和请柬包含表达尊重、联络情感的意味。

三、邀请函和请柬的种类

按用途可以分为会议类邀请函和请柬以及活动类邀请函和请柬。

其中,会议类邀请函和请柬用于庆祝会、纪念会、座谈会等。活动类邀请函和请柬用于典礼仪式、活动宴请等。

四、邀请函和请柬的结构与写法

邀请函和请柬的结构分为横式和直式两种。

邀请函和请柬包含标题、称谓、正文和落款四部分内容。

(一)标题

居中标明"邀请函"或"请柬"字样。有的邀请函采用公文式标题。

(二)称谓

顶格写被邀请对象。如果是单位名称,则需要用全称;如果是个人姓名,则需要在姓名后加职务、职称或"先生""女士""小姐"。

(三)正文

正文交代清楚会议或活动的目的、内容、性质、时间、地点等,在文末写上"敬请光临""恭候光临"等礼貌用语。

(四)落款

签署发文单位名称或个人姓名,标明年月日。

五、邀请函和请柬的写作要求

(1)措辞与邀请对方参与的活动风格要相适应。

一般来说,邀请函和请柬都要求文辞典雅得体。宜用谦敬、期盼性语言,以表诚邀之心。

(2)邀请单位或个人称谓、活动时间和地点不得有误。

 例文 1

邀请函

尊敬的刘先生:

　　我公司将于 2017 年 6 月 15 日至 6 月 20 日在舜耕国际会展中心举办国际工业产品博览会,展出我公司的所有产品,包括最新产品——德国自动热压设备。届时,我公司的最新家居生产流水线也将向参观者开放。

　　恭请先生拨冗莅临指导!

　　未尽事宜,请与博览会执行委员会秘书王青女士联系。电话号码 0531-8811××××。

　　此致,

敬礼!

×××家居有限责任公司(公章)
2017 年 6 月 10 日

 例文 2

请　束

尊敬的王先生:

　　兹定于 2017 年 10 月 18 日下午 6:00 在华能国际大酒店 18 楼举行晚宴,恭请大驾光临!

××××进出口公司总经理:刘平
2017 年 9 月 12 日

 思考与练习

一、填空题

1. 邀请函和请束具有_____和_____两个特点。
2. 邀请函和请束的结构分为_____和_____两种。

二、病文修改题

下面是一篇病文,请写出修改稿。

请　束

×××先生(小姐):

　　在您的帮忙下,我厂生产的电视机在今年全国质量评比中获奖。现在确定于 2017 年

6月18日在凤凰饭店开个庆功会,邀您赴会!

××电视机厂厂长(签字)
2017年6月3日

三、写作训练题

请以上海现代家具有限责任公司的名义,给贸易合作伙伴发一封邀请函,邀请其参加2018年3月15日在上海瑞金大厦3号楼展厅举行的家具贸易洽谈会。

第二节 申请书

情境导入

苏梅是某公司设计部门的员工,经过一年的试用期之后,苏梅想申请转正,以一名正式员工的身份在该公司继续工作,请问,苏梅应如何来写转正申请书呢?

首先,苏梅在申请书中,回忆起自己初次到该公司工作时的激动心情,以及想为该公司贡献自己全部力量的决心。接着,她又认真概括了在该公司一年的工作情形。作为一名设计人员,她深知不仅要具有耐心和细心,更要具有强烈的责任心,能够为自己所设计的作品担负起责任。所以,在工作中不断进取,努力提高自己的专业素质,力争使自己的能力登上一个新台阶,为公司的发展做出更大的贡献。然后,苏梅写了自己被公司良好的企业文化氛围吸引,认为在这样良好的企业文化氛围中,可以极大地激发自己的潜力,使自己以更加积极的心态投入到每天的工作中。最后,苏梅表示,希望自己能顺利转正,自己会以更谦虚的态度和饱满的热情做好自己的本职工作,为公司创造价值,为公司的成长贡献自己的绵薄之力。

最终,苏梅的转正申请得到了公司领导的批准,苏梅顺利成为该公司的一名正式员工。

一、申请书的定义

申请书是专用书信的一种,它和一般书信一样,也是表情达意的工具。

申请书是个人或集体向有关组织、机关、企事业单位或社会团体表述愿望、提出请求时使用的一种书信。

申请书的使用范围十分广泛,个人想要参加党团组织或其他群众团体要写申请书,如"入党申请书""入会申请书";请求上级帮助解决工作、学习、生活等方面的问题,要使用申请书,如"调整岗位申请书""转正申请书";需要获得某种权利时还要用申请书,如"公司注销登记申请书""商标注册申请书"等。

二、申请书的特点

(1)具有请求的特性。申请书是个人或集体用来请求满足某种要求或愿望的文书,因此请求的特性是其根本特点。

（2）采用书信体格式。申请书是一种专用书信，在写法上按照书信的格式行文。

三、申请书的种类

（1）参加某种组织的申请书。指个人或集体参加某种社会团体或党派而写的申请书。如入党、入团、入队、参军等时写的申请书。

（2）工作、学习方面的申请书。如申请进修、辞职、加薪等时写的申请书。

（3）日常生活方面的申请书。如提出改善住房条件、提前供暖、困难补助等时写的申请书。

四、申请书的结构与写法

申请书一般由标题、称谓、正文、敬语、署名和日期组成。

（一）标题

居中写标题，有两种写法。

（1）直接写文种"申请书"。

（2）由事由和文种构成。

例如，"入党申请书""转正申请书"和"提前供暖申请书"等。

（二）称谓

称谓是接收申请书的单位名称或单位领导的姓名，需要另起一行，顶格写，其后加冒号。

（三）正文

正文包含三部分内容：申请事项、申请缘由、决心和态度。

1. 申请事项

即申请的具体内容。可以开门见山写出具体内容，如"本人申请加入中国共产党"等。

2. 申请缘由

此项内容有时可写在申请事项之前，是申请书的重点部分，申请缘由必须充分。如写入党申请书，必须写清楚自己对党的认识和入党动机等。

3. 决心和态度

必须写明实现意愿的决心，表明实现意愿后的态度。如"请领导批准我的申请"等。

（四）敬语

如"此致""敬礼"等。

（五）署名和日期

在正文右下方写明申请人姓名，另起一行写日期。

五、申请书的写作要求

（1）在语言的使用和选择上要注意诚恳、有分寸，因为申请书是"下对上"的行文方式。

（2）申请书要求一事一议，内容要单纯。

转正申请书

尊敬的领导：

  我于2016年7月5日成为公司的试用员工，作为一名应届毕业生，初来公司，曾经很担心不知该怎么与人共处，该如何做好工作。但是，公司宽松融洽的工作氛围、团结向上的企业文化，让我很快完成了从学生到职员的转变，让我较快适应了公司的工作环境。在本部门的工作中，我一直严格要求自己，认真及时做好领导布置的每一项任务。不懂的问题虚心向别人学习请教，不断提高充实自己，希望可以为公司做出更大的贡献。当然，初入职场，难免出现一些小差错需领导指正，但前事之鉴，后事之师，这些经历也让我不断成熟，在处理各种问题时考虑得更全面，杜绝类似失误的发生。在此，我要特别感谢部门领导对我的入职指引和帮助，感谢他们对我工作中出现的失误的提醒和指正。这是我的第一份工作，这一年来我学到了很多，感悟了很多。

  自入公司，至今已一年有余。初，常惶惶不安，盖因初入社会，压力较大。但正唯此，一来有足够空间激发自身潜力，二来上下和睦，了无成见，经领导倾力扶持，现已对工作有了一定程度的了解。今基于以下几条原因，申请转正，望领导批准。

  1.经过一年多的自身努力和各位同事领导的帮助，现对工作有较强的处理能力，希望能早日得到大家的认同。

  2.目前本人各方面能力尚需提升之处还很多，为发展自身能力，也为了更好地提高工作能力，需制定个人发展的近期及长远目标，而在工作位置不确定的前提下，此事无从着手。

  3.因来自外地，生活各方面开支较他人更高，而目前刚入公司，薪酬转正前有折扣，支撑困难，恳请领导给我继续锻炼自己、实现理想的机会。我会用谦虚的态度和饱满的热情做好我的本职工作，为公司创造价值，同公司一起展望美好的未来。

申请人：张新
2017年8月20日

入党申请书

尊敬的党组织：

  我是一名平凡的大学生，但我有着不平凡的人生理想。在我心中，中国共产党是一个先进和光荣的政治组织，而且随着年龄的增长，我越来越坚信，中国共产党全心全意为人民服务的宗旨，是我最根本的人生目标。为建设更加美好的社会贡献自己的力量，并在此过程中实现自己的人生价值、完善自我，是我内心深处的愿望。所以，我再一次恳请加入中国共产党。

中国共产党为人民服务的宗旨，以及她作为全国人民利益忠实代表和中国社会主义事业领导核心的性质，从根本上解释了她光荣的历史和繁荣的现在，也预示了其必然的灿烂未来。在生活中，只要一提到党员，人们就会想起先进。记得去年回家时，我告诉只上过小学二年级的母亲，我从党校毕业的消息时，她特别欣慰。在母亲心中，她的儿子从党校毕业，也就意味着他马上就要成为一名共产党员了，这证明儿子很优秀。后来我也对一位已经退休的长辈说起这件事时，他也对我大大地表扬了一番。在人们心中，党员几乎成了积极分子的代名词，在人民需要帮助的时候，首先想到的就是中国共产党员。

在2013年刚进入大学的时候，我向党组织递交了第一份入党申请书。我是一个喜欢上进，不甘落后的人，从童年到高中时代的生活经历，让我坚信中国共产党是一个先进集体和光荣组织，因此早在中学时代我就盼望着能早日入党。我来自一个普通而艰难的农村家庭，从小学到大学的学费中，相当一部分来自学校和社会的资助，直到今天，每年我还要从湖北省尊师重教联合会领取助学金。贫困让我比一般人更深刻地体会到，没有社会的温暖就没有我今天丰富多彩的大学生活，甚至没有合家的幸福欢乐。同时，贫困也锻炼了我，从能力上、也从思想上让我更加成熟。在家里、在社会上，我学会了处理同龄人不曾面对的困难和问题。在学校，也许是因为我更懂得来之不易的学习机会，从小学高年级起一直到高中，我的成绩一直都比较突出，并且多次担任过班干部的职务。这些宝贵的经历让我体会到作为人应该自强不息、力争上游，同时也让我有机会跟同龄人和大人们打交道，体会到为他人着想和维护整个社会利益的重要意义。生活和周围的人们告诉我：人生的意义，正如张海迪所言，在于奉献而不是索取。

中国共产党正是这样一个为全体人民谋福利的政党，所以我向往加入中国共产党。现在看来，上面的思想并不算成熟。在大学这座大熔炉里，我的思想在经历恐慌和冲击之后，有了新的提高。我觉得应该积极用自己的言行去影响他人。一个优秀的人要懂得最大程度地发挥自身的潜力，不仅在自己的岗位上兢兢业业，对周围的人关心爱护，还要切实、灵活地去带动大家都来关心国家、集体和他人的利益。这一点对我来说很有挑战性，而一个共产党员所负的责任正是这样，既要乐于为他人服务，又要领导人们都来关心大家。我想，身为一个党员，我就有机会向更多的优秀分子学习，取他人之长补己之短，在维护集体利益、坚持原则的同时，做到与周围的人融洽相处。身为一个共产党员，我就会时时告诉自己要更加严格要求自己，更深刻地增强自己的社会责任意识和克服困难的决心。

希望党组织能够批准我的申请！

此致，

敬礼！

申请人：王力
2014年5月8日

思考与练习

一、写作训练题

1. 小李是一名来自农村的大学生，家境贫寒，想申请困难补助，请以小李的名义向学校提交一份申请书。

2. 请根据自己的兴趣爱好，向自己喜欢的社团提交一份申请书。

第三节 求职信

> **情境导入**
>
> 孙雨是某大学文秘专业的学生,将于今年7月毕业,在寻找工作之际,孙雨想求得某公司文员的职位,请问,孙雨该如何写一封合格的求职信呢?
>
> 孙雨在求职信里,写了自己作为文秘专业的学生,在学校通过全面系统的学习,不仅理解和掌握了文秘专业这一领域的相关知识,而且还具备了一定的实际操作能力和技术。除此之外,还努力拓展自己的知识面,提高自己的能力,组织同学创立了文学社,出版了社刊。还被推选为团支部书记,带领班级获得了"优秀团支部"的荣誉称号,同时,他本人也获得了"优秀团干部"的荣誉称号。这些实践活动,使他自己的能力得到了锻炼和提高。
>
> 在求职信的末尾,孙雨再次表达了求职愿望,恳请用人单位给自己一次工作机会。
>
> 根据用人单位的具体情况,并且结合自己的实际情况,针对自己的求职目标,孙雨写出的这封求职信,最终使他获得了这个工作机会。

一、求职信的定义

求职信是求职者向用人单位自荐谋求职位的专用书信。它的目的是充分向用人单位展示自己的能力和特长,向用人单位成功推销自己。

二、求职信的特点

(1)自荐性。在写作求职信的过程中,要根据用人单位的需求介绍自己、推荐自己。
(2)个人对单位、集体的行文关系。

三、求职信的种类

(1)根据求职者的身份,可分为毕业生求职信、待业或下岗人员求职信、在岗者求职信。
(2)根据求职对象的情况,可分为有明确单位的求职信、广泛性的求职信。

四、求职信的结构与写法

(一)称谓

对国有企事业单位的称谓:单位名称或单位的人事处(组织人事部)。对民营、私营或合资、独资企业的称谓:公司老板或人事部负责人。

(二)正文

1. 导言

求职、应聘的缘由,也有的求职信不写导言。

2. 主体

内容通常包括：

（1）个人的学历、年龄、专长、经历、业绩。

（2）个人的志向、兴趣、性格。

（3）求聘的工种、职位。

（4）待遇要求（也可不写）。

（5）通信地址、联系电话、电子邮箱等。

3. 结尾

诚恳表达希望被录用的愿望。

如："希望领导给我一次面试的机会""盼望答复""静候佳音"等。结尾可与主体衔接在一起写，也可另起一段。

写上附件名称。附件一般是证书和有关材料的复印件等。

（三）敬语

按信函的格式写，如"此致""敬礼"。

（四）落款

写上个人姓名、日期。

五、求职信的写作要求

（一）文字简洁，重点突出

求职信应抓住重点，言之有物，尽可能用简短的文字充分展示自己的才干和专长。

（二）态度谦和，言辞恳切

从求职信中能够大概判断出一个人的综合素质和品行，因此，求职者应该以谦和、自信、礼貌的态度和言辞，实事求是地展示、推销自己。

求职信

尊敬的××公司总经理先生：

首先，为我的冒昧打扰向您表示真诚的歉意。在即将毕业之际，我怀着对贵公司的无比信任与仰慕，斗胆投石问路，希望能成为贵公司的一员，为贵公司服务。

我是××职业技术学院计算机软件专业2015级学生，将于今年7月毕业。在大学学习期间，我努力学习各门基础课及专业课，并取得了良好的成绩（见附表），英语已通过六级考试（见附件）。本人不仅能熟练掌握学校所教课程的有关知识C程序设计、Auto CAD R14、Frontpage 98、Foxpro 2.5等），而且还自学了PhotoShop 5.0、DMAX 2.5、Visual Foxpro等，专业能力强，曾获学校计算机软件设计比赛一等奖。

作为新世纪的大学生，我非常注意各方面能力的培养，积极参加社会实践，曾在平安保险做过业务员，在肯德基做过星级训练员，还在龙腾信息有限公司做过网络技师，爱好广泛,有责任心,吃苦耐劳。

　　本人期盼能成为贵公司的一员,从事计算机服务等工作。诚然我尚缺乏丰富的工作经验,如果贵公司能给我机会,我会用我的热情、勤奋来弥补,用我的知识、能力来回报贵公司的赏识。

　　盼望您能给我一次面试的机会。随信附上简历、英语等级证书、获奖证书等。

　　此致,

敬礼!

孙雨
2018 年 4 月 6 日

一、填空题

1. 求职信具有_____、_____和_____三个特点。

2. 求职信可分为_____求职信和_____求职信两类。

二、写作训练题

给自己认为适合自己事业发展的某公司的人事部写一封求职信。

要求:格式规范,内容齐备,语言得体。事先并不知道该公司对聘用人员有何要求。

第四节　个人简历

情境导入

　　赵亮是一名应届毕业生,他认为以自己的水平,制作一份个人简历是轻而易举的事情,所以,他用了半天的时间,制作了一份个人简历,并且投递了出去。然而在大部分同学陆续收到面试通知的时候,他的简历却如同泥牛入海,没有半点消息。这时,赵亮慌忙去找老师寻求帮助,指导老师在看完他的简历后,指出了以下几个问题:

　　第一,简历没有明确写出求职意向或求职岗位。对于接收简历的人事部门来说,每天面对成百上千份简历邮件,若是没有标注求职意向或求职岗位的简历,那么自然一下子就被淘汰掉了。

　　第二,简历内容过于简单,体现不出亮点。该简历只是简单地罗列出个人基本信息、教育信息等,无法让人事部门了解求职者的专业知识、能力水平等。

　　第三,简历中出现错别字和时间排序混乱。错别字的出现会让人事部门对其印象不好,而且,混乱的时间排序,会使简历显得更加杂乱,自然也不会让人想深入了解这个求职者。

　　请问,赵亮应该如何根据老师的指导,制作出一份合格的简历呢?

一、个人简历的定义

个人简历是求职者的简要介绍。一般包括生活、学习、工作、经历、成绩等方面的内容。写好个人简历非常重要,用人单位对求职者的第一印象往往是通过简历获得的,一份适合用人单位需求、翔实和有特色的简历,可以更多地争取到聘用单位面试的机会。

二、个人简历的特点

(1)目的性。个人简历的目的性很强,以成功推销自己为着眼点。

(2)直观性。简历在很短的篇幅内把求职者的个人概况进行一目了然的展示。

三、个人简历的种类

(1)时间型简历:这种简历适合工作经历比较丰富的求职者,以强调工作经验为主。

(2)功能型简历:突出求职者的能力和特长,比较适合毕业生使用。

(3)专业型简历:突出求职者的专业、技术技能,对技术水平和专业能力要求比较高的职位,最适合使用这种简历,毕业生也可用。

(4)业绩型简历:突出求职者以往的工作成就和业绩,不适合应届毕业生。

(5)创意型简历:突出个性和标新立异,为了彰显求职者的创造力和想象力,适合艺术类和有创造力的岗位,如广告策划、文案、美术设计、研发人员等职位。

四、个人简历的结构与写法

(一)标题

一般写"个人简历""简历""求职简历""×××(姓名)简历"等。

(二)正文

(1)基本信息。包括姓名、年龄或出生年月、性别、出生地、民族、政治面貌、身高、专业、学历、毕业院校和毕业时间等。

(2)教育履历。包括个人从高中阶段至所获最高学历阶段之间的就读学校及专业。注意前后年月排列的逻辑顺序。

(3)主要学习课程及其成绩。

(4)实践、社会工作经历。突出大学阶段所担任的社会工作,在各种实习中担当的工作,如果担任了职务也应写上。

(5)获奖、获取职业技能证书情况。包括获奖项目、等级或名次。相关职业技能证书可作附件。

(6)能力、特长及个性评价。使专长、兴趣、性格与你所谋求的职业特点、要求吻合。能力、特长及个性介绍要恰如其分。

(7)求职意向。简短清晰,表明本人对哪些岗位、行业感兴趣。相关的要求要适当。

(8)联系方式与备注。包括电话号码、E-mail、QQ、详细通信地址、邮政编码等。封面的联系方式必须和内文的一致。

五、个人简历的写作要求

（一）简洁明了

个人简历尽量简短,用最少的文字传递最多的信息,最好在一页内完成,最多不要超过两页,因为招聘人员没有或不愿花太多的时间在一份空洞的简历上。

（二）重点突出

简历要有针对性,突出对应聘工作有意义的内容,与应聘岗位无关的内容尽量不写,让招聘人员对你印象深刻,从而加大获得面试的机会。

（三）准确无误

注意内容和形式的准确性,避免出现错别字、语法、标点符号和打印等方面的低级错误。

（四）诚实恳切

要求内容实事求是,语气充满自信和热情,不卑不亢。

（五）整洁规范

最好用 A4 标准复印纸打印,字体最好采用常用的宋体或楷体,排版尽量简洁明快、干净整洁。

 例文 1

个人简历

姓名	王志刚	性别	男	民族	汉族
籍贯	黑龙江省哈尔滨市	出生日期	1989.3	毕业院校	东北师范大学
专业	影视动画	学历/学位	本科/学士	职务	学生会主席
联系电话	158×××8972		电子邮箱	1234@126.com	
求职意向	二维动漫讲师				
教育背景	2006.9—2010.7 东北师范大学影视动画专业				
主修课程	教育学、心理学、美术教育学、二维动画制作				
获奖情况	获得校级"优秀学生干部""三好学生"4 次 获得国家二等助学奖学金 2 次、学校一等奖学金和二等奖学金各 1 次 2008 年获院"平面设计大赛"一等奖 2009 年获省级"高校大学生二维动画设计大赛"二等奖 2010 年获"优秀实习生"荣誉称号				

续表

社会实践	2007.3—2007.12在少儿宫做兼职少儿美术老师 2008.3—2008.9在猛马漫画绘制有限公司周末兼职 2009.9—2009.12参与学校大型宣传片制作 2010.7—至今在长春游戏学院二做维动画讲师
个人技能	熟练掌握PhotoShop等二维绘图软件
兴趣爱好	动画、绘画、唱歌、演讲
自我评价	本人性格开朗,为人诚恳、乐观向上,兴趣广泛,具有较强的组织能力和适应能力,沟通能力强,表达效果好,具有团队协作精神
另附	只有想不到,没有做不到,一分耕耘一分收获,相信通过我的努力和付出,我会和公司一起成长和进步。祝贵公司蒸蒸日上

例文2

销售人员个人简历

姓名:陈明

性别:男

出生日期:19××年12月25日

居住地:武汉市

工作年限:5年以上

户口:武汉市

目前年薪:8—10万人民币

目前工作地:武汉市

求职意向:计算机硬件,数码产品,网络设备,系统集成行业

目标职能:区域销售管理,区域销售经理/主管,渠道/分销主管,客户经理/主管

工作经验:20××年6月—至今:北京××××电子有限公司

所属行业:计算机硬件公司

生意模式:渠道分销

公司规模:500人

工作经历

20××年11月—至今

所属部门:大区管理部

职位:大区经理

工作内容:负责华中大区包括湖北、湖南、江西全线产品的销售管理、业务人员管理、客户管理等所有前平台事宜。

工作业绩:时间较短,暂无突出业绩。

离职原因:家庭需要

教育经历:

20××年9月—20××年6月 ××大学 土木工程 本科

英语:熟练

职业目标:立志成为IT产品渠道职业经理,为此深入研究IT渠道特点、IT产品发展趋势并应用到日常工作中,努力从一个门市销售人员做起,全面了解IT产品销售的每个环节,开发销售渠道、维护销售体系、应对渠道客户多面临的问题并加以指导,努力使自己成为一个尽可能全面的销售和渠道管理人员。团队工作中甘于舍弃,勇于挑战,积极配合团队工作。对公司和上司永远怀有感恩之心,并将其转化为工作的动力,不心怀抱怨,不背叛离弃,忠于职守。

自我评价:诚实守信,爱好广泛,勇于创新,严于律己,乐于助人。身体健康,喜欢运动,坚持锻炼身体,是一个勤勤恳恳、自强不息、乐观向上的人。

思考与练习

一、判断题(正确的在后面括号内打"√",错误的打"×")

1. 简历必须客观全面地介绍自己的学习经历等情况。( )

2. 简历如果对自己的情况能够客观如实地介绍,则不必再在文字中做自我评价。( )

二、写作训练题

请以一个对电子技术感兴趣的应届毕业生的身份,写一份求职简历,要求:以表格的形式,有针对性。

本章小结

本章主要介绍了日常应用文写作中信函的写作,主要包含两部分内容:礼仪类信函和求职类信函。

在礼仪类信函中,主要介绍了邀请函和请柬,详细地介绍了邀请函和请柬的定义、特点、种类、结构与写法以及写作要求,并且附有生动具体的例文,使学习者能更容易地掌握此类文书的写作知识。邀请函和请柬是为了邀请参加某项活动而发出的礼仪性信函,同时具有邀请和礼仪色彩,是个人和团体表达礼仪的重要文书。所以,邀请函和请柬的写作知识是人们在日常生活中必须具备的。

在求职类信函中,主要介绍了求职信、申请书和个人简历,详细介绍了每个文种的定义、特点、种类、结构与写法以及写作要求,并且附有生动具体的例文,使学习者能更容易地掌握此类文书的写作知识。求职类信函是人们在求职时必须使用的文书,好的求职材料是求职成功的一半,所以求职信和个人简历的写作要领,是大学生和职业人士均需掌握的必备知识。

附 录

党政机关公文处理工作条例

第一章 总则

第一条 为了适应中国共产党机关和国家行政机关（以下简称党政机关）工作需要，推进党政机关公文处理工作科学化、制度化、规范化，制定本条例。

第二条 本条例适用于各级党政机关公文处理工作。

第三条 党政机关公文是党政机关实施领导、履行职能、处理公务的具有特定效力和规范体式的文书，是传达贯彻党和国家方针政策，公布法规和规章，指导、布置和商洽工作，请示和答复问题，报告、通报和交流情况等的重要工具。

第四条 公文处理工作是指公文拟制、办理、管理等一系列相互关联、衔接有序的工作。

第五条 公文处理工作应当坚持实事求是、准确规范、精简高效、安全保密的原则。

第六条 各级党政机关应当高度重视公文处理工作，加强组织领导，强化队伍建设，设立文秘部门或者由专人负责公文处理工作。

第七条 各级党政机关办公厅（室）主管本机关的公文处理工作，并对下级机关的公文处理工作进行业务指导和督促检查。

第二章 公文种类

第八条 公文种类主要有：

（一）决议。适用于会议讨论通过的重大决策事项。

（二）决定。适用于对重要事项作出决策和部署、奖惩有关单位和人员、变更或者撤销下级机关不适当的决定事项。

（三）命令（令）。适用于公布行政法规和规章、宣布施行重大强制性措施、批准授予和晋升衔级、嘉奖有关单位和人员。

（四）公报。适用于公布重要决定或者重大事项。

（五）公告。适用于向国内外宣布重要事项或者法定事项。

（六）通告。适用于在一定范围内公布应当遵守或者周知的事项。

（七）意见。适用于对重要问题提出见解和处理办法。

（八）通知。适用于发布、传达要求下级机关执行和有关单位周知或者执行的事项，批转、转发公文。

（九）通报。适用于表彰先进、批评错误、传达重要精神和告知重要情况。

（十）报告。适用于向上级机关汇报工作、反映情况，回复上级机关的询问。

（十一）请示。适用于向上级机关请求指示、批准。

（十二）批复。适用于答复下级机关请示事项。

（十三）议案。适用于各级人民政府按照法律程序向同级人民代表大会或者人民代表大会常务委员会提请审议事项。

（十四）函。适用于不相隶属机关之间商洽工作、询问和答复问题、请求批准和答复审批事项。

（十五）纪要。适用于记载会议主要情况和议定事项。

第三章　公文格式

第九条　公文一般由份号、密级和保密期限、紧急程度、发文机关标志、发文字号、签发人、标题、主送机关、正文、附件说明、发文机关署名、成文日期、印章、附注、附件、抄送机关、印发机关和印发日期、页码等组成。

（一）份号。公文印制份数的顺序号。涉密公文应当标注份号。

（二）密级和保密期限。公文的秘密等级和保密的期限。涉密公文应当根据涉密程度分别标注"绝密""机密""秘密"和保密期限。

（三）紧急程度。公文送达和办理的时限要求。根据紧急程度，紧急公文应当分别标注"特急""加急"，电报应当分别标注"特提""特急""加急""平急"。

（四）发文机关标志。由发文机关全称或者规范化简称加"文件"二字组成，也可以使用发文机关全称或者规范化简称。联合行文时，发文机关标志可以并用联合发文机关名称，也可以单独用主办机关名称。

（五）发文字号。由发文机关代字、年份、发文顺序号组成。联合行文时，使用主办机关的发文字号。

（六）签发人。上行文应当标注签发人姓名。

（七）标题。由发文机关名称、事由和文种组成。

（八）主送机关。公文的主要受理机关，应当使用机关全称、规范化简称或者同类型机关统称。

（九）正文。公文的主体，用来表述公文的内容。

（十）附件说明。公文附件的顺序号和名称。

（十一）发文机关署名。署发文机关全称或者规范化简称。

（十二）成文日期。署会议通过或者发文机关负责人签发的日期。联合行文时，署最后签发机关负责人签发的日期。

（十三）印章。公文中有发文机关署名的，应当加盖发文机关印章，并与署名机关相符。有特定发文机关标志的普发性公文和电报可以不加盖印章。

（十四）附注。公文印发传达范围等需要说明的事项。

（十五）附件。公文正文的说明、补充或者参考资料。

（十六）抄送机关。除主送机关外需要执行或者知晓公文内容的其他机关，应当使用机关全称、规范化简称或者同类型机关统称。

（十七）印发机关和印发日期。公文的送印机关和送印日期。

第十条 公文的版式按照《党政机关公文格式》国家标准执行。

第十一条 公文使用的汉字、数字、外文字符、计量单位和标点符号等，按照有关国家标准和规定执行。民族自治地方的公文，可以并用汉字和当地通用的少数民族文字。

第十二条 公文用纸幅面采用国际标准A4型。特殊形式的公文用纸幅面，根据实际需要确定。

第四章 行文规则

第十三条 行文应当确有必要，讲求实效，注重针对性和可操作性。

第十四条 行文关系根据隶属关系和职权范围确定。一般不得越级行文，特殊情况需要越级行文的，应当同时抄送被越过的机关。

第十五条 向上级机关行文，应当遵循以下规则：

（一）原则上主送一个上级机关，根据需要同时抄送相关上级机关和同级机关，不抄送下级机关。

（二）党委、政府的部门向上级主管部门请示、报告重大事项，应当经本级党委、政府同意或者授权；属于部门职权范围内的事项应当直接报送上级主管部门。

（三）下级机关的请示事项，如需以本机关名义向上级机关请示，应当提出倾向性意见后上报，不得原文转报上级机关。

（四）请示应当一文一事。不得在报告等非请示性公文中夹带请示事项。

（五）除上级机关负责人直接交办事项外，不得以本机关名义向上级机关负责人报送公文，不得以本机关负责人名义向上级机关报送公文。

（六）受双重领导的机关向一个上级机关行文，必要时抄送另一个上级机关。

第十六条 向下级机关行文，应当遵循以下规则：

（一）主送受理机关，根据需要抄送相关机关。重要行文应当同时抄送发文机关的直接上级机关。

（二）党委、政府的办公厅（室）根据本级党委、政府授权，可以向下级党委、政府行文，其他部门和单位不得向下级党委、政府发布指令性公文或者在公文中向下级党委、政府提出指令性要求。需经政府审批的具体事项，经政府同意后可以由政府职能部门行文，文中须注明已经政府同意。

（三）党委、政府的部门在各自职权范围内可以向下级党委、政府的相关部门行文。

（四）涉及多个部门职权范围内的事务，部门之间未协商一致的，不得向下行文；擅自行文的，上级机关应当责令其纠正或者撤销。

（五）上级机关向受双重领导的下级机关行文，必要时抄送该下级机关的另一个上级机关。

第十七条　同级党政机关、党政机关与其他同级机关必要时可以联合行文。属于党委、政府各自职权范围内的工作,不得联合行文。党委、政府的部门依据职权可以相互行文。部门内设机构除办公厅(室)外不得对外正式行文。

第五章　公文拟制

第十八条　公文拟制包括公文的起草、审核、签发等程序。

第十九条　公文起草应当做到:

(一)符合国家法律法规和党的路线方针政策,完整准确体现发文机关意图,并同现行有关公文相衔接。

(二)一切从实际出发,分析问题实事求是,所提政策措施和办法切实可行。

(三)内容简洁,主题突出,观点鲜明,结构严谨,表述准确,文字精练。

(四)文种正确,格式规范。

(五)深入调查研究,充分进行论证,广泛听取意见。

(六)公文涉及其他地区或者部门职权范围内的事项,起草单位必须征求相关地区或者部门意见,力求达成一致。

(七)机关负责人应当主持、指导重要公文起草工作。

第二十条　公文文稿签发前,应当由发文机关办公厅(室)进行审核。审核的重点是:

(一)行文理由是否充分,行文依据是否准确。

(二)内容是否符合国家法律法规和党的路线方针政策;是否完整准确体现发文机关意图;是否同现行有关公文相衔接;所提政策措施和办法是否切实可行。

(三)涉及有关地区或者部门职权范围内的事项是否经过充分协商并达成一致意见。

(四)文种是否正确,格式是否规范;人名、地名、时间、数字、段落顺序、引文等是否准确;文字、数字、计量单位和标点符号等用法是否规范。

(五)其他内容是否符合公文起草的有关要求。

需要发文机关审议的重要公文文稿,审议前由发文机关办公厅(室)进行初核。

第二十一条　经审核不宜发文的公文文稿,应当退回起草单位并说明理由;符合发文条件但内容需做进一步研究和修改的,由起草单位修改后重新报送。

第二十二条　公文应当经本机关负责人审批签发。重要公文和上行文由机关主要负责人签发。党委、政府的办公厅(室)根据党委、政府授权制发的公文,由受权机关主要负责人签发或者按照有关规定签发。签发人签发公文,应当签署意见、姓名和完整日期;圈阅或者签名的,视为同意。联合发文由所有联署机关的负责人会签。

第六章　公文办理

第二十三条　公文办理包括收文办理、发文办理和整理归档。

第二十四条　收文办理主要程序是:

(一)签收。对收到的公文应当逐件清点,核对无误后签字或者盖章,并注明签收时间。

(二)登记。对公文的主要信息和办理情况应当详细记载。

(三)初审。对收到的公文应当进行初审。初审的重点是:是否应当由本机关办理,是否符合行文规则,文种、格式是否符合要求,涉及其他地区或者部门职权范围内的事项是否已经协商、会签,是否符合公文起草的其他要求。经初审不符合规定的公文,应当及时退回来文单位并说明理由。

（四）承办。阅知性公文应当根据公文内容、要求和工作需要确定范围后分送。批办性公文应当提出拟办意见报本机关负责人批示或者转有关部门办理;需要两个以上部门办理的,应当明确主办部门。紧急公文应当明确办理时限。承办部门对交办的公文应当及时办理,有明确办理时限要求的应当在规定时限内办理完毕。

（五）传阅。根据领导批示和工作需要将公文及时送传阅对象阅知或者批示。办理公文传阅应当随时掌握公文去向,不得漏传、误传、延误。

（六）催办。及时了解掌握公文的办理进展情况,督促承办部门按期办结。紧急公文或者重要公文应当由专人负责催办。

（七）答复。公文的办理结果应当及时答复来文单位,并根据需要告知相关单位。

第二十五条　发文办理主要程序是：

（一）复核。已经发文机关负责人签批的公文,印发前应当对公文的审批手续、内容、文种、格式等进行复核;需做实质性修改的,应当报原签批人复审。

（二）登记。对复核后的公文,应当确定发文字号、分送范围和印制份数并详细记载。

（三）印制。公文印制必须确保质量和时效。涉密公文应当在符合保密要求的场所印制。

（四）核发。公文印制完毕,应当对公文的文字、格式和印刷质量进行检查后分发。

第二十六条　涉密公文应当通过机要交通、邮政机要通信、城市机要文件交换站或者收发件机关机要收发人员进行传递,通过密码电报或者符合国家保密规定的计算机信息系统进行传输。

第二十七条　需要归档的公文及有关材料,应当根据有关档案法律法规以及机关档案管理规定,及时收集齐全、整理归档。两个以上机关联合办理的公文,原件由主办机关归档,相关机关保存复制件。机关负责人兼任其他机关职务的,在履行所兼职务过程中形成的公文,由其兼职机关归档。

第七章　公文管理

第二十八条　各级党政机关应当建立健全本机关公文管理制度,确保管理严格规范,充分发挥公文效用。

第二十九条　党政机关公文由文秘部门或者专人统一管理。设立党委（党组）的县级以上单位应当建立机要保密室和机要阅文室,并按照有关保密规定配备工作人员和必要的安全保密设施设备。

第三十条　公文确定密级前,应当按照拟定的密级先行采取保密措施。确定密级后,应当按照所定密级严格管理。绝密级公文应当由专人管理。公文的密级需要变更或者解除的,由原确定密级的机关或者其上级机关决定。

第三十一条　公文的印发传达范围应当按照发文机关的要求执行;需要变更的,应当经发文机关批准。涉密公文公开发布前应当履行解密程序。公开发布的时间、形式和渠道,由发文机关确定。经批准公开发布的公文,同发文机关正式印发的公文具有同等效力。

第三十二条　复制、汇编机密级、秘密级公文,应当符合有关规定并经本机关负责人批准。绝密级公文一般不得复制、汇编,确有工作需要的,应当经发文机关或者其上级机关批准。复制、汇编的公文视同原件管理。复制件应当加盖复制机关戳记。翻印件应当注明翻印的机关名称、日期。汇编本的密级按照编入公文的最高密级标注。

第三十三条　公文的撤销和废止,由发文机关、上级机关或者权力机关根据职权范围和有关法律法规决定。公文被撤销的,视为自始无效;公文被废止的,视为自废止之日起失效。

第三十四条　涉密公文应当按照发文机关的要求和有关规定进行清退或者销毁。

第三十五条　不具备归档和保存价值的公文,经批准后可以销毁。销毁涉密公文必须严格按照有关规定履行审批登记手续,确保不丢失、不漏销。个人不得私自销毁、留存涉密公文。

第三十六条　机关合并时,全部公文应当随之合并管理;机关撤销时,需要归档的公文经整理后按照有关规定移交档案管理部门。

工作人员离岗离职时,所在机关应当督促其将暂存、借用的公文按照有关规定移交、清退。

第三十七条　新设立的机关应当向本级党委、政府的办公厅(室)提出发文立户申请。经审查符合条件的,列为发文单位,机关合并或者撤销时,相应进行调整。

第八章　附则

第三十八条　党政机关公文含电子公文。电子公文处理工作的具体办法另行制定。

第三十九条　法规、规章方面的公文,依照有关规定处理。外事方面的公文,依照外事主管部门的有关规定处理。

第四十条　其他机关和单位的公文处理工作,可以参照本条例执行。

第四十一条　本条例由中共中央办公厅、国务院办公厅负责解释。

第四十二条　本条例自2012年7月1日起施行。1996年5月3日中共中央办公厅发布的《中国共产党机关公文处理条例》和2000年8月24日国务院发布的《国家行政机关公文处理办法》停止执行。

参考文献

[1] 杨文丰. 高职应用写作[M]. 北京：高等教育出版社，2014
[2] 杨文丰. 现代应用文书写作[M]. 北京：中国人民大学出版社，2011
[3] 郗仲平. 新编应用写作[M]. 北京：首都经济贸易大学出版社，2000
[4] 霍唤民. 财经实用写作[M]. 北京：首都经济贸易大学出版社，2000
[5] 王首程. 应用文写作[M]. 北京：高等教育出版社，2008
[6] 蔡录昌. 经济应用文写作[M]. 北京：清华大学出版社，2010
[7] 夏京春. 新编应用写作教程[M]. 北京：首都经济贸易大学出版社，2016
[8] 马淑贞. 推销口才特训[M]. 广州：暨南大学出版社，2005
[9] 程在伦. 讲演与口才[M]. 北京：高等教育出版社，2004
[10] 张波. 口才训练教程[M]. 北京：机械工业出版社，2006
[11] 何书宏. 演讲与口才知识全集[M]. 北京：北京工业大学出版社，2005
[12] 高雅杰. 口才与应用文写作[M]. 北京：北京交通大学出版社，2014
[13] 许利平. 职业口才训练教程[M]. 北京：北京交通大学出版社，2007